Erika Warneke

Papas Weihnachtsbaum

Erinnerungen an eine schwierige Zeit

TRIGA\VERLAG

Bibliografische Information Der Deutschen Bibliothek
Die Deutsche Bibliothek verzeichnet diese Publikation in der
Deutschen Nationalbibliografie;
detaillierte bibliografische Daten sind im Internet über
http://dnb.ddb.de abrufbar.

1. Auflage 2005
© Copyright TRIGA\VERLAG
Herzbachweg 2, D-63571 Gelnhausen
www.trigaverlag.de
Alle Rechte vorbehalten
Druck: Verlagsdruckerei Spengler, Frankfurt/Main
Printed in Germany
ISBN 3-89774-422-8

Inhalt

Vorwort	9
Das Goethekind	11
Der 28. August 1939	21
Das Schaukelpferd	33
Unser Garten	37
Ingrid, Ursula und Kläuschen und ein ganz großer Puppenwagen	45
Ein fast französisches Schneiderkostüm für Mutti	51
Der erste Schultag am 28. August 1941	61
Fräulein Bethge	71
Der Kiefernstamm	79
Raus aus Frankfurt, raus aus der Hölle	85
Bei Familie Uthe in Idstein	103
Papa in der braunen Uniform	109
Kriegsende in Idstein	121
Wahrheit oder Lüge	129
Wiedereröffnung der Schulen im Herbst 1945	135
Papas Weihnachtsbaum	143
Das CARE-Paket	167

Glücksinsel Spiekeroog	171
Allein gelassen	211
Die Währungsreform im Juni 1948	219
Die Feiern zur 200. Wiederkehr von Goethes Geburtstag in Wetzlar	227
Der lange Schatten des früh verstorbenen Großvaters	237
Schmerzliche Abschiede von Wetzlar und schwierige Anfänge in Frankfurt	245
Fast normale Verhältnisse	267
Zu zweit in Gettenbach	285
Nachwort	291

Vorwort

Warum haben meine Eltern nie über die Zeit der Weimarer Republik, über den aufkommenden und zur Diktatur etablierten Nationalsozialismus, auch nie über den Zweiten Weltkrieg, den wir als Bombenkrieg in Frankfurt erlebt haben, nie über die Nachkriegszeit und über die Gegenwart der Bundesrepublik gesprochen? Warum wurde überhaupt so wenig gesprochen, und erzogen wurde durch Verbote, nie durch eine Aussprache. Kann man das heute noch nachvollziehen? War da Scham im Spiel, Enttäuschung, sah man sich als Opfer, war meine Mutter traumatisiert? Warum konnte keiner von beiden, weder Papa noch Mutti, sagen: Ich habe mich geirrt? War das zu schwer? Mit meiner Geschichte, die zugleich eine Familiengeschichte über drei Generationen ist, wollte ich auch dieses Kapitel: Nationalsozialismus und Anpassung in den Blickpunkt rücken. Den Spruch „Meine Papiere sind verbrannt, den Hitler habe ich nie gekannt« kann ich einfach nicht gelten lassen; diese geschönten Lebensläufe und Grabreden, in denen die Jahre zwischen 1933 und 1945 verschwiegen werden: damit müsste es jetzt 60 Jahre später ein Ende haben. Die Wahrheit müsste auf den Tisch, aber auch Verständnis dafür geweckt werden, dass es die Generationen vor uns viel schwerer gehabt haben müssen, zu sprechen, frei eine Meinung zu äußern und frei darüber zu diskutieren.
Dazu, wie der Alltag in einer an die Gegebenheiten des Nationalsozialismus angepassten Familie in den »Friedens-

jahren« bis 1939, im Krieg und im Nachkrieg und in den Jahren danach, erlebt in der Generation der »Kriegskinder«, stattgefunden hat, soll mein Buch ein Beitrag sein.

Im Unterricht habe ich das Thema Nationalsozialismus und Krieg oft durchgenommen und bin durch interessierte Fragen meiner Schülerinnen und Schüler bereichert worden. Wenn ich eigene Kinder und Enkel hätte, würde ich ihnen dieses Buch widmen. So widme ich dieses Buch allen Schülerinnen und Schülern. Eltern und Lehrerinnen und Lehrern, allen Freunden und Kollegen, ganz besonders meinem Mann, allen, die mich auf meinem Lebensweg von der Unterdrückung zur Selbstständigkeit fördernd und verständnisvoll begleitet haben.

Erika Warneke
Gettenbach, 9. März 2005

Das Goethekind

»Ei, was für ein goldiges Bobbelchen«, sollen die Nachbarn im Burgfeld ausgerufen haben, als Papa Mutti und mich aus dem Bürgerhospital nach Hause geholt hatte, »ei, ist es denn ein Bub oder ein Mädchen?« Alle Frankfurter, auch die zugezogenen, fangen ihre Sätze zur Begrüßung, oder wenn sie erstaunt sind, mit »ei« an. Papa war ja selbst gewissermaßen Frankfurter, wenn auch nur ein eingemeindeter aus Unterliederbach, und so soll er auf die vielen Fragen immer geduldig geantwortet haben: »Ei, es ist nur ein Mädchen, und wir nennen sie Erika, weil uns diese Mädchengestalt aus Victor von Scheffels ›Ekkehard‹ immer so gut gefallen hat.«
Auch die Großeltern in Wetzlar bedauerten, dass das Kind nur ein Mädchen sei; sie hätten sich doch so – als erstes Enkelchen überhaupt – einen Stammhalter gewünscht, der den schönen alten Namen Gilbert weitergeben könnte. Als sie die Trauunterlagen für ihren Sohn Hans beschafften – ganz wichtig war da der Ariernachweis, zumal Oma Gilbert und Papa schwarzlockig und braunäugig waren –, hätte ihnen ein Mann auf dem Amt gesagt, dass ihr Name germanischen, im engeren Sinne sogar fränkischen Ursprungs sei, und das gälte es zu erhalten. Die Oma soll gejammert haben: »Ach, der Hans ist schon bald fünfunddreißig und die Luise auch schon achtundzwanzig, ob wir da noch mal Opa und Oma eines Buben werden?«
Die Nachbarn sollen es ganz anders gesehen haben: »Ach, Sie sind ja noch jung, und nächstes Jahr oder übernächstes

Jahr bekommen Sie sicher auch noch einen Buben, und jetzt freuen Sie sich erst einmal an dem ganz gesunden und kräftigen Erika-Bobbelchen.«

Papas Kollegen von der Hindenburgschule hatten gleich einen ganz anderen Einfall zu meiner Geburt, als sie das Geburtsdatum, den 28. August, erfuhren. Ein Kollege soll sofort den ersten Satz aus »Dichtung und Wahrheit« zitiert haben: »Am 28ten August 1749, mittags mit dem Glockenschlage zwölf, kam ich in Frankfurt am Main auf die Welt.« »Ei, lieber Herr Doktor, da haben Sie uns ja mit einem Goethekind überrascht, wir haben doch schon immer gedacht, dass Sie eine dichterische Ader haben.« Papa soll darauf gesagt haben, das Kind sei ja erst nachmittags um drei geboren worden und außerdem 186 Jahre später, aber bei dem Namen blieb es, wenn sich die Kollegen nach meinem Wohlergehen erkundigten. Sicher waren da auch ein paar Frotzeleien mit im Spiel, denn Papa war nach Studium der Naturwissenschaften mit Abschluss Promotion und Assistenzzeit an der Universität Gießen in der Naturwissenschaftlichen Fakultät eigentlich, wie man heute sagen würde, für den Beruf des Volksschullehrers überqualifiziert. Für die Einstellung zum Schuljahr 1934/35 hätte auch sein Lehrerexamen von 1919 gereicht, aber in Anbetracht hoher Arbeitslosigkeit und des Umstands, dass sein Mentor-Professor in Botanik und auch der zweite Mentor in Zoologie 1934 ihre Lehrerlaubnis verloren, also dem Berufsbeamtengesetz zum Opfer gefallen waren, da war es doch nachvollziehbar, die angebotene Lehrer-Planstelle anzunehmen, endlich zu heiraten – meine Mutti soll er ja schon elf Jahre gekannt haben – und eine Familie zu gründen. Sicher war er sehr ehrgeizig, aber er muss auch richtig gern und gut unterrichtet haben. Noch Jahre später schickten ihm ehemalige Schüler und Schülerinnen Geburtstagsgrüße, und die lauteten oft ähnlich: Wir denken noch so gern daran zurück, wie Sie mit uns den »König Drosselbart« eingeübt und in der Aula aufgeführt haben. Studieren Sie jetzt auch noch Theaterstücke ein? Manche dieser Briefe waren Feldpostbriefe ... Diese Theateraufführung muss jedenfalls auch bei dem damaligen Kollegium Eindruck gemacht haben, nach dem Motto: Kommt da ein Neuer und krempelt den Schulalltag um ... Als Papa noch erzählte, gab er einmal zum Besten, die Kollegen hätten damals vorgeschlagen, man könnte ja mal Goethes »Götz von Berlichingen« aufführen. »Um Gottes willen«, will er da gerufen haben, »das ist ja viel zu gefährlich! Denken Sie mal an die Szene, wenn Götz das Fenster aufreißt, und was er den kaiserlichen Truppen entgegenruft ...!« Ein anderes Mal sollen die lieben Kollegen den »Egmont« vorgeschlagen haben, Papa dachte an den »Schicksalskarren« und die »Sonnenpferde« und muss dann die Kollegen mit dem Hinweis, er habe ja kein Pferd, das bei dem Ritt in Albas Hinterhalt scheuen würde, in die Schranken verwiesen haben.

Ich denke, dass es von den Kollegen nicht böse gemeint war, wenn sie Papa manchmal ein wenig auf die Schippe nahmen, vielleicht wollten sie ihn auch nur ein bisschen zum Lachen bringen, denn dass er zu Hause nicht viel zu lachen hatte, das merkten die Kollegen und erst recht die Nachbarn ziemlich bald. Wenn Mutti mich, das Bobbelchen, betreuen musste, soll sie immer den weißen Bürokittel, den sie aus der Düsseldorfer Zeit beim Drahtverband mitgebracht hatte, übergestreift und die Ärmel hochgekrempelt haben und mit dem Ruf »Jetzt geh ich ans Kind« ins Herrenzimmer aufgebrochen sein, wo mein Wagen und später mein Bettchen in der Ecke zwischen Papas Schreibtisch und Papas Bücherschränken ziemlich im Dunklen standen. Einmal soll Herr Kugler, ein Kollege, der auch im Burgfeld wohnte und mit Frau und Tochter zu Besuch gekommen war, um das Töchterchen zu sehen, das ganze Herrenzimmer mit den Augen abgesucht haben, bis er mich gefunden hätte, so still sei ich immer gewesen. »Was Sie hier alles von Goethe stehen haben!«, soll er ein über das andere Mal ausgerufen haben, »die ›Gesammelten Werke‹, drei Bände Wilhelm Bode ›Goethes Leben‹, der ›Weimarische Musenhof‹, die Biografien von Wittkowski und Bielschowsky, ›Goethe in vertrauten Briefen‹, ›Briefe an Frau von Stein‹, ›Goethe und Lotte‹, ›Briefe der Eltern Goethes‹, ›Inselalmanach auf das Jahr 1932‹ (Goethes 100. Todestag), ›Goethe als Zeichner‹, ich kann ja gar nicht aufhören, Büchertitel abzulesen. Ja, haben Sie, lieber Herr Doktor, denn hier eine Niederlassung vom Goethehaus?« Und Frau Kugler sagte: »Jetzt weiß ich auch, warum die kleine Erika ›Goethekind‹ genannt wird. Sie sieht ja nichts anderes, auch wenn sie noch lange nicht lesen kann.«

Bei dem Wort blieb es, wenn nach mir gefragt wurde. Die Hausbewohner konnten damit weniger anfangen, wunderten sich allerdings, dass bei uns über dem Büffet der Tischbein-Goethe hing, denn bei den meisten Familien hing damals ein Hitlerbild an der markantesten Stelle der Wohnung. Wir wohnten damals in der Römerstadt, genauer im Block Burgfeld 243 Parterre rechts, neben uns Herr und Frau Wilhelms, die keine Kinder hatten, mich aber sehr gern mochten und mich betreuten, wenn meine Eltern eine Opernaufführung besuchen wollten; dann soll meine Mutti nämlich für längere Zeit wieder freundlicher geworden sein. Über uns wohnte Familie Luther; der ältere Sohn Erwin besuchte schon die Ziehen-Schule, das Gymnasium, das in der Regel von den Kindern aus Heddernheim und aus der Römerstadt besucht wurde. Daneben wohnte Fräulein Langerfeld, allein stehend, berufstätig; sie hatte einen Wellensittich, den ich so gern gesehen hätte, wenn ich nur gedurft hätte ... Im zweiten Stock lebte Familie Nickels, der Sohn kam mir sehr groß und erwachsen vor, er war aus dem Spielalter heraus.

Auf der gleichen Etage wohnte Familie Weber mit Manfred, genannt Fredchen, er war ein Dreivierteljahr älter als ich, hatte eine blonde Ponyfrisur und wurde mein erster Sandkastenfreund, sobald ich nur laufen konnte. Unsere Eltern hatten sich etwas angefreundet, passten auch mal wechselseitig auf die Kinder auf, aber Mutti hatte wie oft etwas auszusetzen: dass die Familie katholisch war und dass Frau Weber jedes Mal, wenn sie unser Esszimmer betrat, um eine Kleinigkeit zu borgen oder zu bringen, entzückt ausgerufen haben soll:»Oh, unser schwäbischer Schiller!«

In der Römerstadt wuchsen damals viele Kinder auf, deren Stimmen ich zwar hörte, die ich aber kaum sah, ausgenommen Fredchen. Die Siedlung im Norden Frankfurts zwischen den Ortsteilen Praunheim und Heddernheim war eine der May-Siedlungen, nach den Richtlinien des Bauhauses erstellt, modern, hell, in Grünanlagen eingebettet und mit einer Mauer umgeben, die vor dem Nidda-Hochwasser schützte. Es gab Blöcke und Reihenhäuser.

Zwischen den lang gestreckten Gärten, die sich an den Reihenhäusern, liebevoll Häuschen genannt, anschlossen, verliefen, von Liguster und Zwergmispel abgegrenzt, schmale Spazierwege, auf die Mutti aber nie mitkommen wollte.»Was denken denn die Leute, wenn ich am hellen Tag hier herumlaufe, ohne etwas im Haushalt zu tun zu haben? Die halten mich ja für faul«, argumentierte sie, dabei blieb es. Papa ging mit mir dann gern über die Treppen, die an den so genannten Basteien angelegt waren und zur Nidda hinunterführten, zu dem Weg zwischen Niddawiesen und Römerstadtmauer, auf dem man in der einen Richtung bis Praunheim Brücke, das war die Endhaltestelle der Straßenbahnlinie 18, und in der anderen Richtung bequem zur Niddabrücke und zum Ginnheimer Wäldchen laufen konnte. Diesen Weg gingen Papa und ich ganz besonders gern. Papa zeigte mir die Wiesenpflanzen und ließ sie mich gleich

mit den deutschen und lateinischen Namen lernen. Öfters kamen Kollegen von Papa auf dem Rad vorbei, hielten an und fragten, was er denn eben schon wieder unterrichte. »Ei, gerade machen wir Botanik. Erika, sage doch mal, wie diese gelb blühende Pflanze heißt!« Wie aus der Pistole geschossen soll ich geantwortet haben: »Taraxacum officinale – Löwenzahn.« Solche Begegnungen fanden oft statt, denn der Weg war sehr beliebt und das Fahrrad damals das gebräuchlichste Verkehrsmittel. Als ich alle dort vorkommenden Baumarten und Wiesenpflanzen gelernt hatte, radelte Herr Voigt, auch ein Kollege Papas, vorbei und erkundigte sich, was wir denn diesmal durchnehmen würden. »Ich habe Erika gerade erklärt, wie Goethe auf die Vorstellung der Urpflanze gekommen ist. Das Blatt ist das Urelement der Pflanze, das grüne Blatt in den verschiedensten Formen, die unterschiedlichen Blütenblätter, ja selbst die Bäume haben in der Gesamterscheinung die Form des einzelnen Blattes, so sind die Nadelbäume schlank wie die einzelne Tannennadel und die Laubbäume haben in der Regel ein mehr rundes Erscheinungsbild. Erika hat zu Hause schon viele Bäume gemalt. Wenn sie ein bisschen größer ist, will ich ihr die ›Metamorphose der Pflanzen‹ nahe bringen, ich glaube, dass sie das schon bald begreifen kann.« Familie Voigt kannte ich von gemeinsamen Ausflügen und von der Wegscheide, dem Frankfurter Landschulheim. Mit Peter und Wolfgang, der eine etwas älter, der andere etwas jünger als ich, durfte ich ab und zu im Sandkasten spielen; Herr Voigt hat uns auch einmal ein Lied beigebracht, aber Naturwissenschaften für Kleinkinder: Das war sicher nicht seine Sache.
Einmal fragte ein Kollege, ob Papa seinem Töchterchen auch Gedichte beibringe. »Ei ja«, sagte Papa, »›Das Heidenröschen‹ – und wenn ich hier so an der Nidda spazieren gehe, denke ich immer, dass Goethes Abendwege von seinem Gartenhaus an der Ilm zum Fluss auch ganz ähnlich im Fluss-

nebel gelegen haben müssen, also ›Füllest wieder Busch und Tal still mit Nebelglanz ...‹ werden wir bald durchnehmen.« Dem Kollegen verschlug es wohl die Sprache und spätestens von da an muss Papa den Spitznamen »der kleine Goethe« gehabt haben. Oder ob er den schon vor meiner Geburt hatte? Wie sonst waren sie so schnell auf den Namen »Goethekind« für mich gekommen?

Respektloser ging es zu, wenn wir unterwegs SA-Kameraden von Papa trafen. Die machten sich einen Heidenspaß daraus, meinen Papa von weitem schon mit Vornamen zu rufen und zu duzen. »Ei, Hans, schon wieder mit dem Töchterchen unterwegs!« Und dann sangen sie laut: »Auf der Heide wächst ein kleines Blümelein, und das heißt: Erika ...«, und das klang wie »Ärika« und ärgerte mich ganz besonders. Später grölten auch die Schulkinder das Lied hinter mir her, bis sich Mutti bei meiner Klassenlehrerin darüber beschwerte und dann auch Ruhe war.

Lange vor der Einschulung brachte mir Papa das Zählen und einfaches Rechnen bei. Ich durfte dann zu ihm ins Bett krabbeln, hinter seinen Rücken auf die Besuchsritze zwischen den Ehebetten, dann zählten wir die Karos in der Gardine, bildeten Quadrate, rechneten aus, wie viele Karos in 10 cm passten. Am Esstisch brachte mir Papa die Anfänge der Bruchrechnung bei, indem er den Nachtischapfel in immer kleinere Schnitze zerlegte. Mutti war oft verärgert, denn sie war der Meinung, und das hatte sie von ihrem Vati gelernt, dass man mit dem Essen nicht spielt.

Morgens, wenn Papa in der Schule unterrichtete, saß ich in meiner Spielecke zwischen dem Büffet, dem guten Stück aus Wurzelnussbaumholzfurnier auf Kirschbaum, und der Vitrine aus dem gleichen Holz und brachte meinen vielen Puppen bei, was ich am Tag zuvor bei Papa gelernt hatte.

»Sie will nicht in den Kindergarten, bei der Anmeldung hat sie so geschrien, dass ich mit ihr wieder umkehren musste«, sagte Mutti dann zu Frau Weber, die sich gewundert hatte, dass sie Fredchen dort nur allein anmelden konnte, »Erika ist ein echtes Papakind«. Die Sommer auf der Wegscheide, einmal zur Sommerfrische in Heigenbrücken: Immer haben Papa und ich gemeinsam die Natur betrachtet, gezeichnet und gemalt.

Auf Papas Arm – auf der Wegscheide im Sommer 1937

Eines Tages drückte mir Papa ein Buch in die Hand, das viele Zeichnungen und Bildgeschichten enthielt. »Das kannst du auch allein betrachten«, hat er dazu gesagt, mich über das blonde Haar gestreichelt. »Mach es gut, mein liebes Schnützchen« – so nannte er mich immer, denn den verhunzt ausgesprochenen Namen Erika konnte er wohl auch nicht mehr leiden – »bleib gesund und hilf der Mutti im Haushalt!« Dann war Papa nicht mehr da.
Ich saß teilnahmslos in meiner Ecke, hatte keine Lust zum Spielen mehr. Frau Weber kam auf ein kurzes Gespräch und ich hörte, wie Mutti zu ihr sagte: »Mein Mann ist in der Kaserne in Hausen zu einer Wehrübung. Man kann ja nicht wissen, was kommt. Dann ist er bei den Ersten und wird vielleicht bald Unteroffizier.« Diesen Wortschatz kannte ich nicht, und die Erwachsenen dachten ja auch, ich sei zu abgelenkt bei meinen Puppen und würde nichts mitbekommen. »Ja«, fuhr Mutti fort, »Sie, liebe Frau Weber, haben ja einen Mann, der Ingenieur ist, noch dazu bei der renommierten Firma Hartmann und Braun. Aber wissen Sie, ich will doch nicht das ganze Leben die Frau eines Volksschullehrers sein, bei dem Studium und der Promotion. Wenn, dann muss er wenigstens Schulleiter werden.«
Was hatte Mutti an Papas Beruf auszusetzen? Es war doch immer so schön, in seiner Schule Theaterstücke zu sehen, mit seinen Kollegen zu sprechen, und die schönen Wanderungen rund um die Wegscheide. Abends das gemeinschaftliche Singen mit allen Kindern und Erwachsenen auf der Höhe, wie der große Versammlungsplatz genannt wurde, und Mutti war doch immer dabei, lachte, trug das Dirndlkleid wie alle anderen Kollegenfrauen und sang mit. Was gefiel ihr bloß nicht an Papas Beruf?
»Jetzt musst du mir gehorchen, so lustig wird es nicht mehr, aus mit dem vielen Goethe. Für deine Einschulung müssen wir dann allerdings wirklich ein Gedicht Goethes lernen;

sie werden dich, auch wenn sich die Zeiten ändern, sicher nach einem Gedicht fragen, wenn sie dein Geburtsdatum bei der Anmeldung notieren. Bis dahin ist aber noch Zeit. Das Brüderchen übrigens, von dem Papa und du öfters gefaselt habt, das kannst du dir auch aus dem Kopf schlagen. Sei froh, dass du so viele Puppen zum Spielen hast.« So lernte ich dann: Ich ging im Walde so für mich hin, um nichts zu suchen, das war mein Sinn ... Erklärt hat Mutti das Gedicht nicht. Das »für« habe ich als »führ« aufgenommen, und ich dachte, dass man doch nicht mehr geführt werden muss, wenn man im Wald schon geht. Mutti verstand nicht, was ich nicht an dem Gedicht verstehen konnte, und noch weniger, dass einer durch den Wald geht, ohne etwas zu suchen. Papa und ich suchten immer Pflanzen und bestimmten sie. Aber Mutti muss ihre Gedanken schon ganz woanders gehabt haben, wenn sie mit mir sprach, wie immer.

Der 28. August 1939

Mein vierter Geburtstag, aber zum ersten Male sollte ich ohne Papa feiern, denn Papa war zu einer Wehrübung, wie Mutti es nannte, in der Kaserne in Hausen, einem westlichen Vorort von Frankfurt, stationiert. Mutti war in den vergangenen Wochen freundlicher geworden; sie war geradezu heiter, wenn wir ihre Schulfreundin Ruth, mit der sie in Wetzlar zusammen das Lyzeum besucht hatte und die es nach ihrer Ausbildung durch Heirat nach Frankfurt und zufällig auch in die Römerstadt verschlagen hatte, aufsuchen und zu einem Kaffeeplausch bleiben konnten. Papa konnte Ruth nicht besonders leiden, sie war ihm zu laut, und es ging ihm auf die Nerven, dass sie nur von der Vergangenheit und besseren Zeiten, als ihre Eltern zur juristischen Prominenz in Wetzlar gehörten und eine herrschaftliche Villa mit Dienstboten bewohnten, schwärmte und lobte und immer noch eins zulegte. Noch weniger konnte Papa sich mit ihrem Mann anfreunden. Er war freischaffender Grafiker; mit den expressionistisch gestalteten Plakaten, die überall aufgehängt waren, konnte Papa nichts anfangen. Mutti auch nicht, das sagte sie aber nicht. Am meisten störte Papa, dass Ruths Mann Kettenraucher war und das ganze Haus dadurch so verqualmt war, dass man nach Luft ringen musste. Bei uns durfte keiner in die Wohnung, der rauchte, das habe ich bis heute beibehalten, und so war es natürlich klar, dass auch kein Gegenbesuch von Ruth und ihrem Mann möglich gewesen wäre. Mutti machte einen Bogen um das Haus, aber es

gab einen Zugang durch den Gartenweg zwischen den Reihenhäusern in Ruths Gärtchen. Sehr gern ging ich auch nicht hin, denn ich konnte mit den drei Buben, die 1936, 1937 und 1938 geboren worden waren, absolut nichts anfangen. Ich weiß nicht, womit sie spielten, aber für mein Bedürfnis nach einem kleinen Tischchen und Buntstiften und Papier hatten sie kein Verständnis. Mutti freute sich, wenn sie nun Ruth öfters treffen konnte, und im August konnte man ja so schön im Freien sitzen. Ruth hatte am 29. August, also einen Tag nach mir, Geburtstag, und so kam Mutti auf die Idee, dass wir beide Geburtstage zusammen feiern könnten.
Es kam aber alles ganz anders. Am Morgen brachte der Briefträger ein großes, längliches Päckchen für mich, Absender waren meine Wetzlarer Großeltern, und es kam ein Extrabrief, den Mutti sofort las. Die lieben Grüße von Oma, Opa und Tante Anneliese richtete sie noch aus, dann zitterten ihr die Knie und sie musste sich setzen. Worüber sie sich so aufgeregt hatte, konnte sie mir nicht sagen. Nur dass sie mir über das Haar streichelte und »mein Mäuschen« zu mir sagte, das war so ungewöhnlich, dass etwas Unerhörtes vorgefallen sein musste. Dann murmelte sie etwas mehr zu sich als zu mir, dass wir unbedingt zu Papa in die Kaserne fahren müssten, sie hoffe, dass wir eingelassen würden, sicher sei dort schon alles zum Aufbruch bereit. Wir hatten kein Telefon, um uns irgendwie anzumelden, aber Mutti hatte dann die Idee, meinen Geburtstag als Grund für einen Überraschungsbesuch anzugeben. Mutti hatte sich bald gefangen, und meine Vorfreude kannte keine Grenzen.
Dann klingelte es mehrfach schrill hintereinander. So klingelte nicht Frau Weber an der Wohnungstür. Ich weiß noch, dass wir beide furchtbar erschraken. Mutti öffnete mit zitternden Händen, dann stand der Blockwart groß in der Tür, die Hand zum Hitlergruß erhoben, und diesen Gruß erwartete er auch von uns. Von der Wohnungstür aus blickte er

über den langen Flur direkt in unserer Esszimmer und dort auf die Stirnwand, wo der Tischbein-Goethe über dem Büffet hing. »Sie haben ja gar kein Bild unseres Führers in ihrem Hauptzimmer, da bilden Sie aber eine Ausnahme, meine liebe Frau Gilbert.« Mutti muss etwa gesagt haben, dass Papa ja in jedem Klassenraum ein Führerbild sehe, was den Blockwart allerdings nur wenig beeindruckt haben dürfte. Dann entdeckte er ein Kinderporträt, mein Kinderporträt, das mich in meinem hellblauen Strickkleidchen zeigte und das ein unbekannter Maler nach einem Foto als Ölbild angefertigt hatte. Fredchen war damals, 1938, auch so gemalt worden, das Bild hing bei Webers an einem ähnlichen, auch ins Auge fallenden Platz wie bei uns. »Ja, wussten Sie denn nicht, dass im vorigen Jahr jüdische Maler, die hier Malverbot hatten, von Haustür zu Haustür gegangen sind, um deutsche Kinder zu malen, damit sie sich die Kosten für die Ausreise zusammenklauben konnten? Lesen Sie doch hier: Bär! Mit Bär hat er signiert. Seit wann heißt ein deutscher Volksgenosse denn Bär?« Den Blockwart brauchte Mutti nicht zu bitten, doch einzutreten. Der stand bereits mitten im Esszimmer, dem Grundriss nach der Hauptraum aller gleich geschnittenen Wohnungen, sah sich um und entdeckte die neue Singer-Nähmaschine, die eigentlich auf den ersten Blick gar nicht als Nähmaschine erkennbar war, denn die Maschine selbst war versenkbar, so dass eine glatte Tischfläche blieb, und diese hatte Mutti mit einer großen, farbigen Decke zugehängt; was zu sehen blieb, war das Metallgestell mit dem Fußpedal. Musste der Blockwart einen scharfen Blick haben. War er geradezu darauf versessen, die Wohnungen der Mieter nach ihren Einrichtungsgegenständen zu durchforschen? »Frau Gilbert, ist Ihnen klar, dass Sie hier ein amerikanisches Produkt stehen haben?« Mutti hatte sich gefasst und sagte wahrheitsgemäß, dass die Nähmaschine ein Geschenk ihrer Schwiegermutter sei; sie könne gar nicht darauf nähen, aber sie müsse es lernen, denn die Schwiegermutter sei der Meinung, dass das Erikakind nicht länger in zu kindlichen Stricksachen herumlaufen dürfe, dann würden mich ja die anderen Kinder hänseln. Beinahe wäre alles ausgestanden gewesen, wäre nicht der Blick des Blockwarts auf das große Telefunken-Radiogerät gefallen. »Frau Gilbert, was sehe ich denn hier? So ein großes Radiogerät, das an die 600 Reichsmark gekostet haben dürfte. Ihr Mann ist doch nur Volksschullehrer, das kann er doch von seinem Gehalt nicht bezahlt haben. Was haben Sie dazu zu sagen?« Mutti muss sich unheimlich zusammengenommen haben und hielt sich dabei am Esstisch, der in der Mitte des Zimmers stand, fest. »Meine Schwiegereltern aus Wetzlar haben uns auch das Radio geschenkt.« – »Was, die Nähmaschine und das Radio, und beide Geräte sind ganz neu. Mit diesem Radio wollen Sie wohl künftig Feindsender hören. Ich hoffe, Sie sind sich darüber im Klaren, welche Konsequenzen das für Sie haben kann!« Ich stand verlegen neben Mutti, sah zu ihr auf, sie legte ihre Hand auf meinen Kopf, strich über mein hellblondes, immer noch etwas schütteres Haar und sagte: »Meine Tochter wird heute vier, und am 11. August haben wir unseren 5. Hochzeitstag gefeiert; dazu haben uns die Schwiegereltern gratuliert und beschenkt. Das Radio ist für meinen Mann bestimmt gewesen, er ist ja heute nicht bei uns, sondern in der Kaserne in Hausen, aber er hört so gern Sinfonien von Beethoven und Schubert, und die bekommt er durch das große Radio so gut herein. Er hatte bisher aber noch keine Muße, das Gerät auszuprobieren.« Vielleicht wäre die Sache ausgestanden gewesen, wenn der Blockwart nicht noch einmal die offen stehende Wohnungstür gemustert hätte. »Ah ja, Dr. Gilbert steht auf Ihrem Türschild, da bin ich ja bei einem Akademiker, die immer etwas Besseres sein wollen. Da müssten Sie doch auch viele Bücher haben. Wo stehen die denn? Hier im Zimmer sehe ich kein einziges.« Da muss ich wohl dazwischengerufen haben, dass Papa sehr viele Bücher über Goethe hätte und dass heute mein Geburtstag sei, ich hätte mit Goethe und in Frankfurt Geburtstag. Ein schräger Blick von Mutti, und der Blockwart wollte unbedingt die Bücher sehen. So musste Mutti ihn ins Herrenzimmer führen, das bei anderen Familien, wie vorgesehen, als Kinderzimmer genutzt wurde. Etwas irritiert muss er die vielen Bücherreihen inspiziert haben, sicher in der Absicht, etwas Negatives zu finden. Tatsächlich. »Hier sehe ich ja Thomas Mann, Carl Zuckmayer, Stefan Zweig! Ja wissen Sie denn nicht, dass unser Führer diese Machwerke verboten hat?« Er ging die Reihen auf und ab, sah, dass bei uns neuere naturwissenschaftliche Werke und viele theologische Bücher standen. »Die Bücher zu Martin Luther sind von meinem Großvater, der Pfarrer war. Er hat Luther sehr verehrt, weil er ihn für einen aufrechten Deutschen hielt.« Das kam an. Mutiger geworden, sagte Mutti: »Meine Familie hat schon immer national gedacht. Mein Vater gab alles ›Gold für Eisen‹. Im Weltkrieg hat er auf offener Draisine die Truppentransporte an die Ostfront begleitet. Nach dem Krieg war seine Lunge so angegriffen, dass er an einer Lungenentzündung im Winter 1921 starb.« Das Schlimmste war ausgestanden, nur rätselte Mutti wohl insgeheim, warum der Blockwart ausgerechnet heute gekommen war. Er stand da in seiner SA-Uniform und machte keine Anstalten zu gehen. Mutti sagte in die Stille hinein: »Mein Mann ist auch in der SA und Parteimitglied seit 1937, wir denken auch national.« »Bilden Sie sich mal darauf nichts ein, Frau Gilbert, wenn die SA ausrückt, hat Ihr Mann immer eine Konferenz oder ein Theaterspiel an der Schule. Und was die Parteimitgliedschaft betrifft, so hat der Führer in seiner Großmut 1937 für alle diejenigen die Partei geöffnet, die vorher unentschlossen waren und jetzt gemerkt haben, dass ohne Partei gar nichts mehr geht, keine Prüfungszulassungen und keine Beförde-

rungen. Die echten Idealisten der neuen Bewegung sind spätestens 1932 beigetreten, lange bevor die neuen Beamtengesetze in Kraft gesetzt worden sind.«
Wieder unheimliche Stille. Dann endlich erfuhren wir den Grund, warum der Blockwart ausgerechnet heute, am 28. August, gekommen war. »Frau Gilbert, ich komme heute, um Ihnen die Lebensmittelkarten persönlich auszuhändigen. Hier sind die Karten für Brot, Fett, Fleisch, Gemüse und die Rauchermarken für Sie und Ihre Tochter, die noch unter 6 Jahren ist. Sie gelten ab heute für die nächsten vier Wochen. Zu gegebener Zeit erhalten Sie Marken für Kleider- und Schuhkauf, aber ich sehe ja, dass Sie noch elegant gekleidet sind und außerdem ja auch die neue Nähmaschine haben, um Kleidung zu reparieren und Kinderkleidung zu nähen.« Jetzt musste sich Mutti setzen, sie war sprach- und fassungslos. »Ich merke, dass Sie immerhin keine Feindsender gehört haben können, sonst wären Sie nicht so überrascht.« Der Mann wurde sogar etwas freundlicher, ging aber immer noch nicht. »Am 1. September tritt die Verdunkelungsverordnung in Kraft. Die Rollos für die einheitlichen Fenster in der Römerstadt gibt es im Papierwarengeschäft, und zwar für die Normalfenster als auch für die halbgroßen Fenster im Treppenhaus und in der Mansarde. Wir setzen auf Nachbarschaftshilfe bei der Montage, wenn Sie gar nicht zurechtkommen, wenden Sie sich an mich. Und dann gibt es noch etwas, speziell für die Bewohner der Parterrewohnungen. Da die Familie Wilhelms neben Ihnen schon etwas älter ist, werden Sie diese Aufgabe allein übernehmen müssen. Sie müssen dafür sorgen, dass das Treppenhaus und der Zugang zum Keller verdunkelt werden. Ihren Keller müssen Sie in den nächsten Tagen ausräumen und als Luftschutzraum zur Verfügung stellen. Auch die Mansarde sollten Sie räumen. In den nächsten Tagen wird hier ein Gerüst aufgestellt, übrigens bei allen Blocks und Reihenhäusern der Römerstadt,

denn die weißen und roten Anstriche müssen mit Tarnfarben übermalt werden. Anfallenden Bauschmutz entfernen die Bewohner der Parterrewohnungen. Frau Gilbert, ich habe Sie nun in Kenntnis gesetzt. Zu gegebener Zeit komme ich, um mich von der Durchführung der Maßnahmen zu überzeugen. Heil Hitler.«

Obwohl Mutti am Ende ihrer Nerven gewesen sein muss, hat sie den Blockwart, den sie nicht mit Namen kannte, der sich auch nicht vorgestellt, sich aber durch die Uniform wohl genug ausgewiesen hatte, zur Wohnungstür begleitet und eilig hinter ihm zugeschlossen. Wir gingen dann noch schnell bei Ruth vorbei, verschoben die gemeinsame Geburtstagsfeier auf den nächsten Tag, gingen auf dem Wiesenfußweg nach Altpraunheim und von dort zur Endstation der Linie 18, um Papa in der Hausener Kaserne aufzusuchen. Das längliche Päckchen, das die Wetzlarer Großeltern an mich geschickt hatten, nahmen wir mit, vermutlich hatte Mutti auch den Brief aus Wetzlar eingepackt, der sie am Morgen so nachdenklich gemacht hatte.

Auf dem Kasernenhof war kein Anzeichen von Aufbruch, wie Mutti befürchtet hatte, und vom Wachposten wurden wir freundlich begrüßt. Papa durfte zu uns in einen besonderen Raum kommen. Dann wurde das Päckchen geöffnet. Die Großeltern hatten mir eine Schildkrötpuppe geschickt, 45 cm groß, größer als alle Puppen, die ich schon hatte und die von mir unterrichtet wurden. Sie hatte eine rötliche Haut und eine helle Innenrollenfrisur. Papa sagte: »Das ist die Ingrid, halt sie lieb und nimm sie überallhin mit.« Sie trug ein hellgrünes Kleidchen mit rosa Streublümchen, und in diesem Kleid sitzt die Ingrid-Puppe heute noch bei mir zu Hause auf der Couch neben meiner Staffelei. Sie war im Luftschutzkeller immer an meiner Seite, obwohl sie, aus Zelluloid gefertigt, doch leicht brennbar ist. Worüber sich meine Eltern so intensiv unterhielten, weiß ich nicht, ich

war in die Betrachtung der neuen Puppe versunken und wohl auch von dem anstrengenden Tag mit dem unerhörten Besuch des Blockwarts überfordert.
Jetzt konnte mir Papa doch noch zum Geburtstag gratulieren und mir ein dickes Schnützchenküsschen geben, denn so nannten wir immer unsere Begrüßung, wenn Papa von der Schule heimkam, nur fragte er diesmal nicht, welche Puppen ich am Vormittag unterrichtet und was ich ihnen beigebracht hätte. Mutti wird ihm schon von dem beängstigenden Besuch des Blockwarts berichtet haben und da war natürlich keine Zeit für meine Puppen und meine Malstifte. Fremd sah der Papa aus. Aber der Papa war der Papa – auch in der feldgrauen Uniform und mit der feldgrauen Schiffchenmütze auf dem Kopf.
Dann wurde es Zeit zu gehen, Mutti konnte sich kaum losreißen, und ich hörte, wie sie ein- über das andere Mal sagte, und das in einem monotonen Tonfall, den ich von ihr gar nicht gewöhnt war: »Hans, so hätte ich mir das nicht vorgestellt.« Dann mussten wir wirklich aufbrechen, weil Papa von einem anderen Soldaten gerufen wurde, wir winkten uns noch zu, dann standen Mutti und ich allein vor der Kaserne und suchten den nächsten Weg zur Straßenbahn. Die Bahnen fuhren nach Fahrplan wie immer, was Mutti beruhigt feststellte.
Unterwegs belehrte mich Mutti: »Also so vorlaut wie heute Vormittag darfst du jetzt nicht mehr sein. Es ging ja wohl noch mal gut, aber versprich mir, nicht mehr zu reden, wenn du nicht gefragt wirst. Hörst du?«
Da die Kaffeezeit kaum vorbei war, beschloss Mutti, dass wir doch noch bei Tante Ruth, wie ich sie nennen durfte, vorbeischauen wollten. Zu mir sagte sie: »Sicher sitzen wir im Garten, aber mir müssen herausfinden, ob sie in der Wohnung ein großes Radiogerät oder den kleinen Volksempfänger haben. Du kannst dich auch etwas umsehen. Der

Volksempfänger sieht wie ein großer, hellbrauner Teller aus, der auf einem Ständer steht. Bei den meisten Leuten steht er oben auf einem Schrank oder einer Kommode.« Dass die Kröbers nur den Volksempfänger hatten, habe ich tatsächlich noch schneller als Mutti herausgefunden. »Von unserem großen Radio sagst du nichts, verstanden? Von der Singer-Nähmaschine sagst du auch nichts. Ich habe da schon meine Gründe.«

Dann gab es Saft und sonst noch etwas Undefinierbares zu trinken, und Mutti nutzte die Zeit, um sich vorsichtig zu erkundigen, ob bei Kröbers auch der Blockwart gewesen sei. Ruth strahlte. »Luischen«, rief sie, so nannte sie Mutti schon seit ihrer gemeinsamen Schulzeit, weil Mutti schon immer so zierlich und Ruth geradezu eine Riesin gewesen ist, »Luischen, stell dir vor, er war ja ganz reizend, als er mich und die drei Buben sah. »Was für kräftige Kinder, das waren ja sicher mindestens Neunpfünder bei ihrer Geburt, und so pausbäckig und blond, so blond und sicher bald so groß wie Sie, liebe Frau Kröber.« Die Lebensmittelkarten habe er mitgebracht, da sei sie natürlich zuerst auch entsetzt gewesen, aber mehr könne sie sowieso nicht kaufen, als auf die Marken zu kaufen sei. Der Blockwart habe sogar gescherzt, dass ihr Mann nun das Haus nicht mehr so verqualmen könne, denn für einen Kettenraucher dürften die Märkchen für vier Wochen in einer Woche verbraucht sein. »Und Luischen, stell dir vor, beim Anbringen der Rollos will er mir selbst helfen. Ich habe ihm einfach meine offenen Beine gezeigt und angedeutet, dass ich damit unmöglich auf die Fensterbänke steigen kann. »Das kommt von den Geburten im Jahresabstand«, habe ich ihm noch erläutert, und er darauf: »Aber gnädige Frau, warum haben Sie denn nicht ein Pflichtjahrmädchen zur Hilfe angefordert? Ich will das für Sie sofort einreichen. Dann hätten Sie auch noch die Kraft für ein viertes Bubenbobbelchen, und dann zeichnet Sie der Führer mit dem bronzenen Mutterkreuz aus.«

»Also, Luischen, hatte ich nicht einen charmanten Vormittag hier in der Römerstadt, wo man sonst nichts erlebt?«

Mutti hatte es jetzt eilig nach Hause zu kommen und zog mich an der Hand aus dem Garten auf den Weg zwischen den Reihenhäusern. Als wir kaum zu Hause waren, schellte es tatsächlich noch einmal und wieder so schrill wie am Vormittag. Es war noch einmal der Blockwart – sicher aber ein anderer als bei Tante Ruth – und mit dem Hitlergruß stand er auch gleich wieder in der Wohnung. »Ich habe Sie heute gegen Mittag über den Wiesenweg fortgehen sehen und wollte mich nur überzeugen, dass Sie auch wieder gut nach Hause gekommen sind. Dass Sie ein derart großes Radio haben, habe ich nach oben weitergemeldet. Es könnte sein, dass es zu gegebener Zeit beschlagnahmt werden wird. Ich empfehle Ihnen deshalb den Kauf eines Volksempfängers, der kostet nur einen Bruchteil von Ihrem Telefunkengerät. Bei der Installation kann ich Ihnen helfen. Ich gebe Ihnen noch einen Hinweis: Melden Sie sich doch mal bei der NSV-Frauenschaft. Solange Ihr Mann im Feld ist, sind Sie hier ziemlich allein. Wir zählen auf Sie. Heil Hitler.«

Mutti beschloss, dass wir heute so früh zu Bett gehen sollten, dass wir kein Licht mehr einzuschalten brauchten. Mit einem Ruck schloss sie das Klavier ab, bündelte die Noten, nach denen Papa und sie so gern musiziert hatten, Mutti am Klavier, Papa mit der Geige; den ganzen Stoß mit Beethoven-, Schubert-, Mendelssohn- und Schumann-Noten schob sie auf die eine Ecke des Schalldeckels, so dass ein Platz für den empfohlenen Volksempfänger frei wurde. Die Geige verstaute sie unten im Kleiderschrank, und dazu sagte sie ziemlich kleinlaut: »Wer weiß, ob wir die Geige noch einmal brauchen. Wenigstens soll sie dem Blockwart nicht auffallen, wenn er die Verdunkelungsrollos kontrollieren kommt.« Für

Papa in Uniform

den anderen Morgen nahm sie sich vor, vorsichtig unsere Wohnungsnachbarn, dann Frau Luther über uns und Frau Weber im zweiten Stock auszuhorchen.

Vier Tage nach meinem vierten Geburtstag begann der Zweite Weltkrieg. Von Papa erhielten wir nach sechs Wochen den ersten Feldpostbrief vom Westwall.

Das Schaukelpferd

Es war wohl im ersten Kriegswinter. Papa war eingezogen und in einer technischen Einheit, die Telefonleitungen legte, in der Normandie stationiert. Oma Mickel aus Köln war zu Besuch gekommen. So waren wir zu Weihnachten zu dritt, wenn auch anders als sonst, ohne Papa. Mutti war ziemlich nervös. Diese Verdunkelungsrollos zu bekommen und dann noch anzubringen, und dauernd riss der Rand an diesem brüchigen Papier wieder irgendwo ein, allein dieser Kampf kostete schon Nerven, und dann gab es Löcher, wenn man die Rollos über dem Fenster für tagsüber zusammenband. Wenn wir nicht noch alte Schulhefte mit schwarzem Deckel gehabt hätten, dann hätten wir überhaupt nicht gewusst, wie wir die Schäden hätten ausbessern sollen. Auch der Kleister wurde schon Mangelware, und das schon drei Monate nach Kriegsbeginn!
Manchmal schimpfte Mutti vor sich hin, ohne dass ich es hören sollte.»Diese Gartenstadt (das war die Wohnungsbaugesellschaft, der die Römerstadt gehörte) hat ja so moderne Wohnungen gebaut, dass ich sie bei allen Bekannten immer gelobt habe: Linoleumböden, Einbauküche, alles weiß gekachelt, Zentralheizung, niedrige Fenster, die man ohne Leiter putzen kann. Aber hätten die nicht wenigstens Rollläden einbauen können – oder könnten die das nicht wenigstens jetzt nachholen? Nein, nichts, alles muss der Mieter selbst machen, nur die Miete lassen sie sich überweisen ...« Dabei fiel auch manchmal ein Schimpfwort, dann drehte sie sich

aber schnell um, um sich zu vergewissern, dass ich nichts gehört hatte ...

Über die örtliche NSV-Leitung war sie zu einem Kurs »Laienhilfe« eingeladen worden, eigentlich: einberufen, denn abzusagen war nicht ratsam, auch Frau Weber machte mit. Ich nannte das damals »Leinenhilfe«, weil Mutti einen Teil unserer weißen Bettlaken dafür hergeben musste. »Du verrätst mich aber nicht, dass ich die durchgelegenen Stellen aus der Mitte für die Verbandsstreifen verwende. Wir stürzen dann die Tücherreste. Wenn Oma kommt, kann sie das auf der Singer-Maschine machen. Wir haben dann die guten Stoffteile behalten, ich werde doch nicht die Kleiderkarten opfern, um Bettwäsche nachzukaufen.« Natürlich verriet ich nichts, trotzdem wurde Mutti von Anweisung zu Anweisung in ihrem Ton schärfer.

Zu Weihnachten wollte Mutti bloß Ruhe haben: nichts sehen, nichts hören, nichts kochen und spülen, einfach ausschlafen. Meine Oma sah die Sache anders. »Das Kind verblödet ja, wenn sich keiner mit ihm beschäftigt. Erika ist halt ein Papakind, den können wir nicht herbeizaubern. Aber ein sinnvolles Geschenk wird sich doch wohl auftreiben lassen!« Ich konnte mich schon immer gut allein beschäftigen, wenn ich Buntstifte hatte, Papas Zeichenbuch vor mir und genügend Malpapier. Auch das sah meine Oma etwas anders. »Da sitzt sie nur still und bewegt sich nicht. Wie soll sie denn wachsen und starke Muskeln bekommen? In der ›Wochenschau‹ sehe ich immer Bilder von turnenden Kindern. Mit Bällen und Reifen spielen die, es sieht aus wie ein Ballett – nur halt in Turnanzügen. Sollten wir die Erika nicht zum Turnen anmelden, das wäre doch auch ein Weihnachtsgeschenk.« Da Mutti und ich gleichermaßen entsetzt waren, kam Oma auf dieses Thema nicht mehr zurück.

Was sie daraufhin einfädelte, war weihnachtliches Geheimnis. An Heiligabend stand dann ein riesiges, weißes Schaukelpferd in Papas Zimmer, wo immer die Bescherung stattgefunden hatte und nun bei der ersten Kriegsweihnacht auch. Ein Schaukelpferd neben dem Weihnachtsbaum, der wie immer geschmückt worden war. Ein Schaukelpferd, wie ich es oft in »Auerbachs Kinderkalender« gesehen hatte; Mutti hatte alle Bände seit 1917 bis 1934 (dann wurde diese Kinderbuchreihe verboten) komplett, und wenn sie mir überhaupt mal etwas vorlas und mir Bilder zeigte, dann aus diesen Bänden; so ein Pferd stand nun bei mir, und es war besonders groß und schön. Das Pferd hatte eine lange Mähne, der Holzkörper war mit grauen Punkten bedeckt, oben ein echter Sattel für mich, die vier Beine auf mächtigen Kufen in der Form eines Halbkreises. »Wir nennen das Pferd Rosa«, sagte Oma, denn ihr jüngster Bruder, mit dem sie immer viel gespielt und den sie wie eine Tante betreut hatte, der hatte ein ähnliches Pferd, und das hieß auch Rosa. Oma geriet sichtlich ins Träumen. »An Weihnachten muss ich immer daran denken, wie viel Zeit schon vergangen ist. Als mein jüngster Bruder, der Jul, mit dem Pferd durch das Weihnachtszimmer ritt, damals im Elternhaus in Darmstadt in der Eschollbrücker Straße, da war er auch vier oder fünf Jahre alt, und das war noch Jahre vor der Jahrhundertwende. Im Krieg (sie meinte den Ersten Weltkrieg) ist er in Flandern gefallen.« Dann wurde es ganz still in unserem Weihnachtszimmer, und wir dachten sicher alle an Papa, der auch im Westen an der Front war.

Danach wurde Rosa bestiegen und erst mal vorsichtig probiert, wie das Reiten ging. Wie das Schaukeln ging, natürlich! Erst vorsichtig, dann schon etwas mutiger, schließlich hatte ich den Bogen heraus und nutzte den Radius der Kufen voll aus. Auf und ab, dann ließ sich das Pferd ruckartig wenden, und das gab einen Lärm, wie man ihn in dieser Wohnung noch nie gehört hatte. Bisher sah ich immer den Zeigefinger vor dem Mund: »Pst, still sein, der Papa korrigiert Hefte, die Mutti schläft.« Meiner Oma machte der Kufenlärm Spaß, sie jubelte, dass ich mich so schön auf dem Pferd bewegte, denn sie dachte, ich sei eigentlich zu steif zum Schaukelpferdreiten. Sicher dachte sie wieder an die wilden Kinderjahre bei sechs jüngeren Geschwistern und den Lärm, den sechs Buben mit ihren Spielsachen im Weihnachtszimmer angerichtet haben dürften. Mutti tobte: »Der Lärm bringt mich um, aufhören! Das schöne Linoleum! Ich liege auf den Knien, um es zu wachsen und zu bohnern, und ihr macht mit dem blöden Gaul lauter Kratzer! Schluss!« Tränen flossen: bei mir vor Angst, bei Mutti vor Wut und bei Oma vor Enttäuschung. Aus der Traum vom Reiten! Die Kerzen vom Weihnachtsbaum wurden ausgeblasen, ehe überhaupt »Oh Tannenbaum« angestimmt worden war, Oma und ich aus dem Weihnachtszimmer herausgedrängt und die Tür mit einem Ruck geschlossen.

Hatte nicht das Christkind das Pferd gebracht? Das Pferd habe ich nicht wiedergesehen. Meine Oma fuhr bald nach den Feiertagen nach Köln zurück, und meine Mutter erwähnte diesen Heiligabend nie wieder mit einem einzigen Wort.

Unser Garten

Früher hatten wir viele Ausflüge gemacht. Zu Fuß über die Ziegelei und an der Baustelle der Autobahn vorbei nach Niederursel zum »Lahmen Esel«, wo Papa auch immer einige Kollegen mit ihren Familien traf, oder wir fuhren mit der Linie 24 zur Endstation Hohemark und wanderten von dort zum »Forellengut«. Manchmal blieben wir auch einfach in der Nähe in einer Gartenwirtschaft in Alt-Praunheim. Da ging es bei Apfelwein und Weck oft lustig zu. »Das ist vorbei«, sagte Mutti, wenn wir wieder zum Garten aufbrachen, »jetzt wird Gartenarbeit gemacht, das ist wenigstens etwas Nützliches.«
Mutti sprach nicht viel, sie gab Anweisungen, was im Garten gerade zu tun sei, und das auch nicht besonders freundlich. »Schluss mit Spielen! Jäte das Unkraut, aber trödele nicht dabei! Vor Einbruch der Dunkelheit müssen wir wieder zu Hause sein. Dann muss ich nach den Verdunkelungsrollos sehen.« In Muttis Wortschatz kamen hauptsächlich drei Wörter vor, die sie zwar nicht erklärte, die ich mir aber zusammenreimen konnte: nützlich, praktisch, wichtig. Das Spielen war nicht mehr wichtig; die Rollos, mit deren Auf- und Abwickeltechnik und mit deren Papierqualität Mutti haderte, waren wichtig und nützlich, aber leider unpraktisch. Die Gartenarbeit hatte Mutti so organisiert, dass sie praktisch, nützlich und natürlich wichtig war. »Wir werden doch nicht unsere Lebensmittelmarken für den Kauf von Gemüse verplempern, diese Märkchen und die Raucher-

märkchen nehmen wir zum Tausch gegen Zuckermärkchen, damit wir unsere Johannisbeeren und Stachelbeeren mit viel Zucker zu Gelee verarbeiten können.« Sie hat dann immer ein paar Geleegläser dazu geschenkt, wenn ihr ein solcher Tausch gelungen war. Sie tauschte auch mit Gemüse, mit Salat, mit Tomaten, mit unseren Gute-Luise-Birnen und mit unseren vielen Zwetschen.

Wie lange meine Eltern den Garten schon hatten, weiß ich nicht. Papa war in Wetzlar in einem Elternhaus mit Garten aufgewachsen, er kannte sich aus und hatte auch Gartenbau im Rahmen des Biologieunterrichts unterrichtet. Mutti muss früher von der Gartenarbeit nicht so sehr begeistert gewesen sein, denn man verdirbt sich die feinen Finger; andererseits hat sie den Garten wohl schon früh als nützlich erkannt, denn durch eigenen Anbau konnte man Geld sparen und das kleine Volksschullehrergehalt aufbessern. Mutti dachte halt schon immer praktisch. Für Papa und mich war der Garten aber eigentlich auch ein Paradies.

»Hörst du den Pirol?«, hat Papa oft gerufen und das Zeichen zum Schweigen gegeben. Der Garten lag hinter der Praunheimer »Alten Schule« und grenzte an das Grundstück der Praunheimer Dorfkirche. Er fiel nach Süden zur Nidda hin ab, doch versperrte ein dichter Baumbewuchs den Blick auf Nidda und Nidda-Altarm. »Das ist das Reich des Pirols«, sagte Papa immer, »er liebt feuchte Auwälder und auch unsere Obstbäume. Er kommt spät zu uns und fliegt früh wieder nach Afrika, denn er ist ein Zugvogel. Er ist schon selten geworden. Wenn ich nur wüsste, wie wir ihn schützen könnten.« Als wir in dem Jahr nach Kriegsausbruch noch die Bohnen und Kartoffeln ernteten, war der Ruf des Pirols bereits verstummt. Ob er wiederkommen würde?

Wir hatten schon ein paar Mal Fliegeralarm gehabt, im vorigen September und im Oktober, im Garten war zu dieser Zeit nichts mehr zu tun. Um so mehr war jetzt, im Frühjahr 1940,

zu erledigen. »Du brauchst nicht auf den Pirol zu warten, der kommt schon von selbst«, sagte Mutti und drückte mir die kleinen, kindgerechten Gartengeräte in die Hand, mit denen ich früher mein kleines Beet gepflegt hatte. »Raus mit dem Unkraut, dem lästigen Franzosenkraut, Schluss mit dem Träumen!« Mutti hatte über Winter aus Papas Bibliothek das Gartenbuch »Erfolgreicher Kleingartenbau« von Alfred Bier, Neuerscheinung des Jahres 1937, durchgearbeitet und sich einen genauen Plan über die Reihenfolge aller Arbeiten gemacht. Da stand sie in ihrem Dirndlkleid, das sie immer auf der Wegscheide getragen hatte, trug die Spessart-Wanderschuhe und stülpte sich ein Kopftuch über die ondulierten Haare. Der Garten war der alte Schulgarten, der mit dem Neubau der Praunheimer Schule Ende der Zwanziger Jahre aufgegeben worden war; von diesem hatten wir das Mittelstück. Der eine Nachbar war der alte Rektor Metz, ganz hilfsbereit und darauf gefasst, Mutti helfen zu müssen, und dann konnte er sich nur noch wundern, welche modernen Saatfolgen sich Mutti ausgedacht hatte. Das hatte sie aus ihrem Gartenbaubuch übernommen. »Ja, von Ihnen kann ich noch dazulernen«, sagte Herr Metz. Trotzdem half er uns bei Arbeiten wie dem Umgraben oder Auslichten, die für Mutti körperlich zu anstrengend waren. Die andere Nachbarin war eine Kollegenfrau, deren Mann eingezogen worden war. Mutti half ihr nicht. »Wenn die noch hier sitzt und Zeit hat, Romane zu lesen, der werde ich helfen, die hilft mir auch nicht.« Mit der Zeit grüßte man sich auch nicht mehr, was Mutti wenig auszumachen schien.
Unser Garten hatte noch eine Besonderheit. Als Mittelstück des ehemals wirklich großen Schulgartens war ihm das Gartenhaus geblieben. Es war aus Bruchsteinen massiv gemauert und an die Mauer, die das Kirchengrundstück umgab, angebaut. Es bestand sogar aus zwei Etagen. In der oberen lagerten einige Gartenmöbel, für die Mutti jetzt

keine Verwendung mehr hatte, auch meine Schaukel hatte sie abmontiert und dort abgelegt. Durch einen schmalen Mauerschlitz konnte ich Kinder beobachten und ihrem Lärmen zusehen; dort war der Kindergarten der evangelischen Praunheimer Kirche. »Hier bist du getauft worden«, sagte Mutti einmal, »aber jetzt komm wieder zum Arbeiten!« Vor dem oberen Teil des Gartenhauses befand sich ein Rondell, auf das die Vorbesitzer wohl ihre Gartenstühle gerückt hatten. Jetzt war es dort ziemlich dunkel, denn der Holunder war gewuchert und erfüllte die Luft mit seinem penetranten Duft. Auf einem verschlungenen Weg kam man zur unteren Ebene des Hauses, dort lagerten Rechen, Spaten, eine Schubkarre und Kleingeräte, alles etwas verrostet, aber noch brauchbar. Dort etwas zu holen, war mir immer etwas unangenehm, es gruselte mich ein bisschen; auch war der Raum stockdunkel und feucht. Papa soll dieses Gartenhaus »Mooshütte« genannt haben. Die Steine waren feucht und moosbewachsen, auch Farne, die ich immer noch so gern mag und die in meinem Garten in Gettenbach geradezu kultiviert werden, wuchsen in den Ritzen. Ich glaube aber nicht, dass Papa wegen des Aussehens diesen Namen gewählt hatte. Hat nicht vielleicht Charlottes »Mooshütte« aus Goethes »Wahlverwandtschaften« Pate gestanden? Als ich Jahrzehnte später während meines Germanistik-Studiums diesen Roman las, hatte ich plötzlich wieder unser Gartenhaus vor Augen.

Für Mutti war dieses Steingartenhaus jetzt auch wichtig geworden. Es gab so oft Alarm, bis jetzt zwar meistens abends, nachts oder ganz frühmorgens noch bei Dunkelheit, dann begaben wir uns in den Luftschutzkeller und warteten bis zur Entwarnung ab. Ich hatte auch tagsüber Angst vor Fliegern. »Hier sind wir genauso sicher wie im Luftschutzkeller, außerdem sind wir von oben nicht zu sehen, die Kirche werden sie doch nicht bombardieren. Überhaupt, hier in Praunheim, in dem Dorf, das nur zufällig zu Frankfurt gehört, was ist denn da zu treffen?«, sagte sie mir.

Im Juni 1940 gab es viele Luftangriffe auf Frankfurt, wir saßen fast jede Nacht im Keller. Der Blockwart beruhigte, dass es immer nur ganz wenige Flieger gewesen seien, über die Römerstadt und Praunheim seien sie nur hinweggeflogen oder sogar vorher abgebogen. »Wir geben zur Sicherheit mehr Alarm, als eigentlich nötig ist.« Trotzdem musste Mutti peinlich auf die Einhaltung der Verdunkelung achten und dafür sorgen, dass die Baumaßnahmen am Luftschutzkeller fortgesetzt werden konnten. Holzpritschen wurden aufgestellt, Markierungen für Mauerdurchbrüche angebracht, Hämmer und Pickel bereitgelegt, damit die Menschen im Luftschutzkeller notfalls die Wege ins Freie oder zu den Nachbarkellern aufschlagen sollten.

Und dann gab es am 21. Juni doch einen englischer Nachtangriff auf die Römerstadt. Wir hörten die Detonationen. Die Ingrid-Puppe hatte ich an mich gepresst, die Hausbewohner hatten ihre Köfferchen griffbereit, gesprochen wurde wenig und nur ganz leise, auch sehen konnte man die anderen kaum, denn es war fast dunkel im Keller, die Notbeleuchtung bestand aus blau lackierten schwachen Glühbirnen. Am anderen Morgen sprach es sich herum, dass der Milchwalter seine ganze Familie, sieben Personen, verloren hatte. Er hatte seinen Kiosk gegenüber der Römerstadtstraße am Rand des Kleingartengeländes.

Nun waren wir jede Nacht im Keller, auch wenn es keinen Alarm gegeben hatte, aber allmählich muss die Angst nachgelassen haben. »Stell dich nicht an!«, rief Mutti jetzt, »wir müssen noch in den Garten. Wenn wir so viel gesät haben, müssen wir auch ernten; die Erdbeeren, die Johannisbeeren und die Stachelbeeren sind reif, sollen die denn die Amseln, die Spatzen und dein Pirol fressen?« Es war ein schöner Sommer im Garten. Wir gingen täglich zum Gießen und

Ernten raus. Wir hatten immer frisches Pflücksalat, Tomaten, Gurken und Kohlrabi. Wie immer verarbeiteten wir die Beeren zu Gelee und waren mit Arbeit so beschäftigt, dass wir eigentlich den Krieg schon vergaßen. Außerdem lag der Garten in Praunheim am Rand von Alt-Praunheim neben der Kirche, rundum freies Gelände, die breiten Niddawiesen und das Altarmwasser. Mutti hatte jetzt ein paar Redewendungen, um das Wort »Luftangriff« zu umschreiben; sie sagte dann zum Beispiel: »Im Falle eines Falles haben wir das Gartenhaus, und das ist sicher.«

Im November hatten wir auch noch im Garten zu tun. Die Gartengeräte wurden eingeölt und manche mangels Öls mit Niveacreme geschützt. Metalle waren knapp, dauernd gab es Straßensammlungen. Die Hitlerjungen zogen von Haustür zu Haustür und schmetterten: »Lumpen, Knochen, Altpapier, alles, alles sammeln wir!« Hauptsächlich sammelten sie Alteisen, Gartengeräte zum Beispiel: »Die braucht der Führer, um Bomben zu bauen. Wir müssen genauso viele Bomben bauen oder noch mehr als die Engländer.« Mutti sagte ganz einfach: »Wir haben nichts. Unsere Gartengeräte brauchen wir, um uns selbst zu versorgen und anderen Volksgenossen etwas abzugeben. Das entlastet doch die Bewirtschaftung der Lebensmittel.«

Im November mussten wir noch den Grünkohl ernten. Etwas Frost hatte es schon gegeben, den braucht der Grünkohl zur Reife. Am 11. November war wieder Alarm, ein Nachtangriff, Alarm wie fast jeden Abend, der auch dann ausgelöst wurde, wenn andere Stadtteile im Umfeld der Römerstadt überflogen wurden. Wieder zählten die Hausbewohner mit: fünf Detonationen, im Juni müssen es 10 gewesen sein, damals, als der Milchwalter seine Familie verloren hat ... Mutti hatte als Laienhilfe zu tun. Wenn einer redete, machte es aus einer Ecke »Pst«. Da es so dunkel war, sah man nicht genau, wer außer den Hausgenossen in den Luftschutzkeller gekommen

war. Ich hatte den Verdacht, dass das »Pst« von Mutti kam. Die Karikatur an der Wand »Vorsicht vor Gesprächen, Feind hört mit« konnte es ja nicht gewesen sein.
Als wir nach der Entwarnung den Luftschutzkeller verließen, sahen wir durch brüchige Stellen unseres Verdunkelungsrollos im Esszimmer einen roten Lichtschein. Der ganze Himmel war rot. Unser großes Fenster war nach Westen ausgerichtet. Dort lag hinter freiem Wiesengelände ein Bauernhof und Alt-Praunheim. Die Praunheimer Mühle brannte. Noch tagelang lag der Brandgeruch in der Luft.
Am anderen Tag gingen wir vorsichtig zum Garten. Auch dort der Brandgeruch, aber keine Zerstörung. Mutiger geworden wollten wir noch zur Gärtnerei Wenzel, deren Gartenflächen auf der anderen Niddaseite in der Nähe der Praunheimer Brücke lagen. Mit dem jungen Herrn Wenzel hatte Mutti noch vor kurzem Erfahrungen ausgetauscht, ob unser Gartenhaus im »Falle eines Falles« sicher sei. Er meinte damals, sein Erdbunker mit Splittergraben sei sicherer. In dieser Nacht war der Erdbunker durch eine Sprengbombe getroffen worden. Die ganze Familie war ausgelöscht worden.
Unseren Garten haben wir weiter bewirtschaftet. Aber auch Mutti war nicht mehr so sicher, dass uns die »Mooshütte« »im Falle eines Falles« Bombenschutz böte.

Ingrid, Ursula und Kläuschen und ein ganz großer Puppenwagen

Beinahe hätte Mutti meinen fünften Geburtstag vergessen. Sie hatte so viel mit dem Aufräumen des Luftschutzkellers, mit der Verdunkelung und Einsätzen bei der NSV zu tun, außerdem die viele Gartenarbeit, und wenn sie zu Hause war, lief der Volksempfänger auf Hochtouren. Erst die Kennmelodie aus Liszts »Les Préludes«, dann die Sondermeldungen. Die deutschen Soldaten standen in Warschau und halb Polen, in Dänemark, in Norwegen, in den Niederlanden, in Belgien und in Frankreich; Rotterdam war von der deutschen Luftwaffe bombardiert worden und das Unternehmen »Seelöwe« gegen England stand offenbar bevor. »Paris ist eingenommen, stell dir vor, Papa hat Ansichtskarten aus Honfleur, Dinan, St. Malo, Deauville und jetzt aus Paris geschickt.« Sie erklärte noch, das sei die Kanalküste, worunter ich mir auch nichts vorstellen konnte, denn ich konnte ja noch nicht einmal lesen. »Dem Papa geht es gut und er lässt sein Schnützchen grüßen.« Das war immerhin beruhigend. Der Blockwart schaute öfters vorbei, sicher um sich zu vergewissern, dass wir den Volksempfänger angeschaltet hatten. Als dieser montiert worden war, hatten die Techniker – oder wer es war – das große Telefunkengerät in Augenschein genommen. Mutti konnte ihm keinen einzigen Ton entlocken. Als es diesmal klingelte, vorsichtig und leise, hätten wir es beinahe überhört. Es war Tante Anneliese, Papas jüngere Schwester, die noch unverheiratet war und

mit Beginn des Krieges zurück zu ihren Eltern nach Wetzlar an den Laufdorfer Weg gezogen war. Sie hatte eine Überraschung für mich von Oma und Opa, und eine Kleinigkeit sei auch von ihr für mich zu meinem fünften Geburtstag. Sie wollte nur einen Tag und eine Nacht bleiben, sie hatte Angst vor Angriffen. Zerstörungen in der Nähe des Hauptbahnhofs hatte sie schon aus dem Abteilfenster gesehen.
Dann wurde ausgepackt. Eine Babypuppe für mich, Opa, gelernter Schreiner und als Werkmeister bei Leitz beschäftigt, hatte aus Kirschbaumholzabfällen eine Puppenwiege gebaut, und Oma hatte das wunderschöne Bettzeug dazu genäht. Das Baby trug ein rosa Strampelkleidchen, und obwohl es offensichtlich ein Mädchen war, taufte ich es sofort auf den Namen Kläuschen. Ich hatte mir immer ein Brüderchen gewünscht, das so aussehen und heißen sollte wie ein Nachbarsjunge, mit dem ich nicht spielen sollte, der mir aber besonders gut gefiel. Er hatte dunkle Augen und Haare wie mein Papa; so hätte ich mir auch einen Bruder vorgestellt.
Meine Mutter war über das Geschenk gar nicht erfreut, und sie ärgerte sich noch mehr, als ich zu Weihnachten einen großen Puppenwagen aus gelbem Korbgeflecht mit roten und schwarzen Mustern geschenkt bekam. Der Wagen hatte richtige lederne Stoßdämpfer wie ein echter Kinderwagen, war innen mit weißem Wachstuch gefüttert und hatte auch ein faltbares Verdeck aus Wachstuch, ganz wie ein teurer Korbkinderwagen damals aussah, nur etwas kleiner. In diesem Wagen saß eine große Puppe, eine Thüringer Puppe, wie ich Jahre später herausfand, sie trug die Initialen AM – Armand Marseille –, hatte braune Schlafaugen und blonde Zöpfe. Ich soll mich gar nicht getraut haben, diese Puppe in den Arm zu nehmen, vielleicht dachte ich auch, mit der kostbaren Puppe und dem Puppenwagen könnte es mir wie im vorigen Jahr mit dem Schaukelpferd ergehen. Die Räder des Wagens waren gummibereift, Lärm machten sie also

nicht. Trotzdem war Mutti darüber noch mehr verstimmt als über das Schaukelpferd. Oma Mickel aus Köln war zu diesem Weihnachtsfest wieder zu Besuch; vielleicht hat sie ein Wort eingelegt, dass das Christkind das Geschenk nicht wieder abholen musste ... Ich nannte die Puppe nur die Schöne. Erst als ich bei der Einschulung die Zwillinge Ursula und Gisela aus dem Burgfeld kennen lernte, erhielt sie den Namen Ursula, denn mit ihr war ich etwas mehr befreundet. Beide hatten so blonde Zöpfe wie meine Puppe. In den Luftschutzkeller durfte die Ursula-Puppe allerdings nicht mit, das Kläuschen auch nicht, aber die Ingrid-Puppe hielt ich immer ganz fest.

Die große, schöne, blonde Puppe hätte ich anderen Kindern nicht zeigen dürfen und diesen riesengroßen Puppenwagen natürlich auch nicht. Nun befreite ich die große Ursula kurzerhand aus der verordneten Kleinkindheit, setzte sie auf einen Stuhl und legte die Babypuppe in den Wagen. Auf der gleichen Etage im Parterre neben uns wohnte Frau Wilhelms, die sicher schon älter war und keine Kinder hatte, aber sie spielte selbst noch mit einer großen Puppe, die in einer Wiege lag. Ihr klagte ich mein Leid, als es Mutti, die wieder einmal zur Laienhilfe unterwegs war, nicht merken konnte. Und Frau Wilhelms hatte eine großartige Idee. »Ich trage dir den Puppenwagen die wenigen Stufen hinunter und bleibe dann auf der Straße stehen und beobachte deine Ausfahrt, damit dir niemand den schönen Wagen und das Baby wegnimmt. Ehe deine Mutter zurückkommt, holen wir den Wagen wieder nach oben.« So machten wir es auch und es ging eine ganze Weile gut.

Eines Tages stürzte meine Mutter wie eine Furie auf mich zu. »Was muss ich hören, und der Frau Wilhelms werde ich auch Bescheid sagen!« Etwas Gutes schwante mir da nicht, und so war es auch. Frau Wilhelms wurde von Mutti nicht mehr gegrüßt, ich stand dazwischen, und im Luftschutzkeller saß ich doch neben ihr. Wir konnten uns ohne Worte verständigen und aneinander drücken, wenn unsere Angst vor den Bomben zu groß war.

Außerdem waren meine Spazierfahrten auch sonst beobachtet worden. In einer Siedlung wie der Römerstadt hatten alle Fenster Augen, es hatten mich ja auch Kinder gesehen, die ich nicht kannte. Weggenommen oder mit Dreck beworfen haben sie den Wagen nicht. Frau Wilhelms hätte sie schon weggejagt.

Dem Blockwart war die Sache ebenfalls zugetragen worden, und schon stand er wieder in der Wohnung. Er hatte Mutti gefragt, ob wir ein Neugeborenes hätten. Es sei aber kein Kind angemeldet worden und Papa wohl immer noch in Frankreich stationiert ...

Es muss meiner Mutter furchtbar peinlich gewesen sein. Außerdem mochte sie Kinder nicht, ich bin ja auch ohne Geschwister geblieben, obwohl ich mir damals nichts sehnlicher wünschte und einmal, als ich gerade schreiben gelernt hatte, handgemalte Geburtsanzeigen in die Briefkästen der Nachbarn geworfen haben soll.

Die Ausfahrten mit dem Puppenwagen und Kläuschen hatten nun ein für alle Mal ein Ende. Außerdem sagte Mutti, dass ihre Blutvergiftung immer noch nicht ganz behoben sei; das müsste ich doch wissen, ich riebe ihr den Unterarm ja täglich mit der schwarzen Ichthyolansalbe ein. Kam die Verletzung von verrosteten Gartengeräten? Hatte sie nachgeholfen? Seltsamerweise war auch unser Stammbuch verschwunden, das ich zur Einschulung, später zur Konfirmation und noch viel später zur Eheschließung hätte vorlegen müssen.

Bevor Oma Mickel wieder nach Köln zu ihrer Wohnung bei Tante Irene und Onkel Walter zurückfahren wollte, hatte Mutti noch Näharbeiten, die Oma auf der Singer-Nähmaschine erledigen sollte. Oma war hocherfreut, noch etwas bleiben zu können. Mich fragte sie, ob sie für Kläuschen nicht einen Anzug nähen könnte. »Oh ja«, soll ich begeistert gerufen haben, »schwarze kurze Wollhosen und ein weißes Hemd soll er anziehen, und dann nenne ich ihn Klaus.« »Wie kommst du denn darauf? Dann sieht er ja wie ein Hitlerjunge gekleidet aus. Also einen Knoten mache ich ihm nicht, er bekommt eine farbige Fliege.« Das war mir recht. Aber sonst würde er dann wie der Nachbarjunge Klaus aussehen, der manchmal an unserer Wohnungstür schellte, um Lumpen, Knochen, Altpapier und Metallwaren zu sammeln. Den Klaus mochte ich immer gern, obwohl er mich gar nicht wahrnahm.

Ein fast französisches Schneiderkostüm für Mutti

Als Mutti an diesem Morgen mit der Sondermeldung aus dem Volksempfänger geweckt wurde, dass heute, am 22. Juni 1941, der lange verschobene Angriff gegen die Sowjetunion begonnen habe, dazu wie üblich lauter als der gesprochene Text die Kennmelodie aus »Les Préludes« erklang, war ihr die Vorfreude auf das wunderschöne Schneiderkostüm, das sie am Nachmittag bei Frau Lochmüller in der Schneiderwerkstatt im Öderweg abholen durfte, eigentlich schon vergangen. Ihr Gesicht zeigte tiefe Falten der Enttäuschung, und ohne dass sie etwas sagte, konnte ich doch erraten, was sie bewegte: Jetzt wird der Krieg noch sehr lange dauern, ob er überhaupt noch zu gewinnen sein wird? Mutti war mit mir allein, sie sprach nicht viel, aber ich hatte gelernt, in ihren Gesichtszügen zu lesen, wenn etwas Unvorhergesehenes eingetreten war, und das Unvorhergesehene war meist eine schlimme Wendung. Unüberhörbar war auch Muttis Fauchton, den sie sich angewöhnt hatte, um nicht sprechen zu müssen. Wie immer in solchen Situationen kam auch Frau Weber aus dem zweiten Stock, um Muttis Meinung zu erkunden. Sie reagierte anders, sie musste ihre Erschütterung in Worten loswerden. »Ja, hört denn der Krieg gar nicht mehr auf! Liebe Frau Gilbert, Sie haben doch nach der Kapitulation Frankreichs schon an ein baldiges Kriegsende geglaubt, glauben Sie das jetzt auch noch?« Von Mutti hörte ich nur leise: »Nicht vor dem Kind«, dann sprachen beide mit Flüsterstimme, auf die ich mich seit den vielen Luftschutzkellernächten eingehört hatte. Wie immer kam auch Tante Ruth auf einen Sprung vorbei. »Luischen, glaubst du jetzt noch, dass der Krieg bald zu Ende ist? Meinst du, dass jetzt auch russische Flieger bis Frankfurt kommen? Mir reichen ja schon die englischen Bomber, ja, hört denn das nie auf, dieser verdammte Krieg?« Wenn sich die drei Frauen nicht so gut gekannt hätten, dann hätte Mutti vermutlich wieder ihr »Pst!« gezischt. So meinte sie, vermutlich mehr, um sich selbst Mut zu machen, als aus Überzeugung, dass die »russische Dampfwalze« wohl wie im Weltkrieg langsam sei und sicher wieder wie 1917 an inneren Konflikten zerbrechen würde, das hätten sie doch damals beim Lombus im Geschichtsunterricht gelernt. Und sie bekräftigte das noch: »Natürlich fahre ich heute zu Frau Lochmüller in die Innenstadt, um das Kostüm abzuholen. Vormittags waren die Flieger übrigens noch nie da.«

Die ängstliche Frau Weber blieb lieber bei Fredchen, die couragierte Ruth hatte bald ihre Fassung wieder gewonnen, war doch der Besuch bei der Schneiderin für sie auch die Gelegenheit, der – wie sie sagte – jwd gelegenen Römerstadt für einen Nachmittag zu entfliehen, und das mit gutem Gewissen, seitdem ihr der Blockwart tatsächlich ein Pflichtjahrmädchen für ihre »Trabanten«, so nannte sie immer ihre Buben im Alter zwischen drei und fünf Jahren, zugewiesen hatte, erst die Irmgard und nun die ebenso tüchtige und freundliche Edeltraut. »Was die jungen Mädchen alles können! Die sind so jung wie wir, als wir das Lyzeum verließen, aber viel selbstständiger. Wer vom Land kommt, kriegt einen Platz in der Stadt. Wer von der Stadt kommt, wird auf einen Bauernhof vermittelt. Die Edeltraut kann einfach alles, sogar mit der vielen Wäsche kommt sie zurecht. Dass die Herren May und Stadtbauräte so und so trotz aller elektrischen Installationen für das Wäschewaschen keine andere Idee als die ganz altmodische hatten: einen Riesenkessel mit hölzernem Riesenlöffel zum Umrühren, das hat mich immer am männlichen Verstand zweifeln lassen ... Aber die Irmgard und jetzt die Edeltraut schaffen das einfach, und dabei bin ich doch wirklich kein Zwerg!« Ruth war also schon wieder in ihrem Element und nicht zu bremsen, wenn sie einmal am Reden war. Ob ihr Mann auch eingezogen war oder nicht? Über ihn sprach sie nie und ich konnte mir ihn auch nicht vorstellen. Jedenfalls brachte Ruth keinen Schwall von Zigarettenqualm mehr mit, wenn sie unsere Wohnung betrat.

Mutti und ich, eine Atelieraufnahme vom 1.3.1940, die wir Papa an die Front schickten

Ich bekam nun wieder mein himmelblaues Strickkleidchen mit dem weißen Krägelchen, geschlossen mit einer kleinen Knopfleiste und Perlmuttknöpfchen, übergestülpt, aus dem ich eigentlich herausgewachsen war. Ich trug es schon auf dem Ölbild, das 1938 im Herbst gemalt worden war; und auf dem Atelierfoto, das wir Papa ins Feld schickten, das war 1940 im Mai, hatte ich auch das Kleidchen an. Mutti hatte es aber in einem Muster gestrickt, das in der Breite nachgeben konnte, und zur Verlängerung der Ärmelchen und des Rocksaums hatte sie von der übrig gebliebenen Wolle aus dem gleichen Färbevorgang Gebrauch gemacht. Zu Ruth sagte sie, als ich fertig angezogen war: »In diesem Strickkleid kann Erika auch zum ersten Schultag gehen. Sie wird an ihrem Geburtstag eingeschult, das ist in gut zwei Monaten.«
Wie immer die Fahrt mit der Linie 18 ab Praunheim Brücke. Aus dem Fenster sahen wir, dass im Westen zwischen Hausen, Rödelheim, Schönhof, Festhalle und Hauptbahnhof die Bombenschäden zugenommen hatten, aber auch die Aufräumarbeiten waren zu sehen. Die Schienen waren frei oder schon wieder repariert, der Fahrplan wurde eingehalten. »Eigentlich hatten wir auch lange keine Angriffe mehr, der letzte war Mitte Mai, hoffentlich bleibt es so«, meinte Ruth, »trotzdem habe ich jede Nacht noch Angst, sie könnten wieder kommen; aber ohne meine Edeltraut hätte ich mehr Angst, sie kümmert sich um alles, auch um die Verdunkelungsrollos.«
Und jetzt sollte das Kostüm zum letzten Mal anprobiert werden, und wenn es bequem passte, dann könnte es Mutti gleich mitnehmen. Den Stoff hatte Papa aus Frankreich geschickt. Es war ein wunderbar weicher Wollkammgarnstoff in einer Art Hahnentrittwebstruktur in hellen bis mittleren Brauntönen, darüber ein Überkaro in Milchweiß und Rostrot, und als Mutti Ruth den Stoff zeigte, sagte sie sofort, dass dieser feine Stoff nur in die Hände einer erfah-

renen Herrenschneiderin gehöre. Mutti hatte sich dann auf Ruths Erkundigungen nach Adressen verlassen, denn in der Römerstadt wollte sie diesen Stoff nicht verarbeiten lassen, auch weil sie ihn den allgegenwärtigen Frauen von der NSV nicht zeigen wollte, das hätte nur Neid geweckt. Ruth war nicht neidisch, für ihre Körpergröße hätte der Stoff nie ausgereicht! So waren sie auf Frau Lochmüller gekommen und von der ersten Besprechung an begeistert. Wir haben später auch noch andere Stoffe von ihr zu Kleidern verarbeiten lassen. Die Sachen waren so schön, so ordentlich genäht, dass sie Mutti noch viele Jahre nach dem Krieg getragen hat; und als Mutti in den fünfziger Jahren zugenommen hatte, passten sie mir. Als wir im Oktober 1943 nach dem ersten großen Tagesangriff Frau Lochmüller besuchen wollten, war die ganze Ecke Eschersheimer Landstraße, Mittelweg, Öderweg ein einziges Trümmerfeld. Wir konnten das Haus nicht mehr finden.
1941 konnten wir von diesem Schicksal keine Vorahnungen haben. Der Beginn des Russlandfeldzugs hatte die Stimmung zwar gedämpft, aber beide Frauen überspielten das mit aufgesetzter Freude. Und das Kostüm war so elegant, dass Mutti sich mehrmals im Spiegel betrachten musste und dann entschied, das Kostüm anzubehalten und ihr Leinenkleid zusammen mit den Stoffresten einzupacken. Auch Ruth war ganz heiter, verdankte sie Mutti doch auch viele Kinderkleidungsstücke, die Papa geschickt hatte, die aber für mich zu klein waren. Papa konnte ja nicht wissen, dass die französischen Kleidergrößen kleiner ausfallen und dass ich in die Länge gewachsen war. Den drei Kröberbuben passte immer etwas, und Ruth konnte sich dann mit ihren modisch gekleideten »Trabanten« im Burgfeld zeigen ...
Wie immer gönnten sich Mutti und Tante Ruth an diesen Frankfurter Nachmittagen, die sie sich zur Gewohnheit gemacht hatten, seitdem die Männer nicht mehr zu Hause

waren und es in der Stadt auf die Kleidermarken mehr zu kaufen gab als »janz weit draußen – jwd –, hier hatten sie ja auch im Kaufhaus Schneider auf der Zeil braune Nähseide und braunen Seidenfutterstoff und schöne Knöpfe für das Kostüm bekommen, und für mich gab es immer ein paar Puppenläppchen, aus denen Oma Puppenkleider nähte: Sie gönnten sich also wie immer den Besuch der Kakaostube, zu der man, meiner Erinnerung nach, über eine steile Treppe neben der Katharinenkirche gegenüber vom Rossmarkt gelangte. Dort kannte sie schon eine der Bedienerinnen, und wenn der ganze Raum übervoll war, weil es sich wohl herumgesprochen hatte, dass man dort für seine Märkchen mehr als woanders bekam und immer freundlich bedient wurde, so fand die freundliche Martha doch immer irgendwo ein Plätzchen für zwei Stühle und ein schmales Kinderstühlchen. Hier unterhielt man sich noch immer ziemlich laut, hier waren die Frankfurter unter sich und sprachen in der Mundart, die ich aus den Gedichten von Friedrich Stoltze und Ferdinand Happ kannte; die hatte Mutti früher in der Praunheimer Gartenwirtschaft Hennop rezitiert und damit alle Zuhörer zum Schmunzeln gebracht. »Wie Sie das nur können, Sie sind doch gar nicht als Frankfurter Mädchen auf die Welt gekommen.« Diese Kenntnisse halfen Mutti jetzt auch noch.
An diesem Nachmittag war Ruth an Mundartgedichten allerdings nichts gelegen. Bis jetzt war alles gut gegangen, aber sie muss wohl noch daran gedacht haben, dass Mutti am Vormittag ihren alten Geschichtslehrer Lombus zitiert hatte, der seinerseits immer die »langsame russische Dampfwalze« als wenigstens nur halb gefährlich dargestellt hatte. Unvermittelt sagte sie:»Luischen, du warst doch immer unser Geschichtszahlenass. Habe ich das richtig in Erinnerung, dass Napoleon seinen Russlandfeldzug auch an einem 22. Juni begonnen hat? Ich weiß aber nicht mehr genau, in welchem Jahr.«

»Am 22. Juni 1812«, kam es von Mutti wie aus der Pistole geschossen.
»Also stimmte ja meine Erinnerung. Und wie lange hat er bis Moskau gebraucht?« Auch das wusste Mutti: »Am 14. September kam er in Moskau an.« Ruth ließ nicht locker. »Jetzt erzähle mir noch, warum er nicht in Moskau blieb. Er wurde doch dann vernichtend geschlagen. Wann war das?« Mutti überlegte nicht lange und wusste ein paar Fakten: »Lombus sagte, am 14. Oktober sei der erste Schnee gefallen, sie hätten weder für sich noch für die Pferde genug zum Überleben gehabt, die Russen hätten sich zurückgezogen, also eine weitere Schlacht verweigert, zudem hätten sie selbst ihr Moskau angezündet und ein Friedensangebot Napoleons abgelehnt. Noch im Oktober sei Napoleon umgekehrt, sei von den russischen Reitern über die Route entlang der alten Schlachtfelder bei Smolensk und Borodino gejagt und beim Übergang über die Beresina aus dem Hinterhalt beschossen worden. Die Verluste wurden damals mit mehreren Hunderttausend angegeben. Vernichtend geschlagen wurde er in der Völkerschlacht bei Leipzig 1813, endgültig erst bei Waterloo durch die verbündeten preußischen und englischen Truppen ...«
In dem allgemeinen Stimmengewirr muss sogar Mutti ziemlich laut gesprochen haben. Ruth konnte sich über Muttis Gedächtnis nur wundern. Am Nebentisch musste jemand zugehört haben, beide erschraken jedenfalls, als sich erst Mutti, dann Ruth an der Schulter angetippt fühlten. »Keine Angst, meine Damen, ich bin nicht von der Gestapo, sondern ich komme von der Westfront und muss hier in Frankfurt umsteigen. Ich dachte, in den drei Stunden sehe ich mir die Stadt an und ob schon Bombenzerstörungen zu beklagen sind. Ich bin Stabsarzt. Das sage ich nur, damit Sie keine Angst haben. Ich muss auch einräumen: Ich sah Sie beide in eleganter Kleidung und Sie, gnädige Frau, in einem so schö-

nen Kostüm aus teurem Stoff, da dachte ich doch, dass ich mich mit Ihnen etwas unterhalten kann. Wer ist denn dieser Lombus, der in Ihrer Geschichtskonversation vorkam?«
Nun erzählten die beiden von ihrer Schulzeit in Wetzlar, von ihren Lehrern und besonders vom Geschichtsunterricht bei Herrn Dr. Lomb, den sie Lombus genannt hätten, weil er so viel auf Latein zitiert habe. »Ach ja«, sagte der unbekannte Stabsarzt, »es heißt ja immer, dass man aus der Geschichte lernen könne und müsse; aber es kommt auf die Deutung an. Welche ist die richtige? Sicher kann man Napoleon und Hitler irgendwie vergleichen, aber die Zeiten nicht so einfach zueinander in Bezug setzen.«
»Weil die Waffen heute anders sind?«, wollte Ruth schnell wissen.
»Das auch, das Bombardement der Zivilbevölkerung hat es früher mangels technischen Fortschritts zum Glück noch nicht gegeben, es gab auch noch nicht die Panzer, die sind eine technische Errungenschaft, soll ich sagen: Plage, des Weltkriegs 1914–1918, auch die Giftgaseinsätze gab es erst ab 1915. Am schlimmsten ist, dass die Völker heute so von ihren Regierungen verhetzt werden, am schlimmsten ist ein unkontrollierbarer, aber so gewollter Nationalismus.« Dann wurde er ganz still und entdeckte plötzlich mich auf dem kleinen Kinderstühlchen. »Das Kind ist ja ganz still, und dabei zittert es vor Kälte.«
»Ja«, sagte Mutti, »komm, Erika, begrüß unseren Tischnachbarn. Wir haben uns über Geschichte unterhalten. Aber das verstehst du noch nicht.« Ich sagte, dass mein Papa auch eine feldgraue Uniform trage und mir eine Karte aus Honfleur geschickt habe. »Ach«, sagte er schnell, »dann kommt dein Papa bald wieder. Die Truppen in Frankreich werden zurückgenommen und sollen an die Ostfront. Vielleicht kommt er heute schon. Es werden viele Züge am Hauptbahnhof erwartet.« Und zu Mutti sagte er: »Wir hatten viele

Verluste in Frankreich. Wenn ich nicht Arzt wäre und vieles mit eigenen Augen gesehen hätte, müsste ich ja für wahr halten, was durch den Volksempfänger gesendet wird. Eine Verlustübersicht habe ich auch nicht. Hoffentlich kommt Ihr Mann – und mit einem Blick auf Ruth, die ebenfalls gespannt gelauscht hatte – kommen Ihre Männer gesund und bald nach Hause oder wenigstens auf Kurzurlaub vor dem Einsatz an der Ostfront. Ich wünsche Ihnen beiden und der kleinen Erika alles Gute. Ich gehe noch kurz durch die Stadt zum Bahnhof, da ruft die Pflicht, nachzusehen und zu helfen, wenn Verwundete ankommen.«

Nach einem gedankenvollen Abschied fuhren wir nach Hause. Dort stand Papa vor der Haustür, unverletzt und erleichtert, dass auch wir noch gesund waren.

Der erste Schultag am 28. August 1941

Es war mein sechster Geburtstag, und Fredchen und ich sollten zum selben Termin eingeschult werden. Fredchen war zwar ein Dreivierteljahr älter als ich, aber da der Einschulungstermin vom Ostertermin auf den Herbsttermin verlegt worden war, konnten unsere Mütter nun hoffen, dass wir in die gleiche Klasse kämen und dann auch gemeinsam die Hausaufgaben erledigen könnten. Die Einschulung war auch Gesprächsthema bei den anderen Hausbewohnern, die diese Zeremonie allerdings schon lange hinter sich hatten, aber Erfahrungen zum Schulalltag beisteuern konnten. »Liebe Frau Weber«, sagte Frau Luther aus dem ersten Stock, »lassen Sie Ihr Fredchen um Gotteswillen nicht unter diesem Kosenamen einschulen, lassen Sie ihm auch die Ponyfrisur mit dem Lockenkranz abschneiden; er muss jetzt Manfred heißen, einen Seitenscheitel und Kurzhaar tragen, und vor allem: Mit diesen Bleyle-Kleinkinderanzügelchen wird er sofort zum Gespött aller anderen Kinder. Sagen Sie das bitte auch Frau Gilbert, die ein bisschen schwierig im Umgang ist, also in dem himmelblauen Kleinkinderstrickkleidchen wird ja die Erika sofort von allen anderen Kindern gehänselt. Mein Erwin, der ja schon die Oberschule besucht, erzählt manchmal, wie die Klassenkameraden Mitschüler johlend verfolgen, nur weil sie etwas anders angezogen sind. Den Ton geben die Schüler an, die in der HJ-Uniform in die Schule kommen. Die dürfen noch nicht einmal zur Rede gestellt werden, wenn sie ohne Hausaufgaben erscheinen;

des Führers Kleid würde ja durch den Lehrer verunglimpft, würde er seine Entrüstung darüber äußern. Ach, die Kinder werden heute ja so erzogen, dass jeder, der nur ein bisschen anders aussieht oder nur etwas anders angezogen ist, sofort ausgelacht oder sogar mit Dreck und Steinen beschmissen wird. Und die Erika war ja noch nicht einmal im Kindergarten und Ihr Fredchen, also Ihr Manfred, nur in einem katholischen Kindergarten. Ich leide jetzt schon mit den Kindern mit, wie die Einschulung werden wird. Herr Dr. Gilbert ist ja auch nicht da, dass er etwas über den Schulanfang sagen könnte ...«

Das nachbarliche Gespräch musste noch so rechtzeitig stattgefunden haben, dass die Anregungen in die Tat umgesetzt werden konnten. Frau Weber hatte wie immer brühwarm meiner Mutter alles erzählt und war sogar auf offene Ohren gestoßen. In meiner Spielecke hatte ich wie immer alles Geflüsterte mitbekommen, auch dass Oma Mickel aus Köln kommen sollte, um mir auf der Singer-Maschine, die Mutti immer noch nicht bedienen konnte, ein buntes Dirndlkleid zu nähen, auf dem man den Dreck, falls er geschleudert würde, jedenfalls nicht sehen könnte. In diesem Kleid aus schwarzgrundigem Baumwollstoff mit bunten Streublümchen, darüber eine rote Halbschürze, wurde ich dann auch eingeschult; wegen des Kleides wurde ich auch nicht verspottet, wohl aber wegen der Aktentasche, die Mutti für mich vorbereitet hatte, weil sie nirgends mehr einen Ranzen auftreiben konnte. Manfred kam ebenfalls wenigstens ohne Spott davon, für ihn hatte Frau Weber einen grauen Anzug mit knielangen Hosen auf Kleidermärkchen sogar in der Römerstadt kaufen können. Sie hat dann auch noch eine Zuckertüte bekommen, ein riesengroßes Stück, das sie mit Holzwolle ausstopfen musste, weil es so viele Süßigkeiten, wie die Tüte gefasst hätte, gar nicht zu kaufen gab. Meine Tüte war sehr klein, Mutti hat sie aus buntem Karton, den wir noch von Papas Schulvorbereitungen hatten, selbst gebastelt. Ich aß sowieso nicht gern Süßes, seitdem ich im Luftschutzkeller immer Hustelinchen lutschen musste, um die anderen Hausbewohner nicht durch Hustenanfälle zu stören; ich hätte gern eine Gelbwurst in der Tüte gehabt. Von Oma Gilbert aus Wetzlar war ein Überraschungspäckchen zum Schulanfang gekommen. Zum Vorschein kam noch ein Dirndlkleid, es war weißgrundig und hatte ein rotes Karo in der Form von Rechenheftkästchen, dazu eine weiße Halbschürze. »Das zieht Erika fürs Foto an«, sagte Frau Weber gleich, »für die Schule ist es bestimmt zu empfindlich.« So machten wir es dann auch.

Der erste Schultag am 28. August 1941,
ich in der 1. Reihe links im Bild

Und dann endlich der erste Schultag! Der Schulhof der
»Schule in der Römerstadt« voller Kinder und Mütter. Da
standen wir, Frau Weber mit Manfred und Mutti mit mir.
Der Rektor hielt eine lange Rede, von der weder Manfred
noch ich viel mitbekamen, dann wurde der Hitlergruß geübt,
anschließend wurden wir nach Klassen eingeteilt, Manfred
kam in eine reine Jungenklasse, ich in eine reine Mädchen-

*Der erste Schultag von Manfred und Erika mit ihren Schultüten
und der beanstandeten Aktentasche*

klasse, aus der Traum von gemeinsamen Schulaufgaben.
»Bevor ihr jetzt mit euren Klassenlehrern und Klassenlehrerinnen in die Klassenräume geht, die Mütter können mitgehen, muss ich euch doch noch sagen, wer das jüngste Kind ist, das heute eingeschult wird. Es hat heute Geburtstag und wird sechs Jahre alt. Wo ist denn die Erika?«, rief der Rektor aus einem Fenster im ersten Stock. Mutti schubste mich: »Melde dich doch!« Bei so vielen Kindern blieb mir einfach die Sprache im Hals stecken, aber Mutti antwortete für mich. »Weißt du auch, dass du mit Goethe Geburtstag hast? Kannst du ein Gedicht von ihm?« Mutti zischte: »Los! Wofür haben wir denn ›Ich ging im Walde so für mich hin ...‹ geübt? Ich piepste wohl etwas, und der Rektor hatte ein Einsehen: »Ich sehe, du kannst schon ein Gedicht; das darfst du nachher deiner Klassenlehrerin, Fräulein Bethge, aufsagen, hier der Schulhof ist ja doch zu groß für deine Stimme.« Mutti war zufrieden, und so begann der erste Unterrichtstag schon fast poetisch.

Sie hießen Ursula und Gisela, Hannelore und Annemarie, Brigitte und Doris, Evemarie und Rosemarie, es waren, wie Mutti gezählt hatte, über vierzig Kinder in dieser reinen Mädchenklasse des ersten Schuljahrs, und sie kannten sich fast alle – vom Spielen auf der Straße und vom Kindergarten. Wir wurden nach dem Alphabet gesetzt, und so kam ich neben ein Kind zu sitzen, das immer auf der Straße spielte, die Familie wohnte nur zwei Eingänge neben uns, und das Mutti immer einen Dreckspatz genannt hatte. An meiner anderen Seite saßen die Zwillinge Ursula und Gisela. Auch die konnte Mutti nicht leiden, sie seien immer so affig gekleidet. Wen konnte Mutti überhaupt leiden? Nun stand sie ziemlich allein und war sichtlich heilfroh, als sie eine Frau wieder erkannte, die auch bei den Stricknachmittagen der NSV-Frauenschaft anwesend war.

Wir mussten alle unsere Schulranzen öffnen, die Schiefer-

tafeln zeigen, ob auch Schwamm und Läppchen an langen Häkelschnüren befestigt waren; die Schreibgriffel mussten vorgelegt werden samt dem Griffelspitzer dazu; dann wurde der Name der Fibel genannt, die die Eltern im Schreibwarengeschäft bis morgen zu kaufen hätten. Ich merkte schon, wie Mutti die Geduld ausging und dass sie am liebsten explodiert wäre, als meine Aktentasche beanstandet wurde. »Das geht nicht, Frau Gilbert«, rief Fräulein Bethge durch den ganzen Klassenraum, »davon bekommt das Kind einen runden Rücken. Melden Sie sich bei der NSV-Zentrale in der Römerstadt, da können Sie die Aktentasche gegen einen Schulranzen tauschen.« So wurde es dann auch gemacht.
Frau Weber dürfte es mit Manfred nicht viel besser ergangen sein, wenigstens hatte er aber einen vorschriftsmäßigen Ranzen, aber seine riesengroße Schultüte war beanstandet worden. Sie soll nur schwach geantwortet haben, dass es die Zuckertüten doch in der Größe zu kaufen gab. Zu Hause tauschten die beiden Frauen ihre Erfahrungen aus. »Haben Sie gehört, dass die Kinder am anderen Morgen nach einem Luftangriff um acht Uhr schon in der Schule sein müssen, wenn die Entwarnung kurz vor zehn Uhr abends erfolgt? Zur dritten Stunde dürfen sie nur dann ankommen, wenn nach zehn Uhr entwarnt wurde. Mein Fredchen ist dann aber bestimmt noch müde. Mein armer Manfred hat ja eine uralte Klassenlehrerin bekommen, die sah sich ja sogar noch die Fingernägel an und hatte ein kleines Rohrstöckchen bei sich, mit dem sie jedes Mal, wenn sie etwas über die Schulordnung sagte, auf das Lehrerpult klopfte. Fredchen hatte die ganze Zeit Angst, sie würde auch auf die Finger schlagen, welche die Kinder ausgestreckt auf ihren Tisch legen mussten. Was war ich froh, dass unser Name mit ›W‹ anfängt und Fredchen in der letzten Reihe sitzen durfte. War das in Erikas Klasse auch so?« Nein, so schlimm war es nicht, aber auch Fräulein Bethge war sehr alt, Manfreds Klassenlehre-

rin, Frau Köhler, war sicher sogar eine reaktivierte Pensionärin. Mutti hatte der Beschreibung nach jedenfalls diesen Eindruck.

Was Hänseln bedeutet, merkte ich schon auf dem Heimweg. Mutti und Frau Weber unterhielten sich noch immer über den Vormittag. Hinter mir schrien einige Kinder: »Aktentasche, Aktentasche, spiel mit Dopsch, sonst wirst verkloppscht!« Mutti drehte sich um und drohte: »Ich beschwere mich bei euern Eltern und in der Schule!« Noch schlimmer erging es einem anderen Kind. Es war groß und blond, es muss aber in eine andere Klasse gegangen sein. Die ganze Meute schrie hinter dem Mädchen her: »Viecherbopp, Loch im Kopp« oder (vielleicht hatte ich mich verhört) »Viecherbopp, Läus am Kopp!« Und das im Rhythmus und immer wieder, bis Mutti sich umdrehte und laut schimpfte. Später hat Mutti die Mutter des Mädchens getröstet. Das fand ich anständig von ihr. Frau Fischer sagte, dass ihre Hannelore seit dem Kindergarten von der Kindermeute belästigt werde, aber sie habe nie gewusst, wo sie sich beschweren sollte. Sie seien Volksdeutsche, die Aussprache sei etwas anders; die anderen Eltern hätten ihren Kindern das Hänseln wohl nicht verboten.

An diesem ersten Schultag kam die Mutter der Zwillinge auf uns zu. »Ich habe gemerkt, dass Ihre Tochter kein anderes Kind kennt«, sagte Frau Gronow zu Mutti, »bei uns ist sie jederzeit willkommen. Ursula und Gisela haben ein eigenes Zimmer mit einem großen Tisch, da passt auch noch ein Stuhl für Erika dazu. Dann können die drei doch zusammen die Schulaufgaben machen.« Mutti machte zwar ein süßsaures Gesicht, aber ich war erleichtert, und so begann eine Freundschaft, die solange hielt, bis sich Gronows nach Kipsdorf im Erzgebirge evakuieren ließen. Die Zwillinge malten wie ich gern und viel, schon waren wir dabei, ein Bilderbuch zu gestalten und unsere neu gewonnenen Lese-

und Schreibkenntnisse anzuwenden, im ersten und im zweiten Schuljahr. Trotz des Gebots meiner Mutter: »Untersteh dich, andere Kinder mit nach Hause zu bringen, die machen Dreck und essen von unseren Brotmärkchen mit«, durfte ich auch ohne Gegeneinladungen seit der Einschulung zu anderen Kindern und dort spielen und Geburtstage feiern. Auch wenn nachts Bombenalarm war, und der war seit Juni 1941 noch häufiger, so freute ich mich doch auf den Schulweg am nächsten Morgen, denn ich wusste, ich konnte ein paar Häuser weiter im Burgfeld bei Ursula und Gisela klingeln, und dann gingen wir zusammen zur Schule. Meistens warteten sie schon auf mich. Unterwegs klingelten wir noch an anderen Türen, dann kamen wir als große Gruppe an. Und wie man einen Dopsch zum Kreiseln bringt und andere Kinderspiele, die sie aus dem Kindergarten kannten, brachten sie mir bei. Hinter mir her geschrien hat keiner mehr.
Manfred hatte auch einen Freund gefunden. Er hieß Alexander und war mit seiner Mutter aus Berlin gekommen. »Was will die Berlinsche in der Römerstadt?«, fragte Mutti Frau Weber; die hatte aber ihr Vorurteil zurückgenommen und beobachtet, wie einsam die Frau während der Einschulung in einer Ecke stand. Alexander war wie Manfred ein Einzelkind. Die Kinder kannten kein anderes Kind aus der Klasse, und Frau Weber war genau so einsam wie Alexanders Mutter, und so fanden sie sich.
Am Abend des 28. August 1941 gab es wieder Fliegeralarm. Es war ein Nachtangriff, wir saßen im Luftschutzkeller, die Oma neben mir, Mutti als Laienhilfe sprungbereit, Frau Weber mit Manfred, der wie ich auch auf einer Pritsche schlafen sollte, damit wir am nächsten Morgen, falls vor zehn Uhr entwarnt würde, um acht Uhr in der Schule sein könnten. Frau Luther zählte das Dröhnen der Flieger und meinte, es könnten nicht so viele sein, vielleicht 10 bis 15; dann hörten wir dicht einen Einschlag und drei weitere in

einiger Entfernung. Trotzdem war kurz vor 10 Uhr Entwarnung. Aus dem Volksempfänger hörten wir, dass über Praunheim und freiem Feld Sprengbomben abgeworfen worden seien. Sie hätten aber keinen Schaden angerichtet.

Als wir am anderen Morgen zur Schule aufbrechen wollten und Mutti die Haustür aufschloss, bemerkten wir den penetranten Geruch nach Asche und Staub. Das Eckhaus der Straße »An der Römerstadt« zum Burgfeld hin war getroffen worden. Die Fassade war herabgestürzt, man sah die vier frei gelegten Wohnungen übereinander. Das Dach war durchschlagen, der nächste Boden auch, und Mutti sah mit Entsetzen, dass die Flachdächer der Römerstadt nur aus einer Holzkonstruktion bestanden. Dann entdeckten wir, dass auf der Straße zwei verkohlte Leichen lagen. Sie waren ganz klein und noch nicht zugedeckt. Dann kam der Blockwart vorbei: »Frau Gilbert, kehren Sie bitte so schnell wie möglich den ganzen Aschenstaub weg. Den unauffälligen Abtransport der Leichen habe ich schon angeordnet. Wissen Sie, wie die Leute geheißen haben? Sie sollen aus Berlin zu Besuch gewesen sein und in dem Zimmer gewohnt haben, das Sie hier ganz oben sehen, also in der Mansarde, die zu einer Wohnung gehört hat.« Mutti holte Frau Weber zu Hilfe. Sie wusste den Familiennamen auch nicht, aber sie wusste, dass in der Mansarde Alexanders Mutter mit ihrem Sohn gewohnt hatte.

Fräulein Bethge

Fräulein Bethge, unsere Klassenlehrerin im ersten und zweiten Schuljahr an der Römerstadt-Schule, war groß und streng gekleidet; sie sah eigentlich aus wie die Lehrerinnen, die ich aus den Abbildungen in »Auerbachs Kinderkalender« oder sonst in den Kinderbüchern meiner Mutter aus ihrer Schulzeit, die sie mir zum Blättern gegeben hatte, kannte und eigentlich fürchtete. Sie trug allerdings im Revers das Parteiabzeichen, das in Muttis Büchern von 1917 noch nicht vorkommen konnte, aber das kannte ich ja von Papa, und seine Kollegen hatten auch alle dieses Zeichen, den Bonbon, anstecken. Aber ich mochte sie auf Anhieb gern, und es tut mir heute noch Leid, dass ich mich bei ihr nie bedanken konnte, dass sie meine Ängste bemerkte und mir zu helfen versuchte, obwohl doch mindestens vierzig Kinder in dieser Klasse saßen.

Am zweiten Schultag kam ich gleich zu spät und hatte auch keine Entschuldigung bei mir. Ich muss mich vor der Klassenraumtür aufgestellt haben und hin und wieder weggelaufen sein, weil ich mich einfach nicht hineintraute. Das muss sie dann doch gehört haben. Sie nahm mich an der Hand und fragte mich, auf Fragen durfte ich ja antworten, so hatte mich Mutti erzogen, und so muss ich meine Angst über den Fliegeralarm der letzten Nacht und meine Erschütterung darüber, dass Manfreds Freund, Alexander aus Berlin, in dieser Nacht ums Leben gekommen war und seine verkohlte Leiche am Morgen noch auf der Straße lag, nach und nach mehr stammelnd als sprechend herausgebracht haben. Dass Mutti keine Entschuldigung schreiben konnte, wenn sie mit Fegen und Wischen beschäftigt war, konnte sich Fräulein Bethge vorstellen, auch wenn ich immer noch mehr stammelte als sprach. Ich hatte Vertrauen zu ihr, auch weil sie so viel Ruhe ausstrahlte.

Ich war sehr still, schüchtern, ängstlich und nervös, und meine ersten fahrigen Schreibübungen müssen Fräulein Bethge signalisiert haben, dass zu Hause eine gereizte Stimmung herrschen musste. Mutti wurde in die Schule bestellt, die Stimmung wurde noch schlechter, denn Oma Mickel, die mir manchmal beigestanden hatte, wenn mich Mutti ein dummes Kind nannte, war wieder zurück nach Köln gereist, wo sie bei Tante Irene und Onkel Walter wohnte.

Ich hatte ja vorher wenig Umgang mit anderen Kindern, und kaum war ich eingeschult, holte ich mir eine Kinderkrankheit nach der anderen: die Windpocken, die Masern und dauernd Erkältungen. Hustenanfälle, die Fräulein Bethge für den Anfang eines Keuchhustens hielt, musste sie wohl zum Amtsarzt weitermelden. Wieder wurde Mutti bestellt, ich sollte mit der Kinderlandverschickung nach Boltenhagen an die Ostsee. Meine Mutter muss wegen des Vorschlags getobt haben: »Wieso soll die Erika es besser haben als ich, ich komme ja auch nicht an die Ostsee!« Fräulein Bethge und der Rektor konnten sich nun ein Bild machen, das aber sicher noch nicht so drastisch war, wie es wirklich war. Einmal muss ich in der Klasse laut geheult haben: »Es war Fliegeralarm, und ich durfte nicht in den Luftschutzkeller, ich hatte die Masern und musste im Bett bleiben. Mutti durfte auch nicht in den Keller, weil Masern ansteckend sind. Sie saß an meinem Bett, die Rollos waren unten, aber man hörte die Einschläge und sah grelles Licht, und sie schrie dauernd: ›Wegen dir darf ich jetzt nicht in den Luftschutzkeller, soll ich mich denn wegen dir von den Bomben erschlagen

lassen ...‹, und das schreit sie jedes Mal, wenn ich im Keller huste. Das hat sie auch geschrien, wenn die Oma die ganze Nacht im Keller gehustet hat und die anderen Leute wollten, dass Mutti und Oma auch nach oben gehen.«
»Untersteh dich«, hatte Mutti zu Hause gedroht, »in der Schule noch einmal etwas über mich zu sagen, und untersteh dich, denen zu sagen, dass Papa nicht an der Front ist!« Trotzdem erzählte ich Fräulein Bethge, dass Papa »UK« gestellt sei, »unabkömmlich«, wie das schwere Wort hieß, das an den zwei Tagen, als Papa noch einmal hier war, so oft gefallen war. Und dann erzählte ich ihr, dass Papa, Mutti und ich, Mutti ganz glücklich in dem neuen Kostüm, an den zwei Tagen im Städel, im Goethehaus, auf der Schirn, am Roseneck und an der Mehlwaage und dann sogar einen ganzen Nachmittag im Zoo gewesen seien, Papa hätte ein paar Ämter aufsuchen müssen und ein Amt hätte ihn dann tatsächlich »unabkömmlich« gestellt. Jetzt sei er stellvertretender Schulleiter der Lehrerbildungsanstalt in Idstein. »Ich möchte nur gern schreiben lernen, damit ich ihm schreiben kann, denn ich bin gar nicht mehr gern bei Mutti ...« Fräulein Bethge muss sofort klar gewesen sein, warum ich das nicht sagen sollte. »Ich verstehe deine Mutti schon. Sie will nicht, dass die anderen Mütter und Kinder neidisch werden, dass dein Papa gewissermaßen zu Hause, jedenfalls nicht im Krieg ist. Ich werde mal mit dem Rektor sprechen, ob wir nicht deinen Vater über deine schlechte Gesundheit und deinen Kummer benachrichtigen.«
Im Winter 1941 hatten wir gegen alle Erwartung weniger Luftangriffe, und schon reimten die Leute »Frankfurt wollen wir schonen, denn da wollen wir wohnen«, das sei der Grund, weshalb jetzt weniger englische Bomber Frankfurt angriffen. Der Blockwart hörte das nicht gern. Er hatte Angst, die Bewohner kümmerten sich nicht mehr genug um die Verdunkelungsrollos. Auch meine Hustenanfälle ließen

etwas nach. Es war ein kalter Winter, und mit den Gronow-Zwillingen und anderen Kindern aus der Nachbarschaft durfte ich viel auf den verschneiten Niddawiesen spielen. Mutti war meistens bei den Stricknachmittagen der NSV-Frauenschaft. Mutti hatte schon alle Häkelkissen aufgezogen und mit Strumpfwolle vermischt zu warmer, meliertfarbiger Unterwäsche für die Soldaten in Russland verarbeitet. Mein himmelblaues Strickkleidchen, das ich so viele Jahre hatte, hatte sie auch aufgezogen, dunkelblau färben lassen und zu einem Strickrock für mich verarbeitet, der so unauffällig war, dass mich kein Kind gehänselt hat.
Der Unterricht hat mir gefallen. Wir haben viel gemalt, Geschichten erzählt, Heimatkunde gelernt, zum Beispiel, dass die Römerstadt auf einer alten römischen Siedlung liegt und dass der Name unseres Nachbarvorortes »Heddernheim« von »Hadriansheim« kommt und dass unsere Schule ja auch an der Hadrianstraße / Ecke Burgfeld liegt. Über den Krieg haben wir nicht gesprochen, aber als der Bunker auf dem Schulhof fertig war, haben wir ihn besichtigt und das schnelle und geräuschlose Betreten geübt. Ab Juli 1942 gab es auch Tagesangriffe. Dann saßen wir klassenweise im Bunker und übten Kopfrechnen oder Gedichte auswendig zu lernen, denn Tische und Stühle gab es nicht.
Es wurden auch die Fächer Religion und Handarbeiten gelehrt. Auch die Kinder, die als »gottgläubig« geführt wurden, konnten an einem Religionsunterricht teilnehmen, mussten aber nicht. Einmal gab es ein Gleichnis, das »Der Junge mit dem Hirsekorn« hieß. In der Auflösung war der Junge Adolf Hitler, der in Deutschland gesät habe, damit es wieder aufblühe. Ich kann mich aber nicht erinnern, dass die Erzählungen im Lesebuch sonst direkt auf das »Dritte Reich« bezogen gewesen wären.
Nur einmal überraschte uns Fräulein Bethge mit einer Frage, auf die wir alle nicht gefasst waren. Sie zeigte uns ein beson-

deres Abzeichen, das am Revers neben dem Parteiabzeichen steckte; sie sagte dazu, dass sie es nur zu einem besonderen Fest tragen würde, welches denn das größte Fest sei? Wir riefen alle »Weihnachten«. Nein, falsch: Führers Geburtstag, der 20. April. Nach meiner Unterrichtserfahrung weiß ich heute natürlich, dass Fräulein Bethge die Motivation zu dem Thema »Gestaltung von Führers Geburtstag« schaffen wollte; das war allerdings misslungen. Wir haben dann für 1942 einen Führergeburtstag mit stundenlangen Reden, Flaggenschmuck und stundenlang zum Hitlergruß gestrecktem rechtem Arm geübt, den Bunker dabei nie aus dem Blick gelassen, ich meine, es wäre auch der einzige Führergeburtstag gewesen, den ich in der Schule gefeiert hätte. Nach der Kapitulation der Sechsten Armee in Stalingrad und nach der Kapitulation der Rommel-Armee in Afrika war den Lehrern sicher nicht mehr nach Feiern zumute, vermutlich hat sich auch die Schulaufsicht dezent verhalten ... Heute denke ich manchmal, dass das Parteiabzeichen den Lehrern auch eine gewisse Freiheit gab; vielleicht schützte es sie vor dem Vorwurf einer Sabotage.

Das zweite Schuljahr konnte ich noch in der Römerstadt-Schule verbringen, mehr und mehr im Bunker als in den Klassenräumen. Von den Kindern in meiner Klasse übernachteten inzwischen viele im Bunker und gingen von dort aus nur über den Schulhof zum Schulgebäude. Auch Ursula und Gisela Gronow, meine besten Freundinnen, übernachteten dort mit ihrer Mutter, Herr Gronow war auch eingezogen, und die Keller unter den Reihenhäusern entsprachen nicht ganz den Luftschutzkellervorschriften. So musste ich morgens allein zur Schule gehen, aber wenn ich Glück hatte, dann hatte Manfred zur gleichen Zeit Schulanfang. Mit ihm verstand ich mich immer noch gut. Doch dann bekam er den Keuchhusten, und Mutti bestand darauf, dass Frau Weber und er nicht in den Luftschutzkeller dürften. Wenn ich ihn sah, sollte ich sofort auf die andere Straßenseite wechseln. Andere Kinder aus meiner Klasse, die auch im Burgfeld wohnten, fehlten auch länger im Unterricht, und irgendwann hieß es, die Familie hätte sich evakuieren lassen. Schließlich machte ich mich ganz allein auf den Schulweg. Es war zwar niemand mehr da, der mich wegen meiner karierten Schiffchenmütze hänseln konnte, aber allein war ich zu Hause und mit Mutti im Garten noch genug, an die geselligen Schulwege hatte ich mich gewöhnt, doch das war vorbei.

Ob sich Fräulein Bethge wirklich mit Papa in Verbindung gesetzt hatte? Papa kam öfters zu einem kurzen Besuch aus Idstein, aber Mutti winkte sofort ab, wenn er einen Umzug nach dort zur Sprache brachte. Lag es daran, dass Oma Mickel seit Anfang Juni 1942 ganz bei uns wohnte? Das Mietshaus in Köln-Sülz, Emmastraße 17, in dem auch das evangelische Pfarramt und die Wohnung von Tante Irene und meinem Onkel Walter, Pfarrer dieser Gemeinde, lag, war am Sonntag, dem 31. Mai 1942, durch einen Volltreffer zerstört worden. Tante Irene konnte mit der kleinen Heidi im Bergischen Land unterkommen; ob Onkel Walter zu der Zeit zu Hause war oder im KZ (weil er immer das Maul so aufriss, wie Oma es nannte) oder an der Ostfront, das konnte ich damals nicht herausbekommen, denn Oma sprach nur noch verwirrt: »In fünf Wellen kamen sie, immer in großen Bögen von Westen, immer über das Haus, längst war Entwarnung gegeben, stundenlang war das, dann gab es einen Riesenschlag und die Kellerdecke rieselte auf uns, mein Köfferchen habe ich vors Gesicht gehalten ... Aufs Land wollte ich nicht mit, die haben ja gar keine richtigen Luftschutzkeller ... Nur schnell zur Luise nach Frankfurt ... Wer es weiß, wird es wissen, was werden wir noch erleben, tausend Flieger sollen es gewesen sein, und der Geruch nach Feuer und Asche, ich rieche ihn immer noch ...« Oma Mickel und

Papa hatten sich nie besonders verstanden. Wollte Mutti in Frankfurt bleiben, um familiären Konflikten aus dem Weg zu gehen? Papa soll jedenfalls gesagt haben, Oma solle vor dem Blockwart lieber nicht wiederholen, was sie immer jammere, und im Luftschutzkeller lieber auch nicht. Dort sagte sie nur noch: »Fünf Wellen und tausend Bomber ... was werden wir noch erleben.« Und das wiederholte sie mehrmals mit fast tonloser Stimme.
Wir blieben also in Frankfurt in der Römerstadt, und zwar bis zum Februar 1944. Dann konnte Papa Mutti überzeugen, dass wenigstens Oma und ich nach Idstein ziehen sollten. Er hatte für uns ein möbliertes Zimmer gefunden.

Eines Tages teilte uns der Rektor mit, dass die Römerstadtschule geschlossen werden muss. Er stand da mit zum Hitlergruß erhobenem rechtem Arm vor einer halb leeren Klasse. Fräulein Bethge war bei uns und bekräftigte, was der Rektor gesagt und wir nicht verstanden hatten: Die ganze Schule wird nach Gedern im Vogelsberg evakuiert. Die Kinder, deren Eltern oder Mütter einer Evakuierung nicht zustimmen, müssen die Volksschule in Heddernheim besuchen.
Meine Mutter lehnte die Evakuierung genauso ab wie vorher die Kinderlandverschickung. »Soll es die Erika besser haben als ich? Mich evakuiert auch keiner in den Vogelsberg. Im Gegenteil! Seit meine Mutter bei uns wohnt, wurde ich noch zur Fabrikarbeit bei Hartmann und Braun dienstverpflichtet, ich darf noch nicht einmal bei Fliegeralarm in den Keller, damit die Produktion nicht ruht. Nein, nein, nein, die Erika bleibt hier.«
In ihrer Not besprach sie sich doch mit Frau Weber, zu der das Verhältnis seit Manfreds Keuchhusten etwas angespannt war. Nun räumte sie ein, dass Papa »unabkömmlich« gestellt sei und in Idstein im Taunus eine Schule leite, ob sie rate,

Frankfurt zu verlassen. Für Manfred hatte Frau Weber eine Erlaubnis zur Teilnahme an der Evakuierung unterschrieben. Sie selbst, sagte sie, müsse hier bleiben, denn ihr Mann als leitender Ingenieur bei Hartmann und Braun sei auch »unabkömmlich« gestellt. Wie die Fremdarbeiter aus der Ukraine dürfe er auch nicht in den Luftschutzkeller. Aus den gleichen Gründen, und dazu soll sie geflüstert haben: »Aber sagen Sie es nicht weiter: Wegen der Rüstungsproduktion, damit uns die Engländer und Amerikaner nicht noch mehr überholen ...«

Alle Kinder aus meiner Klasse, auch Fräulein Bethge, auch Manfred und später Frau Weber habe ich aus den Augen verloren. Für mich begann der schwere Gang allein zur Volksschule in Heddernheim, meistens zu Fuß und durch die Römerstadtsiedlung über Ringmauer oder Heidenfeld, Straßen, die ich nicht so gut kannte. Es fuhr auch ein O-Bus. Der nahm meistens aber nur die Frauen mit, die bei den Heddernheimer Kupferwerken dienstverpflichtet arbeiten mussten.

Der Kiefernstamm

Mein Schulweg zur Heddernheimer Volksschule führte mich über die Straße »An der Römerstadt« an der ganzen Länge der Siedlung vorbei. Es hatten sich noch ein paar Kinder angeschlossen, die auf der anderen Seite der Hadrianstraße wohnten; die Hadrianstraße durchquerte die lang gestreckte Siedlung ungefähr in der Mitte, und an der Hadrianstraße lagen ja auch unsere Schule und der Bunker. Ihn behielten wir im Auge, wir hatten ja noch während unseres zweiten Schuljahrs an der »Schule in der Römerstadt« gelernt, wie der Bunker zu betreten sei und dass wir als Kinder keine Ausweise vorzuzeigen brauchen, den die Erwachsenen vorweisen mussten, um überhaupt einen Bunker betreten zu dürfen. In der Schule hatten wir auch noch gelernt, dass zwanzig Bunker fertig gestellt seien und fünfzehn noch gebaut würden. Wir Kinder hielten das für viel, aber als ich das Oma erzählte, war sie entsetzt. »So wenige gibt es«, rief sie, »ja, wo soll ich denn hin, wenn es ganz schlimm kommt?« Früher war Oma immer zuversichtlich gewesen, denn sie hielt sich für gut aus der »Deutschen Wochenschau« informiert, außerdem war bei uns immer der Volksempfänger eingeschaltet, allerdings nicht mehr so laut, damit wir die Sirenen nicht überhören könnten. Inzwischen war Oma etwas skeptisch geworden. »Entweder habe ich eine Wochenschau damals Anfang Juni verpasst, oder es kam nicht vor, der Angriff auf Köln, der stundenlang gedauert hat und bei dem ich alles bis auf mein kleines Köfferchen verloren habe. Der Roosevelt und der Churchill – was werden wir noch erleben ...«

An einem der ersten Schultage nach den Sommerferien 1943 konnte ich Oma beruhigen. In der neuen Schule war uns gesagt worden, dass alle Luftschutzkeller sicherer gemacht würden, auch für uns auf dem langen Schulweg zwischen Heddernheim und der Römerstadt sei das wichtig zu wissen, denn wir dürften bei einem Tagesangriff hinter jeder Haustür Schutz suchen, die Eingänge zu den Kellern und die Treppenstufen nach unten würden mit Leuchtfarbe markiert; wir brauchten nur bei einer Parterrewohnung zu klingeln. Wir sollten aber aufpassen, dass hinter uns wieder abgeschlossen würde, denn Gesindel und Fremde hätten in den Kellern nichts verloren. Alles verstanden wir nicht, gefragt haben wir lieber auch nicht. Dann waren uns auf dem Heimweg Lastwagen mit Kiefernstämmen aufgefallen. Es fuhren so wenige Autos, die wenigen Privatautos waren gleich zu Kriegsbeginn beschlagnahmt worden, es fuhren auch wenige Lastwagen; dass da Lastwagen mit Holzstämmen standen, das war schon auffällig. Ob wir uns den Mut nehmen sollten zu fragen?

Mutti war ja den ganzen Tag im Kriegseinsatz, zu Hause war Oma, die immer für ein Schwätzchen zu haben war. Sie war immer froh, wenn ich nach Hause kam, sie hatte auch schon für mich gekocht, und so saßen wir am Esstisch und ich erzählte aus der Schule. Ich war sogar die einzige Gesprächspartnerin, denn Mutti hatte Angst, Oma könnte wieder von der Ausbombung in Köln sprechen. Der Blockwart hatte Mutti offenbar eingeschärft, Omas Erzählbereitschaft zu dämpfen. Als ich Oma nun von den Kiefernstämmen erzählte, meinte sie, dass die doch zum Heizen zu groß wären, nein, eine Verwendung konnte sie sich nicht vorstellen.

Wir fragten dann doch unsere neue Klassenlehrerin, Frau Veith, denn sie hatte uns ja aufgetragen, alle Beobachtungen zu melden. »Ja, damit werden doch die Kellerdecken abgestützt. Der Führer will doch nicht, dass die Deutschen lebendig im Keller verschüttet werden. Hier in Heddernheim sind schon viele Balken eingepasst worden, bei euch in der Römerstadt wird es auch bald so weit sein.« Als ich das Oma erzählte, war sie erst einmal sprachlos. »Das bisschen Holz soll uns schützen? Warum mussten wir alle bequemen Stühle herausräumen, weil diese zu brennbar seien, wenn jetzt ein dicker Holzstamm direkt in den Luftschutzkeller gebracht wird? Erzähl das aber nicht der Mutti, die will mir doch immer den Mund verbieten.«

An einem der nächsten Vormittage kamen dann zwei große, kräftige Männer mit einem Kiefernstamm, den sie in der Mitte unseres Luftschutzkellers aufstellen sollten. Der Blockwart stand daneben, Mutti war auch anwesend, bewaffnet mit Besen und Schaufel, wie sie ihre Pflicht, den Luftschutzkeller samt der hinunterführenden Treppe zu reinigen, immer zu benennen pflegte. Offenbar war sie für diesen Vormittag von ihrer Dienstverpflichtung bei Hartmann und Braun beurlaubt worden, um ihrer Pflicht als Hausmeisterin für den Luftschutzkeller nachzukommen. Die beiden Männer sprachen kein Wort, sie transportierten den dicken Baumstamm mit Routine die Kellertreppe hinunter und durch die Waschküche hindurch in den Luftschutzkeller und machten sich mit Fäustel und Handsäge an die Arbeit. Die Rinde des Stamms war nur grob geschält, das Holz harzte nicht mehr und roch auch nicht mehr nach Spessart, aber an den roten Rindenresten erkannte ich die Kiefer, einen Baum, den Papa und ich so oft bei Wanderungen in Heigenbrücken im Spessart gesehen hatten und der uns so sehr in der Abendsonne gefiel, wenn die Stämme rot glühten. Die beiden braun gebrannten, schwarzhaarigen Männer hatten noch einen Moment mit dem Verkeilen einer viereckigen Bodenplatte und einer ebensolchen Deckplatte zu tun, während der Blockwart schon weiter gegangen war, vielleicht wollte er auch die anderen Stämme, die für die anderen Luftschutzkeller in den Nachbareingängen vorgesehen waren, bewachen oder auch nur die Parterremieter herausklingeln. Frau Luther aus dem ersten Stock war noch schnell dazugekommen und natürlich Oma, die immer neugierig auf eine Abwechslung war. »Das soll uns jetzt besser schützen?« Die Männer verstanden schon, antworteten aber nichts. Es waren offenbar Italiener, italienische Fremdarbeiter; als der Blockwart gegangen war, gestikulierten sie jedenfalls mit den Armen. Frau Luther fragte schnell: »Wie lange sollen denn die Stämme halten?« Und wir bekamen sogar eine kurze Antwort: »Solange Krieg.« Einer der beiden, der mit einem Stück Kohle die Markierung für den Standort am Boden angebracht hatte, drehte sich schnell um, sah nach der Treppe, sah nach seinem Kameraden, sah uns schnell an und schrieb an die Waschküchentür: 1945. Hatten sie andere Sender gehört? Wussten sie etwas von Mussolinis Absetzung, wussten sie von der Landung der Alliierten auf Sizilien? Ich musste lange an diese Begegnung denken und konnte mir erst sehr viel später einen historischen Kontext denken. Keiner, dem ich später diese Geschichte erzählt habe, hat sie mir geglaubt. Und doch hat man die Kohlekratzer noch lange an der Waschküchentür gesehen, auch wenn Mutti geschrubbt hat, was das Zeug hielt.

Im Jahr 1943 waren wir sehr oft im Luftschutzkeller. Die Goebbels-Rede »Wollt Ihr den totalen Krieg« hatten wir alle aus dem Volksempfänger mitbekommen, es waren auch englische Flugblätter abgeworfen worden, gezeichnet mit General Arthur Harris, und Oma sagte nur lakonisch: »Als ob wir den jetzt erst wollten, wir haben ihn doch schon lange, ohne dass wir ihn gewollt hätten.« Mutti hatte zu solchen Auslassungen meiner Oma längst ihren Ton so verschärft wie schon lange zu mir: »Untersteh dich, irgendetwas über

Politik zu sagen.« Und wenn Oma dann konterte: »In der Wochenschau sehe ich immer, dass die deutschen Panzer vorrücken, höchstens ist in Russland der Schlamm so tief, dass sie nicht schnell genug vorankommen. Aber unsere Flak schießt einen englischen und amerikanischen Bomber nach dem anderen ab. Wieso dröhnen dann immer so viele Flieger über uns und schmeißen Brand- und Sprengbomben, Luftminen und ganze Phosphorkanister über uns? Und das habe ich neulich durch die Verdunkelung gesehen: Christbäume setzen die jetzt, damit sie genau zielen können. Das habe ich sogar in der Wochenschau gesehen«, dann konnte Mutti nur noch ihr bekanntes »Pst« entgegensetzen, das sie auch im Luftschutzkeller einsetzte, sobald einer der Hausbewohner zu reden anfangen wollte.

Ich weiß jetzt nicht mehr, bei welchem Angriff es war, es muss aber auch im Herbst 1943 gewesen sein, vielleicht sogar an jenem 4. Oktober, den General Harris als Angriff ohnegleichen angekündigt hatte, und der aus zwei Tages- und einem Nachtangriff an einem einzigen Tag bestand. Es war eine fremde Frau in unserem Keller, aber einen Berechtigungsausweis muss sie ja gehabt haben, sonst hätte sie den Keller nicht betreten können. Neben dem Blockwart gab es jetzt auch noch einen speziellen Luftschutzwart, der für die Haustürzugänge unseres Wohnblocks im Burgfeld und vermutlich auch für die Reihenhäuser in der Nachbarschaft zuständig war. In dem dunklen Licht konnte ich die Frau kaum sehen, aber ich hörte ihre helle, ziemlich hohe Stimme, und ich meine auch, dass ich ihre Kleidung schemenhaft gesehen hätte, einen schönen Wollmantel und wohl auch einen modischen Hut mit Krempe. Sie saß nicht, sondern stand in der Mitte des Raums neben Fräulein Langerfeld, die ein Heizöfchen aufgestellt hatte; die glühenden Heizröhren waren eine kleine Lichtquelle, weshalb ich ja vermutlich auch mehr wahrnehmen konnte als sonst bei

der nur blauen Notbeleuchtung. Ich saß in der Nähe der Lüftungsklappe, Oma und ich kämpften wie immer mit Hustenreiz. Dann Detonationen, im Abstand von Sekunden detonierten Sprengbomben, grelles Licht war durch die Lüftungsklappe zu sehen, und eine Stimme sagte aus der Tiefe des Kellers: »Das sind nicht mehr 30 oder 40 Bomber, das sind am Ende so viele wie in Köln. Frau Mickel hat uns das doch immer erzählt. Dieses Motorengeräusch, dieses Dröhnen, das sind mindestens ein paar hundert Bomber ...« Weiter kam die Männerstimme nicht, ich glaube, es war Herr Nickels aus dem zweiten Stock, der sich von Muttis Pst-Rufen hatte schrecken lassen.
Dann eine helle Frauenstimme! Sie wimmerte, flehte, und im Schein des Heizöfchens sah ich, dass sie den Kiefernstamm umklammert hielt. Sie rief nur noch: »Lieber Gott, hilf mir«, immer wieder: »Lieber Gott, hilf uns.« Und dann betete sie das Vaterunser, und meine Oma murmelte es mit. Wie lange wir noch im Keller gesessen haben, weiß ich nicht mehr. Wie die elegant gekleidete Frau den staubigen Kiefernstamm umklammerte und laut betete: Es ist ein Bild, das ich bis heute nicht vergessen habe.

Raus aus Frankfurt, raus aus der Hölle

Die Volksschule in Heddernheim, die ich ab der dritten Klasse besuchte, war ein großer, dunkler, fast schwarzer Kasten; so habe ich das Schulgebäude in Erinnerung. Es lag im alten Ortsteil, alt war auch die Ausstattung: Holztreppen, die knarrten, Kohleöfen, Schülerpulte, wie sie heute manchmal noch in Museen zu sehen sind. Alt waren auch die Lehrerinnen und die wenigen Lehrer, die noch unterrichteten und zu alt für den Fronteinsatz waren. Heddernheim wurde nach Kaiser Hadrian benannt, der hier eine römische Siedlung gegründet hatte. So hatten wir es im Heimatkundeunterricht in der Römerstadtschule gelernt. Aber für Heimatkunde war jetzt keine Zeit mehr, für Ausflüge wäre es ohnehin zu unsicher gewesen. Der Sportunterricht fiel auch aus, darüber war ich allerdings glücklich, dafür hatte meine Muskelkraft nicht gereicht, meine Gesundheit insgesamt nicht. Die wichtigsten Fächer waren Lesen, Schreiben und Rechnen, das ließ sich im Klassenraum und im Bunker lernen. Damals habe ich mit der Hand zu nähen und zu stricken gelernt, aber als ich bei Oma nachfragte, ob wir Baumwollläppchen hätten, aus denen wir einen Atmungsschutz nähen sollten, musste ich mit ansehen, wie Oma vor Schrecken schon kein Wort mehr herausbekam. Ich erklärte ihr dann, dass diese Lappen zu Masken mit Seh- und Atemschlitzen verarbeitet werden sollten, rechts und links sollte ein Band befestigt werden, das man am Hinterkopf verknoten sollte. Meiner sprachlosen Oma erklärte ich dann noch, was die Lehrerin uns erklärt hatte: Die Gasmasken seien knapp geworden, aber diese Baumwollmaske, in kaltes Wasser getaucht, habe die gleiche Wirkung. So ratlos hatte ich meine Oma lange nicht gesehen, dann sagte sie: »Es ist ja noch schlimmer, als ich schon dachte. Neulich der Holzstamm zur Abstützung der Kellerdecke und jetzt ein Baumwollläppchen gegen die Brandbomben, dabei höre ich doch in der ›Wochenschau‹ immer von einer Wunderwaffe, die Engländer und Amerikaner abschrecken soll. Am besten schaue ich mir die ›Wochenschau‹ und auch die schönen Filme nicht mehr an, am besten müssen wir fort von hier, raus aus der Hölle ...«

Seit dem ersten Tagesangriff am 4. Oktober 1943 war unsere Angst noch größer geworden. Dieser 4. Oktober war ein heller Herbsttag, und morgens um 10 Uhr 44 gab es Alarm. Amerikanische Flugzeuge kreisten schon über Heddernheim, offenbar mit dem Ziel Heddernheimer Kupferwerke (VDO). Wir mussten aus dem alten Schulgebäude raus, denn es hätte bei einem Bombenabwurf von Brand- und Sprengbomben sofort lichterloh gebrannt. Über uns die feindlichen Bomber, vor uns noch der Weg zum Bunker in der Kirchstraße. Das geräuschlose Aufstellen zu zweit und der Abmarsch ohne Panik war geübt; auch den Gang durch die Flure des Bunkers schafften Schüler und Lehrer wie immer bei den Übungen, aber es war der Ernstfall. Um 12 Uhr 15 gab es Entwarnung. Bomben waren auf Heddernheim, die Römerstadt und Bonames gefallen. Als wir den Bunker verlassen durften, war immer noch heller Tag, wir wurden von der Sonne geradezu geblendet. Aber die Luft hatte sich verändert, es roch nach Bränden und Staub. Die Schule stand noch, ich glaube sogar, dass der Unterricht noch fortgesetzt wurde. Wie anders kann ich mir erklären, dass ein paar Kinder und ich später beim Straßenbahndepot Heddernheim, wo wir auf einen O-Bus in die Römerstadt warteten und sehr lange gewartet haben müssen, von einem zweiten Luftalarm überrascht wurden? Es war kurz nach 15 Uhr. Fremde Leute nahmen uns in ihre Luftschutzkeller mit. Um 20 Minuten vor vier gab es Entwarnung. Wieder wollten wir auf einen O-Bus warten, aber im Straßenbahndepot schickte man uns Kinder zu Fuß heim. »Hier sind so viele Schienen und auch die Oberleitungen getroffen worden, schleicht euch an den Hauswänden entlang zur Römerstadt. Dort sollen auch Bomben gefallen sein. Am besten geht ihr am freien Stück vorbei zur Straße An der Römerstadt. Hoffentlich kommt nicht noch einmal Alarm.« Ich hatte bis zum westlichen Ende der Römerstadt den längsten Weg, und ich hatte eine furchtbare Angst. Oma war zu Hause im Luftschutzkeller, sie wollte gar nicht mehr in die Wohnung, so groß war ihre Angst. Keiner im Haus hatte ein Telefon, wir konnten uns nicht verständigen und wussten auch nicht, ob Mutti bei Hartmann und Braun in den Keller durfte und ob sie überhaupt noch lebte. Mutti kam dann später als sonst nach Hause, weil sie die Arbeitszeit, die sie im Werkskeller verbracht hatten, nachholen mussten. An diesem Abend erfolgte um 21 Uhr erneut Alarm, wir saßen zwei Stunden im Keller. Am Vormittag im Bunker hatte ich keine Detonationen gehört, aber im Luftschutzkeller hörten wir die Einschläge in der Nähe. Zielgebiet war wieder die Rüstungsindustrie in Heddernheim und Rödelheim, auch die Flakkaserne in Hausen soll bombardiert worden sein; große Schäden soll es im Ostend und in der Innenstadt gegeben haben. Wie schlimm Frankfurt getroffen worden war, las uns Frau Luther ein paar Tage später aus dem »Frankfurter Anzeiger« vor. Vom »Römer« stand nur noch die Fassade, das Innere war verwüstet. Haus Braunfels, Teile der Liebfrauenkirche, die Barockhäuser in der Töngesgasse, Hasengasse, Schnurgasse, Seitengässchen in der Nähe des Doms: alles zerstört. Eschersheimer Landstraße und Öderweg: ein Trümmerfeld.

Hier suchten wir später vergeblich das Haus, wo Frau Lochmüller, unsere gute Schneiderin, gelebt und gearbeitet hatte. Auch die Kakaostube, wo Mutti so gern mit Ruth ein Kaffeechen getrunken hatte, war nicht mehr zu finden, der Große Kornmarkt war eine Schuttwüste, aber Dom, Katharinenkirche und Paulskirche ragten noch aus den Ruinen. Als Frau Luther vorlas, dass auch der Zoo durch Bomben beschädigt worden sei, musste ich weinen. Als sie dann noch vorlas, dass das Gagern-Kinderkrankenhaus in Bornheim so schwer getroffen worden sei, dass neunzig Kinder ums Leben gekommen seien, da haben wir alle geweint. Durch den Volksempfänger hörten wir die Übertragung der Totengedenkstunde auf dem Opernplatz. Oma war erschüttert, dann sagte sie seltsam gefasst: »Von dem Tamtam wird keiner mehr lebendig. Wir müssen hier raus. Schreib dem Hans, wir wollen nach Idstein.«

Was zwischen den beiden Frauen in dieser Nacht noch besprochen wurde, weiß ich nicht. Jedenfalls brauchte ich am anderen Morgen nicht zur Schule. Mutti hatte wie immer vor mir die Wohnung verlassen müssen, denn der pünktliche Arbeitsbeginn wurde äußerst streng kontrolliert. Oma schrieb mir eine Entschuldigung nach der anderen, sie konnte meine Angst vor dem weiten Schulweg nach Heddernheim und besonders die Wegstrecke durch unbebautes Gelände nachempfinden, denn sie selbst getraute sich auch nicht mehr, das Haus zu verlassen. Es kam ja nicht täglich ein Fliegerangriff, aber man hat ihn täglich und jetzt sogar bei hellem Tageslicht erwarten müssen, und das machte mürbe. Oma wollte auch nicht mehr ins Kino nach Praunheim gehen. »Die Wochenschauen lügen ja doch«, sagte sie, und selbst die tanzende Marika Rökk, selbst Hans Moser, Theo Lingen und Heinz Rühmann, die Oma so gern im Film sah und die sie früher zu Hause imitiert hatte, sehr zum Ärger von Mutti, die für Späße kein Verständnis hatte: Nein, selbst diese Filme, die noch bis 1944 gespielt wurden, konnten Oma nicht mehr zu einem Gang über die Straße bewegen. Oma war aufgefallen, dass unsere Nachbarn im Parterre, Herr und Frau Wilhelms, gar nicht mehr im Luftschutzkeller zu sehen waren; da fasste sie sich ein Herz und klingelte einfach. Ich war zu Hause, wieder mit einer Entschuldigung von Oma, und durfte mit. Beide kamen vorsichtig gemeinsam zur Wohnungstür und waren erleichtert, dass nur wir es waren. Frau Wilhelms hatte ihre große Puppe auf dem Arm. Oma konnte immer leicht ein Gespräch beginnen, und so erfuhren wir ganz schnell, weshalb die beiden tatsächlich nicht mehr den Luftschutzkeller aufgesucht hatten. »Ach wissen Sie, wir sind schon so alt, wenn die Bombe einschlägt und hier alles verbrennt, wozu sollen wir überleben? Wir sind zu alt, um uns neu einzurichten und uns woanders einzuleben. Seit die Römerstadtsiedlung bezugsfertig war, das war wohl 1928, wohnen wir hier und haben unsere frühere Wohngegend in Eschersheim nicht vermisst. Aber jetzt noch woanders hinziehen müssen? Nein, wir kommen lieber mit allem, was wir an lieb gewordenen Sachen haben, hier um.« Und Frau Wilhelms streichelte ihrer Puppe über den Kopf. Oma fiel nichts Tröstliches ein, ich stand daneben mit offenem Mund und atmete wie immer schwer, ich bekam einfach keine Luft mehr durch die Nase. Vielleicht hat dieser Umstand dann doch noch eine Gesprächswende gebracht. »Wir haben keine Kinder und keine Verwandten«, ergänzte Herr Wilhelms, »aber wenn ich ein Enkelchen hätte wie Sie, liebe Frau Mickel, dann würde ich vielleicht auch anders denken.« Nun war Frau Wilhelms aufgefallen, dass ich mit offenem Mund atmete, das wäre doch früher nicht so gewesen, als wir noch nebeneinander im Keller gesessen hätten. »Frau Mickel, gehen Sie doch mal mit der Erika zum Arzt, Frau Gilbert hat ja sicher kaum noch Zeit und wird zu müde sein, wenn sie heimkommt.«

Da Oma nicht mehr nach draußen wollte und meinte: »Mit meinen fast 65 Jahren kann ich nicht mehr so schnell rennen, wenn ein Luftalarm kommt« – aber es war natürlich die pure Angst, die aus ihr sprach –, ließ Mutti sich tatsächlich einen Termin bei der Kinderärztin geben, die mich einst als kräftig und großwüchsig eingeschätzt, jetzt aber schon lange nicht mehr gesehen hatte. Das Ergebnis der Untersuchungen war niederschmetternd: Entfernung der Nasenpolypen, der Hals- und Rachenmandeln, zur Erholung dringend Kinderlandverschickung an die Ostsee oder ins Riesengebirge. Mutti war entsetzt und fauchte mich an. Frau Dr. Schneider behielt die Ruhe. »Das sind im Augenblick ganz häufige Erkrankungen. Die Luftschutzkeller haben nur Estrichböden, sie sind zu fußkalt, die Kinder sitzen dort zu lange und ohne Bewegung. Erika ist so lang und dünn, Untergewicht hat sie auch.« Die Waage bestätigte das. Mutig geworden, zeigte ich auch noch mein linkes Ohr, das aus der Lüftungsklappe immer einen kleinen Luftzug abbekommen hatte. Dass ich Schmerzen hatte, wagte ich bei Mutti nicht zu sagen, ich erinnerte mich noch zu gut an meine Erkrankung an Masern, als ich nicht in den Keller durfte, Mutti auch nicht. Da hatte sie an meinem Bett gesessen und mir Vorwürfe gemacht, dass ich diese Krankheit bekommen hätte und dass sie vielleicht nur wegen mir sterben müsste, wenn eine Bombe in das Haus schlüge ... Das erzählte ich aus Furcht vor Strafe natürlich nicht der Ärztin, aber sie war unbestechlich und hatte auch vor Mutti keine Angst. »Großer Gott, auf dem linken Ohr Mittelohrentzündung, das Kind müsste vor Schmerzen wimmern. Haben Sie sie so hart erzogen?« Mutti erhielt für die Schule und für sich zur Arbeitsfreistellung im Kriegseinsatz je ein Attest. Frau Dr. Schneider konnte nach langem Blättern und Telefonieren einen Hals-Nasen-Ohren-Arzt ausfindig machen, der noch praktizierte. Die Praxis war am Prüfling im Nordend.

Die Fahrt durch das zerstörte Frankfurt war ein Alptraum. Ich weiß nicht mehr, ob wir mit der Linie 18 ab Praunheim Brücke über Hausen, Rödelheim, Hauptbahnhof, dann mit der 10 oder 12 zum Prüfling gefahren sind oder ab Heddernheim mit der Linie 23 bis Hauptwache und dann über Zeil und Schäfergasse zur Bergerstraße bis zum Prüfling, es sah überall so ähnlich aus: hohe Brandmauern, die Mauern zur Straße abgestürzt, die oberen Stockwerke ausgebrannt, die Fenster leer und schwarz, überall Brandspuren. Die Leute in der Straßenbahn müssen gemerkt haben, wie schlecht es mir ging, dass ich Angst hatte, vor Bomben und auch vor dem Arztbesuch. Die Rückfahrt muss noch schlimmer gewesen sein. Die Behandlung war in Äthernarkose durchgeführt worden, Mutti hatte natürlich getobt, dass ich mich so anstellte, aber Äther ist für mich bis heute der unangenehmste Geruch, den ich mir überhaupt vorstellen kann, und ich brauchte quälend lange, bis sich überhaupt eine Narkosewirkung zeigte, da konnte mich Herr Dr. Alberti noch so lange mit Spielzeug ablenken, ich wollte einfach nicht einschlafen. Dafür muss ich bei der Rückfahrt immer noch halb betäubt gewesen sein. Die Straßenbahn ruckte über verformte Schienen, die Narben der Polypenextraktion rissen wieder auf und ich wurde wach, als Mutti in einem fort schrie: »Mein Kostüm, mein gutes Kostüm, wehe, da kommt Blut drauf!« Ich sehe im Inneren das Bild noch vor mir, wie die Leute auf den langen Bänken eng zusammenrückten, für Mutti einen Sitzplatz schufen und mich der Länge nach auf die Knie der Fahrgäste betteten. So kamen wir wieder nach Hause und ich ins Bett.

Es muss nur wenige Wochen später gewesen sein, als Mutti und ich zum Bethanienkrankenhaus fuhren. Die Hals- und die Rachenmandeln sollten entfernt werden. Auch hier wieder nur die Äthernarkose, aber anschließend bekam ich wenigstens für eine Stunde ein Ruhebett auf einem Flur.

»Sie müssen Verständnis dafür haben, wir müssen die Zeit zwischen den Luftalarmen zum Operieren nutzen; ein Bett können wir höchstens für eine Stunde freimachen, dann müssen die nächsten Patienten gelagert werden.« Diesmal tropfte mir das Blut noch aus dem Mund, als Mutti mich in eine Straßenbahn zerrte. »Nur fort von hier, fort von den vielen Trümmern, irgendwie kommen wir schon in die Römerstadt, und wenn wir zehnmal umsteigen müssen.« Wir kamen auch nach Hause. Frau Wilhelms blieb bei mir, damit Mutti und Oma bei Alarm in den Luftschutzkeller konnten. Der Durchstich des Trommelfells am entzündeten linken Ohr wurde bei einer späteren Arztfahrt vorgenommen. Es wurde jedes Mal schwieriger, in eine Straßenbahn einzusteigen, und die Streckenführung wurde immer unberechenbarer. An den Anblick der vielen Trümmer hatten wir uns schon gewöhnt, der Geruch nach Brand, Asche und Staub lag wie eine Glocke über der Stadt.

Vorübergehend muss ich auch noch zur Schule gegangen sein. Frau Veith, die Klassenlehrerin an der Heddernheimer Schule, war noch nervöser geworden. In meiner Klasse waren mindestens vierzig Kinder, sie musste aber parallel dazu noch eine andere Klasse unterrichten, die mindestens genau so viele Kinder hatte. Frau Veith konnte die Namen gar nicht mehr behalten, aber auch wir Kinder kannten nur noch die Banknachbarn mit Vornamen. Heute kann ich nachfühlen, wie anstrengend der Unterricht für die Lehrkräfte gewesen sein muss, die zudem als Pensionäre und Pensionärinnen reaktiviert worden waren. Aber was heißt Unterricht? Während die eine Klasse etwas Neues durchnahm, frontal vom Lehrerpult aus und ohne Möglichkeit, noch einmal nachzufragen, Hauptsache: die Hausaufgaben (und nicht zu wenige!) konnten selbstständig angefertigt werden, durfte die andere Klasse mit den Hausaufgaben anfangen oder das Kohlenklau-Würfelspiel mit dem Banknachbarn spielen. Wer Licht brennen lässt, wenn er den Raum verlässt: sechs Felder zurück ... Wer das Licht jedes Mal ausmacht: sechs Felder vor ... und so weiter ... Hauptaufgabe der Lehrer wurde aber mehr und mehr das Einsammeln von allem, was zu sammeln befohlen war: Lumpen, Knochen, Altpapier, Zahnpastatuben, Niveadosen, Gläser und was es sonst noch an Verwertbarem gab. Nach jedem Luftangriff sollten wir entbehrliches Bettzeug, Decken, Kleider, Mäntel, Mützen, Wäsche für Ausgebombte mitbringen. Mutti kam dann manchmal in Schwierigkeiten. »Was soll ich dir denn noch für die Schule mitgeben, die NSV und das Winterhilfswerk sammeln doch auch. Wer weiß, wie lange der Krieg noch dauert. Wir brauchen doch auch noch etwas für uns.« Das Einsammeln geschah meist nach dem Unterricht, bis dahin hatten wir die Sachen bei unserer Sitzbank aufzubewahren. Da aber die abgekochten Knochen mit der Zeit stanken und auch alle Zuwege zugestellt wurden, die doch zur Alarmbereitschaft offen sein mussten, wurden die Sammelaktionen auf den Unterrichtsbeginn und auf den Schulhof verlegt. Da froren wir dann in dem Winter 1943/44, bis wir endlich drankamen. Oben hatte der Hausmeister in der Zwischenzeit die einzelnen Kanonenöfchen angemacht. Es war mollig warm. Da in diesem nun schon fünften Kriegswinter kaum noch Winterschuhe auf Bezugsschein zu bekommen waren, trugen die meisten Kinder Gummischuhe. Es waren schwarze Überschuhe, die über Hausschuhen getragen wurden. Die Füße wurden von außen nicht nass, wir konnten damit auch gut schlüntern und schleifen. Aber wenn wir damit in dem geheizten Klassenzimmer saßen, schwitzten die Füße. Kaum im Bunker, begann ein unangenehmes Kribbeln. Diagnose: Frostbeulen. Sie ließen sich mit nichts, auch nicht mit Eichenrindebädern erfolgreich behandeln. Wir sollten dann diese Gummischuhe ausziehen und neben unser Schreibpult stellen. Mutti konterte: »Das fehlt noch! Dann kriegst du die neuen noch gegen ältere undichte Schuhe vertauscht. Du behältst sie an.« In Idstein haben wir später Eichenrinde gesammelt und die Füße gebadet, je nachdem, wie wir uns heißes Wasser zubereiten konnten.

Ich hatte mich schon gewundert, dass Tante Ruth Kroeber gar nicht mehr auf einen Sprung vorbeikam. Ich wäre auf meinem weiten Schulweg nach Heddernheim gern an dem Häuschen Im Burgfeld 24 mal zum Klingeln stehen geblieben, aber Mutti hatte es verboten. »Sie wird schon ihre Gründe haben, dass sie nicht kommt.« Die beiden älteren Buben hätten damals auch schon eingeschult sein müssen und sie hätten ja auch zur Heddernheimer Volksschule gemusst, wenn auch mit etwas kürzerem Weg als ich. Vielleicht hatte ich sie ja auch einfach nicht wieder erkannt. Dann löste sich das Rätsel doch. Eines Abends, als Mutti von der Fabrikarbeit schon nach Hause gekommen war, stand Ruth vor der Tür. »Luischen, ich komme, um mich zu verabschieden. Mein Muttchen ist bei meiner jüngeren Schwester in Weilburg untergekommen. Der Mann ist als Flieger im Einsatz, meine Schwester mit den Kindern allein, nun ist Muttchen schon da, ich ziehe mit meinen drei Trabanten auch dorthin. Weißt du, das Häuschen mit dem Flachdach ist mir zu unsicher. Die Verdunkelungsrollos sind auch alle kaputt. Mein Pflichtjahrmädchen wurde mir gestrichen, sie wurde zur Flak eingezogen. Mein Mann ist jetzt doch im Krieg, auch wenn er nur Stufe 4 tauglich ist. Ich will auch fort.« Mutti versuchte noch einzulenken, dass der Bunker auf dem Schulhof der Römerstadtschule nicht weit von ihrem Haus sei. Aber da erfuhr Mutti erst, was sie stutzig machte. »Luischen, ich merke, dass du so viel fort bist, dass du nichts mehr über die Römerstadt mitbekommst. In der ehemaligen Römerstadtschule ist ein Lazarett für Fliegergeschädigte, und da sind auch Notquartiere für Ausgebombte.

Die dürfen vorrangig in den Bunker.« Ruth hatte wie immer ziemlich laut gesprochen. Diesmal zischte Mutti nicht »Pst«, denn auf die Familie Wilhelms neben uns konnte sie sich verlassen und auf Familie Luther über uns auch.

Oma war an diesem Abend sehr bedrückt. »Mieze«, sagte sie, so nannte sie Mutti immer, wenn sie in ihren Gedanken in der Vergangenheit war, »Mieze, was waren Köln und Frankfurt so schöne Städte, was habe ich so gern mit dir und Irene Großstadtkaufhäuser besucht und unterwegs einen Kaffee getrunken oder auch zwei Stunden im Kino gesessen. Weißt du noch, wie du mich mit Erika noch im Sommer 1939 in Köln besucht hast? Ich mag die Ruinen gar nicht sehen. Bitte, schreib dem Hans, dass wir nach Idstein umziehen möchten.«

Es gab noch die furchtbaren Angriffe am 26. November, bei dem große Teile der Innenstadt, der Römerberg, die Braubachstraße und der Dachstuhl des Goethehauses brannten, dann die furchtbaren Angriffe vor Weihnachten am 20. und 22. Dezember. Es wurden Straßenbahnwagen und -schienen, Versorgungsanlagen für Gas, Wasser und Elektrizität getroffen, Krankenhäuser waren wieder das Ziel, besonders die Orthopädie, wo die Verletzten des Novemberangriffs operiert worden waren. Der Sohn unserer Frau Luther, Erwin, hatte gerade sein Abitur gemacht und war zur Flakstellung auf dem Dach seiner alten Schule, der Ziehenschule in Eschersheim, abkommandiert worden. Er war zum Schweigen verpflichtet, aber seiner Mutter erzählte er doch ganz vorsichtig, wie sie vom Beobachtungsposten das brennende Frankfurt sahen und gegen die Übermacht von gezählten 260 Feindflugzeugen wehrlos waren. Sie hatten am 20. Dezember über 275.000 Brandbomben und 746 Sprengbomben gezählt, beziehungsweise durch Addition einzelner Statistiken errechnet. Bei dem Nachtangriff zwei Tage später seien es nur 20 bis 30 Flieger gewesen; die Spreng- und Brandbomben seien hauptsächlich auf Höchst abgeworfen worden,

es seien aber offiziell nur geringere Schäden gewesen. Natürlich schärfte mir Mutti ein, ja nichts weiterzuerzählen. Aber es waren ja sowieso Weihnachtsferien.
»Was können die denn überhaupt noch bombardieren? Es ist doch schon alles kaputt.« Oma schüttelte nur noch den Kopf und murmelte ihr »Was werden wir noch erleben ... Köln zerstört, Hamburg zerstört (das wusste sie von Frau Luther und nicht aus dem Volksempfänger), Frankfurt zerstört, wollen die Alliierten die Deutschen ausrotten?«
Dann konnten wir plötzlich aufatmen, über die Feiertage keine Angriffe, und wir konnten Weihnachten wie immer feiern, aber in gedrückter Stimmung und ohne Geschenke. Papa musste in Idstein bleiben, weil ein Teil der Junglehrer nicht nach Hause fahren konnte. Von den Großeltern in Wetzlar kamen viele Grüße, aber sie wollten kein Päckchen schicken, es würden inzwischen doch auch die Transportzüge der Post beschossen. Aber wir hatten wieder einen Weihnachtsbaum, der wie immer mit matten und glänzenden silbernen Kugeln und viel Lametta geschmückt war. Mutti hatte angeregt, auf die Kerzen zu verzichten, denn man könnte sie nicht schnell genug löschen, falls Alarm käme. Der Volksempfänger tönte zuversichtlich, aber ich glaube nicht, dass dem jetzt noch einer Glauben schenkte. Seit den Eingriffen beim Hals-Nasen-Ohren-Arzt konnte ich besser atmen, jetzt hatte ich in den Weihnachtsferien auch wieder Freude an meinen drei großen Puppen Ingrid, Ursula und Kläuschen, während viele von den kleineren Schildkrötpuppen unauffindbar waren. Ich hatte Mutti im Verdacht, dass sie diese dem Winterhilfswerk gespendet hatte. Von den kleineren, die natürlich auch alle Namen hatten, waren nur Bärbel, Lothar und Kurt geblieben. Die hatte ich nämlich so viel mit Nadelstichen geimpft, dass sie nicht mehr verschenkbar waren! Ich wollte aber nichts sagen, irgendwie tat mir Mutti auch Leid.

Die Schulferien waren verlängert worden, die Fortsetzung hieß Kohleferien. Nun hatte mir der grässliche Kohlenklau sogar noch Ferien beschert! Und dann kamen drei furchtbare Angriffe am 29. Januar ab 11 Uhr vormittags, am 4. Februar vormittags und am 8. Februar auch wieder vormittags. Es waren amerikanische Bomber, die jeweils in mehreren Wellen über die Stadt flogen. Es wurden fast alle Museen getroffen. Fünfhundert bis sechshundert Flieger sollen es gewesen sein, Erwin berichtete uns aus der Statistik, bei der er als Abiturient und Flakhelfer mitgerechnet hatte, dass mindestens 60 Minen, 2100 Sprengbomben, 10.000 Flüssigkeitsbrandbomben, 110.000 Stabbrandbomben, manche Brandbomben als Viererpack zusammengekettet, hauptsächlich über der Innenstadt abgeworfen worden seien. Es seien auch noch nie so viele Luftschutzkeller verschüttet worden wie bei diesem Angriff.

Was Erwin uns damals darüber mitteilte oder zumindest andeutete, denn seine Mutter, Frau Luther, hatte doch Bedenken, dass man darüber sprechen dürfte, welches Ausmaß der Angriff vom 29. Januar 1944 gehabt hatte, das konnte ich später tatsächlich nachlesen in dem 1965 erschienenen Buch von Armin Schmid mit dem Titel »Frankfurt im Feuersturm – Die Geschichte der Stadt im Zweiten Weltkrieg«. Hier fand ich auch den Aufruf von Gauleiter Sprenger vom 30. Januar – das war am 11. Jahrestag der so genannten Machtergreifung Hitlers –, und ich nehme an, dass das auch der Text war, über den sich Frau Luther und Oma Mickel so aufgeregt hatten. Es hieß da: »Wir lassen uns nicht unterkriegen! Wiederum hat der brutale Vernichtungswille des Feindes Leid und Schmerzen über unsere Gemeinschaft gebracht und Wohnviertel und Kulturstätten der Gauhauptstadt in Trümmer gelegt. Mit unübertreffbarem Zynismus hat dieser erneute Terrorangriff die Äußerung des stellver-

tretenden britischen Premierministers Attlee unterstrichen, nach welcher die anglo-amerikanischen Luftangriffe nur gegen kriegswichtige Ziele gerichtet würden. Wir wissen heute, dass der Sadismus des Feindes ohne Grenzen ist, wir wissen aber auch, dass er an der Standhaftigkeit unseres Mutes und der Tapferkeit unserer Herzen zerschellen wird ... Die schweren Wunden, die der Terrorangriff unserer Stadt geschlagen hat, werden wir als verschworene Gemeinschaft zu ertragen wissen. Die Stunde der Vergeltung, die dem Feind gewisslich schlagen wird, wird von dem Maß der Opfer und Leiden bestimmt werden, die wir heute zu tragen haben. Mit innerlicher Genugtuung sollen wir dann feststellen dürfen, dass wir uns niemals unterkriegen ließen und damit unsere Haltung zu jeder Stunde dem Sieg verbunden war.« Die beiden Frauen getrauten sich wohl nicht, in meiner Gegenwart laut darüber zu sprechen, aber Oma Mickel sagte dann doch so etwas wie: »Mit Mut und Herz kann man doch nicht gewinnen, von den neuen Wunderwaffen war gar nicht mehr die Rede. Kommen die nicht mehr? Unser Frankfurt ist so zerstört, mein Köln ist so zerstört, in Hamburg hat es tagelang gebrannt, überall nur Schutt und Asche, der Führer sollte sich das mal ansehen, aber der sitzt hinter drei Meter dicken Wänden weit weg vom Schuss. An einen Sieg glaube ich nicht mehr.« Jetzt machte Frau Luther »Pst«, nickte aber gleichzeitig meiner Oma zu.
Am 4. Februar, nur wenige Tage später, kam der nächste Angriff am hellen Vormittag zwischen 11 Uhr 50 und 12 Uhr 30. Wir saßen im Keller und hörten die Detonationen Schlag auf Schlag in der Nähe, bald aus der Richtung Heddernheim, bald aus der Richtung Rödelheim und Praunheim, dann drehten die Flieger ab, kamen zurück, kreisten wieder über uns, wir hörten aber auch die Abwehrmaßnahmen der Flak, und Frau Luther seufzte: »Mein Erwin ist wieder zur Flakabwehr auf dem Dach der Ziehenschule eingesetzt«,

und Oma seufzte: »Meine Luise ist wieder bei Hartmann und Braun, mal ist sie in Praunheim, mal in Rödelheim, mal in Bockenheim. Ich soll das nicht sagen, aber ich mache mir doch solche Sorgen.« Wir erkannten schon an der Art des Dröhnens, wohin die Bomber flogen, die Ziele müssen die Kupferwerke Heddernheim – wie damals beim ersten Tagesangriff am 4. Oktober, als wir mit der Klasse unter den Fliegern hindurch noch zum Bunker mussten – und die Hartmann-und-Braun-Rüstungswerke gewesen sein. Frau Luther hatte später die Information, dass Bombenteppiche zwischen Heddernheim bis Rödelheim und Bockenheim, von Fechenheim bis Rumpenheim, von Bockenheim bis Bonames und das gesamte nördliche Stadtgebiet niedergegangen und nur wegen des einsetzenden Schneegestöbers viele Bomben in den Fechenheimer Wald gefallen seien, die offenbar für das Industriegebiet Hanauer Landstraße bestimmt waren. Armin Schmid listet auf: Es fielen 2660 große Sprengbomben, darunter 176 Langzeitzünder, 1500 Flüssigkeitsbrandbomben, von denen 156 erst bis zum 6.2. detonierten.

Als am 8. Februar, wieder vormittags, diesmal zwischen 11 Uhr 33 und 11 Uhr 55, ein amerikanischer Luftangriff über Bockenheim, Rödelheim und Hausen tobte, Mutti war auch wieder in einer der Hartmann-und-Braun-Fabriken im Kriegseinsatz, verlor Oma ihre Nerven. Sie schrie nur noch: »Was werden wir noch erleben, wir kommen hier nicht mehr raus.« Wir waren nur noch zu dritt im Keller, Frau Weber war auch zum Kriegseinsatz abkommandiert worden, Fräulein Langerfeld war berufstätig und vormittags immer abwesend, das Ehepaar Nickels war auch nicht da, der Sohn, der auch Erwin hieß, war nach dem Abitur einberufen worden; das Ehepaar Brusius im dritten Stock direkt unter dem Flachdach hatten wir schon lange nicht mehr gesehen, und das Ehepaar Wilhelms suchte ja den Luftschutzkeller nicht mehr auf. Herr Weber arbeitete wie Mutti bei Hartmann und Braun, jedoch »unabkömmlich« in leitender Stelle, es blieben Frau Luther, meine Oma und ich. Wo Herr Luther war, wussten wir nicht; Frau Luther sprach auch nicht darüber. Oma wusste, dass sie sich mit Frau Luther in Muttis Abwesenheit offen unterhalten konnte. An diesem Tag fragte Oma, ob wir überhaupt noch eine Chance hätten, Frankfurt zu verlassen. »Die Stadt brennt doch an allen Ecken und Enden, und im Abstand von wenigen Tagen werden neue Brand- und Sprengbombenteppiche auf die alten Schwelbrände abgeworfen. Wir kommen aus der Hölle nicht mehr raus.«

Mutti hatte die erneuten Angriffe auf Hartmann und Braun überlebt. Armin Schmid überliefert, was ein Hartmann-und-Braun-Mitarbeiter über die deutschsprachigen Nachrichten der BBC erfahren hatte: »Heute Vormittag wurde das Rüstungswerk Hartmann und Braun in Frankfurt am Main angegriffen und schwer beschädigt.« Feindsender abzuhören wurde mit Todesstrafe geahndet. Bei diesem Angriff hatten 166 Werksangehörige den Tod gefunden. Mutti sprach schon lange nicht mehr über den Krieg, über den Kriegseinsatz musste sie schweigen, aber nun drängte sie Oma, mit mir so bald wie möglich die Stadt zu verlassen.

Mutti selbst musste noch bleiben. Die Dienstverpflichtung bei Hartmann und Braun, die Wohnung, der Garten, nicht zuletzt die Aufgabe als Laienhilfe und die Pflicht der Parterrebewohner, die Verdunkelungsrollos auch in Treppenhaus und Keller instand zu halten und zu betätigen sowie die Flugasche nach den Angriffen möglichst schnell zu kehren, und dann waren da noch die Einsätze bei der NS-Frauenschaft und beim Winterhilfswerk: Mutti konnte aus den Verpflichtungen einfach nicht so schnell raus.

Ich habe mir das Datum des 22. Februar gemerkt. An diesem Tag verließen Oma und ich die Römerstadt, wir hatten einfach ein bisschen Glück, dass wir mit der Straßenbahn zum Hauptbahnhof kamen. Kein Fliegeralarm unterwegs. Der Hauptbahnhof übervoll. Menschen mit Koffern und Rucksäcken, über 100.000 Frankfurter sollen in diesen Tagen aus der Stadt geflohen sein, auch Frau Luther hatte uns noch verraten, dass sie ein Quartier in Seulberg am Taunus gefunden hätte, die Adressen hatten wir noch schnell ausgetauscht. Wie Oma das schaffte! Nur raus, raus! Die Züge waren überfüllt, trotzdem fanden wir einen Sitzplatz für Oma. Ihr war so schwindelig geworden, dass sie sich an ihrem Gehstock festhalten musste. Ein Mitreisender machte uns noch große Angst. Auch die Züge würden jetzt von amerikanischen Tieffliegern beschossen, erst neulich ein Zug kurz vor Camberg auf freiem Feld. Camberg lag zwei Stationen hinter Idstein an der Strecke Frankfurt–Limburg. Wir hatten wirklich ein bisschen Glück an diesem Tag.

Am Bahnhof Idstein wurden wir von Frau Uthe abgeholt. Sie hat Oma und mich gleich erkannt, vielleicht hatte Papa eine Beschreibung gegeben: ältere Frau von 65, noch etwas mollig, ganz in Schwarz mit schwarzem Gehstock; Kind, 8 Jahre alt, sehr dünn, in weinrotem Mäntelchen mit weinroter Zipfelmütze, mittelgroße Schildkrötpuppe im Arm. Das war meine Ingrid, und Mutti hatte sie in ein Einkaufsnetz gestopft, damit ich die Hände besser frei hätte und Oma das Handköfferchen beim Einsteigen besser abnehmen könnte. Frau Uthe war unsere künftige Zimmerwirtin, den ganzen Weg über unterhielten wir uns, als ob wir uns schon lange gekannt hätten. Dann die Ankunft vor dem Haus in der Obergasse. Gegenüber am abfallenden Weg neben der Kirche rodelten die Kinder ausgelassen und laut, als gäbe es gar keinen Krieg. Frau Uthe zeigte uns gleich das Zimmer, das Oma sofort gefiel, es erinnerte sie an die Einrichtung, die sie beim Bombenangriff auf Köln verloren hatte. »Ich habe Sie schon beim ›Goldenen Lamm‹ zum Mittagessen angemeldet und für einen ganzen Monat die Mahlzeiten abonniert. Dort essen viele Evakuierte aus Frankfurt. Bei Rupperts werden auch die Frankfurter Lebensmittelmarken angenommen und sie geben sehr reichliche Portionen dafür. Sie werden sich sicher wohl fühlen.« Für Oma und mich begann fast schon der Frieden.

Bei Familie Uthe in Idstein

In einem Punkt hatte sich Papa geirrt, als er Frau Uthe, die uns vom Bahnhof Idstein abholen wollte, Oma als etwas mollig beschrieb. Papa war ja eine Weile nicht mehr bei uns in der Römerstadt gewesen, und so konnte er sich nicht vorstellen, wie sehr Oma inzwischen abgemagert war. Die Lebensmittelkarten hatten zwar noch 250 Gramm Fleisch und 125 Gramm Fett und sogar 1700 Gramm Brot pro Woche und pro erwachsener Person vorgesehen, doch bekam man diese Rationen nicht immer. Oma hatte auch keinen Appetit mehr. Sie war so nervös geworden, dass sie auch beinahe nicht mehr die Kraft zur Abreise aus Frankfurt aufgebracht hätte, und als am 11. Februar noch einmal ein Tagesangriff über Heddernheim getobt hatte, hätte sie sich am liebsten nur noch im Keller versteckt und wie Familie Wilhelms den Volltreffer abgewartet. Frau Luther hatte aber Mut gemacht: »Schon wegen der Erika müssen Sie jetzt fahren, wer weiß, wie schlimm es noch wird.«
Frau Uthe machte uns gleich zuversichtlicher: »Liebe Frau Mickel, in Idstein sind noch keine Bomben gefallen, da können Sie beruhigt über die Straße gehen. Und im ›Goldenen Lamm‹ gibt es so viel zu essen, dass Sie bald wieder in Ihre schlotternden Sachen passen.« Im »Goldenen Lamm« gab es nicht nur ungewohnt große Portionen, Oma fand auch so viele Leute zur Unterhaltung, meist Evakuierte oder aus Frankfurt geflüchtete, dass die Gespräche kein Ende nahmen und Oma vom Frühstück bis zum Abendessen ein-

fach dort blieb, zwischendurch Kaffee und Torte und immer Leute, die in der Unterhaltung mit Schicksalsgenossen loswerden wollten, was sie so bedrückte: die Zerbombung der Städte und die Ungewissheit über Angehörige, die einfach nicht flüchten durften, weil sie wie Mutti zum Kriegseinsatz verpflichtet worden waren oder weil sie irgendwo an der Front waren und lange kein Lebenszeichen schicken konnten. Da wurden Fotos herumgereicht, die letzten Feldpostbriefe vorgelesen, Erwachsene weinten und hofften auf Trost durch die Tischrunde.

Familie Uthe: Das waren Herr Uthe, der eine Korbmacherwerkstatt hatte und ein eigenes Geschäft in der Obergasse betrieb, wo auch die Wohnung war, Frau Uthe und die Pflegetochter Hertha von Grothe, die aus Hamburg stammte und ihre Eltern bei den Großangriffen »Gomorrha« im Juli 1943 verloren hatte. Sie sprach aber nicht darüber. Sie

*Am Marktbrunnen in Idstein – Februar 1944,
als wir Frankfurt verlassen hatten*

besuchte die 10. Klasse der Mittelschule, war schon eher eine junge Tante für mich als eine Spielkameradin. Hertha führte mich durch ganz Idstein und nahm ihren Fotoapparat mit, um mich vor einem schönen Hintergrund zu fotografieren. Filme gab es schon lange nicht mehr für Privatpersonen zu kaufen, aber sie sagte: »Die letzten beiden Bilder sind für dich, die kannst du dann deiner Mutti schicken, damit sie sieht, dass es dir gut geht.« Die Bilder gab ich lieber Papa, Hertha wollte ich aber nicht erzählen, dass ich ganz erleichtert war, ohne Mutti in Idstein zu sein. Die beiden Fotos habe ich heute noch. Papa hatte sie ins Familienalbum eingeklebt, aus den Kriegsjahren haben wir nur ganz wenige Fotos, weil es keine Filme gab und weil man Ruinen auch nicht fotografieren durfte, das galt als Volkskraftzersetzung.

Idstein war damals eine in sich geschlossene Kleinstadt mit wunderbaren, reich verzierten Fachwerkhäusern aus rotem Gebälk mit Erkern und Renaissancegiebeln rund um einen Marktplatz, der damals natürlich Adolf-Hitler-Platz heißen musste und auf einer Seite durch das Rathaus und einen großen Treppenaufgang, der zur alten Burg, der Udenburg, und zum Schloss führte, begrenzt war. Die Obergasse führt vom Marktplatz zur Unionskirche und weiter zu einem doppelgiebeligen Gebäude, das in der frühen Neuzeit eine Universität gewesen war, gegründet von den Grafen von Nassau; das haben wir später im Heimatkundeunterricht gelernt, der mich schon immer besonders interessiert hatte. Jetzt kam ich aus dem Staunen nicht heraus. Die Häuser waren ja viel schöner und reicher verziert als in der Frankfurter Altstadt, aber der Stadtkern war viel kleiner, eine Residenzstadt, keine mittelalterliche Bürgerstadt wie Frankfurt. Vom ersten Rundgang an mit Hertha gefiel mir Idstein. Es war für mich ein Paradies, und hier war noch Frieden.

Frau Uthe versprach mir gleich, Malutensilien im Verlag und Zeichenbedarf Grandpierre, schräg gegenüber in der Obergasse gelegen, zu besorgen. Da in Idstein eine Staatsbauschule war, wo viel Zeichenmaterial gebraucht wurde, gab es auch für mich etwas zu kaufen, auch Stifte, denn dafür hatten wir in unserem kleinen Handgepäck keinen Platz mehr gehabt. »Was bist du für ein ruhiges Kind«, sagte Frau Uthe immer wieder; sie hatte keine eigenen Kinder, aber wenn sie welche gehabt hätte, dann hätte sie sicher gedacht, sie müssten toben, Nachlaufen spielen und jetzt im Winter rodeln: schräg gegenüber am Rodelberg auf der breiten Gasse neben der Kirche. Er war mir ja gleich aufgefallen! Als Frau Uthe meine Gummischuhe sah, konnte sie nur den Kopf schütteln. »Damit macht man sich ja die Füße kaputt. Ohne Bezugsschein bekomme ich keine neuen Schuhe für dich, aber ich habe noch abgelegte von Hertha, die sind zwar etwas zu groß, aber mit ein paar zusätzlichen Socken werden sie dir passen. Dann holen wir den Schlitten aus dem Keller und rodeln.« Frau Uthe und Hertha machten mich mit anderen Kindern bekannt, ich war zu schüchtern, um auf fremde Kinder zuzugehen. Aber dann fand ich Rosi Diehl und Lotti Wagner, rodelte mit ihnen, lernte auch noch andere Kinder kennen, die ich später in der gleichen Klasse wieder traf. Ich soll mit roten Backen und einem Mordsappetit zum Essen im »Goldenen Lamm«, wo ich meine Oma antraf, erschienen sein.

Frau Uthe war auch nicht verborgen geblieben, dass meine Oma und ich nächtelang husteten. Sie bot uns ihr spezielles Hustenmittel an, das auch schon bei Hertha gewirkt hatte. Sie kochte einen Topf mit Zwiebeln und Zucker, bis alles eingedickt und braun geschmort war. »So, davon esst ihr jetzt jeder drei bis vier Esslöffel, vor dem Schlafengehen noch einmal so viel, dann ist der Husten weg!« Es war wirklich ein hervorragendes Hausmittel, das ich mir manchmal auch

heute noch zubereite, wenn der Husten wieder einmal so schlimm ist, dass ich glaube, ersticken zu müssen.
Es war eine wunderbare Zeit. Fast hatten wir schon vergessen, dass Krieg war. Papa hatte als Schulleiter der Lehrerbildungsanstalt mit Internat viel zu tun, er war froh, dass sich Familie Uthe um uns kümmerte. Aber am 18. März schickte er ein paar Schüler zu Uthes, wir sollten aufs Schloss kommen. Zusammen mit Papa und einigen Kollegen bestiegen wir den Treppenhausturm und sahen den ganzen Himmel feuerrot. »Da liegt Frankfurt«, sagte Papa und konnte nicht weiter sprechen. Es war in der Nacht zwischen halb zehn und halb elf. »Wir konnten die Flieger gar nicht zählen«, sagte ein Kollege, »sie kamen in mehreren Wellen hier über den Taunus, direkt über uns hinweg; es war so stark bewölkt, dass wir die Pulks nicht genau sehen konnten, aber das muss ein Angriff der tausend Bomber wie in Köln gewesen sein.« Oma konnte kaum noch sprechen, dann sagte sie fast erstickt: »Die Luise ist noch in Frankfurt«, und Papa ergänzte: »Wir konnten einen Lastwagen für morgen bekommen. Einige Schüler haben sich bereit erklärt, Mutti und die Möbel zu holen. Ich wollte euch damit überraschen, aber jetzt seid ihr hier, um die Frankfurter Flächenbrände in den Himmel steigen zu sehen. Hoffentlich schaffen wir morgen den Umzug. Der Luft nach könnte es morgen schneien, das hilft sicher beim Löschen und wäre auch ein Sichtschutz.«
Wir haben die ganze Nacht da oben gestanden. Wir waren sicher vierzig Kilometer Luftlinie entfernt, aber der rote Himmel färbte sich noch immer dunkler. Es sollen in dieser Nacht tatsächlich etwa 1.000 Flugzeuge die Stadt angegriffen und 10 große Luftminen, 208 Sprengbomben zu 10 Zentnern, 2.180 Sprengbomben zu 5 Zentnern, 20.000 amerikanische Flüssigkeitsbomben zu 30 Kilogramm und 800.000 Stabbrandbomben abgeworfen haben. 55.500 Menschen wurden obdachlos, 421 Menschen starben. Der Stadtkern brannte,

der Dom wurde schwer getroffen, und wieder die westlichen Vororte von der Hauptbahnhofumgebung über Bockenheim und Rödelheim bis nach Hausen und Praunheim, das hörten wir aus dem Volksempfänger; dort war man inzwischen zu realistischer Berichterstattung übergegangen.

Wir hatten große Angst um Mutti.

Papa in der braunen Uniform

Mutti hatte tatsächlich mit der kräftigen Unterstützung einiger Schüler von Papa an einem einzigen Tag den Umzug aus unserer Wohnung in der Römerstadt nach Idstein geschafft, wo Papa für uns eine Wohnung in einem Seitenflügel des Schlosses, das ja hauptsächlich die Lehrerbildungsanstalt beherbergte, organisiert hatte. Organisieren war damals alles. Wohnraum war bewirtschaftet und es gab auch ein Gesetz, wonach keine Familie etwa zwei Wohnungen haben durfte. Das war in Anbetracht der hohen Obdachlosigkeit verständlich, denn die Winter waren damals noch lang und kalt, die vielen Ausgebombten konnten nicht auf der Straße bleiben, zudem ungeschützt vor neuen Angriffen. Wie Papa an die Wohnung im Schloss gekommen ist, durch Beziehungen, über die Partei oder direkt über den Ortsgruppenleiter, das weiß ich nicht, vielleicht war es auch ganz einfach eine Dienstwohnung, denn auch die Frau des an die Front abkommandierten Schulleiters wohnte mit ihren zwei Kindern in einer Wohnung im Schloss. Wir hatten zwei große Räume mit ganz hohen Fenstern in zwei Nischen und einen Durchgangsraum, in dem vor einem ebensolch hohen Fenster ein großer Herd stand, der mit Kohle und Holz befeuert wurde und dessen Abzug direkt aus einer der Fensterscheiben geleitet wurde. Über das Schlafzimmer erreichte man ein Bad, das mit einem Boileröfchen beheizt wurde, eine Toilette war über das Treppenhaus zu erreichen. Die hohen Decken hatten Stuckornamente und ganz in der

Mitte des Raumes, den wir als Wohnzimmer nutzten, ein riesiges Deckengemälde, das Putten und allegorische Figuren zeigte. Herrlich! Ich fühlte mich wie die Prinzessin im Märchen, die selbstverständlich in einem Schloss wohnt. Und der weite Blick auf Rückert, Rosenkippel und Nack am Horizont – Papa erklärte mir natürlich gleich, wie die Berge heißen und welche Bäume dort wachsen –, davor der Blick über Idstein und ganz dicht vor Augen der Hexenturm, der später bevorzugter Platz zum Spielen mit den Kindern aus der Schlossgasse und aus der Schulgasse wurde. Die Räume waren so groß, hoch und hell, einfach ein Traum, nur Mutti hatte leider viel zu meckern, und Oma bezeichnete diese großartigen Zimmer als Notwohnung.

Mutti dachte wie immer: Was ist nützlich, was ist praktisch, was ist wichtig? Natürlich war eine Wohnung in Idstein nützlich, wir waren dem Krieg entkommen. Praktisch war die Wohnung nicht, denn sie musste über einzelne Öfen beheizt werden, und den gewohnten Elektroherd vermisste sie auch. Ganz unpraktisch fand sie die hohen Fenster. Wie soll ich die putzen, woher bekomme ich Gardinen und Verdunkelungsrollos in dieser Länge? Wichtig war also der Gang zur Bezugsscheinstelle, aber da musste sie sowieso hin, um uns anzumelden und die Lebensmittelkarten zu bestellen. Sie sah eine ganze Menge Arbeit auf sich zukommen, wenigstens konnten beim Aufstellen der Möbel wieder Papa und ein paar Schüler und auch der Hausmeister helfen. Hätte Mutti sich nicht einmal freuen können, dass wir drei nun den Bombenteppichen entkommen waren? Hätte sie nicht geradezu dankbar sein müssen, dass ihr fremde Schüler geholfen hatten, immer unter Lebensgefahr, denn wer wusste schon, wann der nächste Luftangriff kam?

Am 18. März war der furchtbare Nachtangriff der tausend Bomber gewesen, den wir vom Treppenhausturm des Schlosses beobachtet hatten. Frankfurt brannte noch am 19.

März, als Mutti und die Schüler im offenen Lastwagen die Möbel holten, und am 22. und 24. März waren die nächsten ganz schweren Angriffe, bei denen die Altstadt, der Dom, das Goethehaus, die Paulskirche, die Katharinenkirche, Sachsenhausen, alles, was noch wenigstens als Ruinen erkennbar war, nun ein Raub eines Dauerbrandes wurde. Es war doch fast schon ein Wunder, dass an diesem Tag, als Mutti und die Schüler unterwegs waren, kein Angriff stattfand. Ich verstehe heute noch nicht, dass sich Mutti damals über solche lächerlichen Kleinigkeiten aufgeregt hat, dass die Nussbaumwurzelholzfurniermöbel – auf Kirsch, wie sie immer hervorhob – Wasserflecken bekommen hätten, weil bei dem aufkommenden Schneesturm keine Plane zum Abdecken vorhanden gewesen sei. War das wichtig? Die Fliegergeschädigten und Obdachlosen hätten sich gefreut, wenn sie nur einen ganz kleinen Teil ihrer Habe gerettet hätten, und wir hatten überhaupt nichts verloren.

Ich war damals erst acht Jahre alt und nur noch glücklich, dass ich nicht mehr voll Angst im Luftschutzkeller sitzen und abwarten musste, ob wir lebend in die Wohnung zurückkehren oder verschüttet werden. Ich konnte mir auch gut vorstellen, dass eine Wohnung, die noch nicht zerbombt war, für Ausgebombte gebraucht wurde. Mutti war darüber wütend. Als sie an einem der Märztage abends nach der Fabrikarbeit nach Hause kam, waren andere Leute in ihrer Wohnung. Es war Pflicht, jemandem im Haus die Wohnungsschlüssel anzuvertrauen, wenn die Wohnung vorübergehend unbewohnt war. Erst hatte Mutti Frau Weber die Schlüssel gegeben, die musste sie aber weiterreichen, weil sie selbst dienstverpflichtet worden war, und Frau Weber hatte sie dann direkt dem Blockwart gegeben, weil sie niemanden mehr im Haus antraf. Mutti war entrüstet, tobte nur noch: »Die Webern!«, und da wusste ich, dass auch diese nachbarliche Freundschaft zerbrochen war. Die fremden Leute waren

in Sachsenhausen ausgebombt worden, sie hatten ihre wenigen Sachen mitgebracht und schon in Muttis Schränke gehängt. Der Blockwart hatte ihnen diese Wohnung zugewiesen und gesagt, dass da nur noch eine Frau allein in einer Dreizimmerwohnung lebe, sie sollten sich über die Nutzung der Räume absprechen. Mit Mutti konnten sie sich nicht absprechen, Mutti war uneinsichtig und verständnislos.
Gern wären Oma und ich auch bei Uthes geblieben. Beide waren so freundlich, Herr Uthe ließ mich in der Korbflechtwerkstatt basteln, und da er im »Löwen« Filmvorführer war, hatte er Oma immer wieder Kinokarten besorgt. Kino: das war ja Omas große Leidenschaft vor dem Krieg und auch noch im Krieg gewesen, bis die Angst vor Bomben größer war und sie nicht mehr über die Straße gehen wollte. Und das gute Essen und die Tafelrunden im »Goldenen Lamm«! Aber auch Uthes mussten das Zimmer, das wir bis Ende März bewohnen durften, wieder zur Verfügung stellen. Man

*Papa in der braunen Uniform –
ein Bild für einen Ausweis (1941)*

rechnete noch mit einem langen Krieg und vielen Evakuierten, die im Taunus untergebracht werden müssten.

Da stand also Papa in seiner braunen Uniform und ließ sich von Mutti vor den Schülern Vorwürfe machen, dass die Wurzelnussbaumfurnieraufkirschmöbel und so weiter unterwegs im Schneesturm Wasserflecken bekommen hätten ... Konnte sie sich wirklich nicht vorstellen, was Papa nach dem Dienstrecht zu verantworten gehabt hätte, wäre den Schülern etwas zugestoßen? Er muss doch geradezu befreit gewesen sein, als alle wieder gesund im Schloss eintrafen. Es war eigentlich auch schon nicht mehr vorgesehen, dass jemand mit seinen Möbeln umzieht. Für Möbelwagen gab es weder Fahrer noch Benzin, Personen und Material waren kriegswichtig. Papa muss so erleichtert gewesen sein, dass er sich Muttis Gezeter ruhig anhörte und einfach mit dem Entladen, Tragen und Aufstellen weitermachte, immer den Plan vor Augen, den er sich für die Einrichtung gemacht hatte. Es war das schönste Wohnzimmer, das meine Eltern je hatten. Der Esstisch mit den vier Stühlen in der Mitte direkt unter dem großen Deckengemälde. Die Fensternischen wurden wunderbare Sitzecken am Schreibtisch sowie für die Nähmaschine und den Nähtisch. Das wusste sogar Oma bald zu schätzen, als sie unsere Gardinen aus der Römerstadtwohnung, die vor querformatigen Fenstern hingen, nun für die hochformatigen Schlossfenster umänderte und hier einen hellen Sitzplatz gefunden hatte. Sogar für das Klavier fanden wir einen schönen Platz, Büffet und Vitrine kamen gut zur Wirkung und der Tischbein-Goethe wieder an seinen angestammten Platz über dem Büffet. Mit umgezogen war auch das große Telefunken-Radio, das Papa dann in Idstein in einem Fachgeschäft zur Reparatur gab; nur: Es war nicht zu reparieren, im Inneren war keine einzige Röhre mehr vorhanden. Sogar meinen großen Puppenwagen durfte ich aufstellen, ich hatte vorher noch gedacht, dass Mutti diesen und die beiden großen Puppen Ursula und Klaus dem Winterhilfswerk spenden würde. Sogar Papas altes Fahrrad durfte noch nach Idstein mit umziehen.

Es war wirklich eine wunderschöne Wohnung geworden, aber Mutti machte gleich wieder klar, dass sie keinerlei Besuch zu sehen wünsche. Ihr Ton war noch schärfer geworden. Jetzt begannen Gebotssätze als Verbotssätze: »Wehe«, sagte sie gleich zu mir, »wehe, du bringst fremde Kinder mit. Und die Familie Uthe schleppst du auch nicht hier an. Hast du mich verstanden?«

Weder Papas Kollegen oder die Kollegenfrauen, weder andere Kinder, die ich auf der Straße und beim Spielen kennen gelernt hatte, noch die Kinder der Kollegen durften zu uns in die Wohnung. Nur Frau Luther, die in der Römerstadt in der Wohnung über uns gewohnt hatte und mit der wir uns in den furchtbaren Januar- und Februarwochen enger befreundet hatten, durfte uns einmal besuchen. Sie kam als Evakuierte aus einem Taunusdorf in der Nähe von Wiesbaden. Das war ein schöner Nachmittag bei einem Waldspaziergang.

Papa ging ganz in seiner Schule auf. Sie trugen alle Uniform, die Lehrer, die Erzieher hießen und sich untereinander duzten und mit Vornamen anredeten, trugen die goldbraune Uniform, allerdings nicht die mit den roten Kragenspiegeln, die den höheren Parteiämtern vorbehalten war und im Volksmund »Goldfasan« genannt wurde. Aber es war doch der Uniformtypus, der in der Parteihierarchie, eben weiter unten und nicht bei den politischen Leitern, getragen wurde; dazu wurden schwarze lange Hosen und manchmal auch die schwarzen Bridgeshosen zu schwarzen Schaftstiefeln getragen. Dazu kamen verschiedene Schnüre und Achselklappen.

Der damalige Schüler Ludwig Harig, der später ein ironisch-kritischer Schriftsteller geworden ist, meint sich erinnern zu können, Papa habe damals einen Dolch zur Uniform getragen. Er schrieb das in einem Aufsatz, der am 19. Dezember 1987 in der Nr. 294 der »Frankfurter Allgemeinen Zeitung« erschien – an exponierter Stelle der Samstagsbeilage »Bilder und Zeiten« (die es leider inzwischen nicht mehr gibt) –, und die Passage ist so schön, dass ich sie zitieren möchte: »Dr. Gilbert, der Physiker, trug anfangs eine Uniform des Nationalsozialistischen Kraftfahrer-Korps, an seinem Koppel baumelte ein Dolch. Dieser Dolch und die beiden Troddeln, die an der Scheide befestigt waren, gaben Gilbert ein wunderliches, ja ein skurriles Aussehen: Da stand er im Physiksaal, mit diesem exotischen Dolch an der Seite, machte uns mit seiner neuesten Entdeckung bekannt, daß nämlich der Körperform der Tiere eine mathematische Formel zugrunde liege, der Eidechse irgendein XY, dem Goldfasan ein YZ. Er fuchtelte mit den Armen, schwang die Kreide, und immerzu schaukelte der Dolch an seiner Hüfte, silberglänzend und griffbereit. Gilbert glaubte wohl, was er spielte, im Unterschied zu uns Grünschnäbeln, die sein tolldreistes Auftreten als Affentheater ansahen. Er war eine Witzfigur, er hatte sich verrannt in seine fixen Ideen, irrte herum in seiner physikalischen Besessenheit.« Geirrt hat sich Ludwig Harig bestimmt, was die zuerst getragene Uniform anbetrifft, denn Papa hatte gar keinen Führerschein und kein Auto, weder damals noch später übrigens. Sonst deckt sich die Schilderung mit meinen Beobachtungen, nur dass ich als Kind natürlich mildere Maßstäbe hatte.

Die Physik war tatsächlich Papas Leidenschaft. Er hatte für den Physiksaal eine überdimensionale Schalttafel konstruiert und aus weißem Marmor anfertigen lassen. Kaum waren die Möbel bei uns eingeräumt, zeigte er mir diese Schalttafel, von der ich natürlich überhaupt nichts verstand, bis mir Papa erklärte, das sei der Trafo, den ich schon als Krabbelkind bei seiner Märklin-Anlage bedient hätte, das

war vor dem Krieg und immer nur zu Weihnachten, nur jetzt in riesengroßer Ausführung und ganz hohe Voltzahlen. Damals mussten wir von der Netzspannung auf 12 Volt heruntergehen, jetzt konnte er auf tausend Volt (?) hoch laden. Unsere Wohnung lag über einem gesonderten Treppenaufgang im ersten Stock des linken Seitenflügels; hier kreuzte sich ein zweites schmaleres Treppenhaus, so dass man von einer Treppe auf die andere übersteigen konnte, und hier kam man direkt zum Hintereingang zum Vorbereitungsraum des Physiksaals und stand nun unmittelbar hinter der großen Schalttafel. Mit dieser Schalttafel muss Papa geradezu Furore gemacht haben. Später fragte mich ein Idsteiner LBA-Kollege Papas, den ich in einem Offenbacher Gymnasium, nun als angehende Kollegin, wieder getroffen hatte, ob ich mich noch an diese riesige Marmor-Schalttafel erinnern könnte. Aber natürlich. Der Kollege war Germanist wie ich, aber diese Schalttafel, so ein Monstrum hatte er an keiner anderen Schule jemals wieder gesehen. Dieses Bild von der Schalttafel im Hinterkopf und auch, wie Papa über das Geländer stieg, um den Physiksaal und seine Tafel jederzeit und ungesehen zu erreichen, hat mir dann auch den Spitznamen plausibel gemacht, den Ludwig Harig für Papa überliefert hat: Galvani, der kleine Galvani natürlich ... (Vermutlich hatten ihn die Kollegen an der Hindenburgschule doch den »kleinen Goethe« genannt, Papa muss für Spitznamen geradezu prädestiniert gewesen sein!).
Durch einen kleinen Spion vom Vorraum in den Physiksaal durfte ich manchmal linsen, auch wenn ich vom Unterricht nichts verstand, es war schon ein tolles Gefuchtel. Mutti hatte mir verboten, je die anderen Räume des Schlosses zu betreten. Von dem heimlichen Einstieg zum Physiksaal wusste sie nichts.
Nicht nur die Erzieher, auch die Schüler trugen Uniform. Sie bestand aus hellgrauem Drillichstoff, dazu gehörten Kop-

peln, Schnüre und Achselstücke und jede Menge Abzeichen. Die Schüler kamen nach dem Abschluss der Volksschule, in der Regel also mit 14, und wurden zum Volksschullehrer ausgebildet. Manchmal haben Schulfremde die Lehrerbildungsanstalt, kurz: LBA, mit einer Napola verwechselt, weil die Uniformen so ähnlich aussahen. Der Ausbildungszweck war allerdings sehr verschieden. In der Napola sollten künftige Führungskräfte für die Parteihierarchie herangezogen werden, in der LBA sollten die künftigen Volksschullehrer ausgebildet werden, die die neue Generation im Sinne der nationalsozialistischen Weltanschauung erziehen sollten. Die Schüler hießen nicht Schüler, auch nicht Studenten oder Präparanden, sondern Jungmannen, eine etwas altertümelnde Wortschöpfung, die germanisch klingen sollte. Auch die Klassen hießen nicht Klassen, auch nicht Semester, sondern Züge, wobei die Assoziation zu Heereszug – wiederum in Anlehnung an germanische Vorstellungen – sicher beabsichtigt war. Wenn die Jungmannen zum Sportunterricht durch Idstein zogen und dabei »Die blauen Dragoner, sie reiten ...« oder »Auf wehn unsere Fahnen in dem frischen Morgenwind ...« schmetterten, dann glich das eher schon einem Heereszug als einem Gang zum Sportplatz. Es gab auch öfter Dichterlesungen, z.B. mit Friedrich Griese, Guido Kolbenheyer oder Hanns Johst, die heute der »Blut- und-Boden-Dichtung« zugerechnet werden.

Papa trug immer die Uniform: beim Unterricht, bei Lesungen, bei Veranstaltungen wie Theaterbesuchen in Wiesbaden, bei Verwaltungsarbeiten, bei Kontrollgängen, in der Internatsküche und bei den gemeinsamen Essen im Rittersaal. Mutti hatte mir verboten, diese Räume und auch die andere Dienstwohnung, wo Frau Blome mit den beiden Mädchen, die eine etwas älter, die andere etwas jünger als ich, wohnte, zu betreten, aber irgendwie konnte ich mir doch ansehen, was mich interessierte. Attraktion war natürlich die riesige Küche. Die Küchenleiterin, Fräulein Blum aus Niederseelbach, hob mir oft etwas auf, was mir besonders gut schmecken würde. Es schmeckte auch immer besser als zu Hause. Zum Herumstromern fand ich dann mehr Zeit, als Mutti auch in Idstein zum Kriegseinsatz verpflichtet wurde. Diesmal war der Einsatz in der für Idstein damals typischen Industrie, nämlich in der Lederverarbeitung. Wie sahen ihre Hände aus! Rau und rissig, dunkel verfärbt, und Zitronen oder Bleichcremes gab es nicht. Ihre Stimmung wurde immer launischer.

Und dann kam der 26. März 1945; ich konnte mir den Tag so gut merken, weil ich mit zum Geburtstag von Frau Großmann, der Mutter meiner besten Freundin Inge, eingeladen war. Die Verwandten, die schräg gegenüber wohnten, in dem Haus neben der hohen Straßenbrücke, die zum Schloss führte, wollten auch kommen. Ich kannte sie alle und freute mich auf den Geburtstag. In der Frühe hatten wir von fern ein Grollen und Donnern wie von Geschützen gehört. Großmanns konnten von der Schulgasse aus nichts sehen, aber oben vom Schloss aus hatten wir einen guten Rundblick. Es waren amerikanische Panzer, die über die Autobahn Köln–Frankfurt, die heutige A3, Richtung Frankfurt rollten. In der LBA waren schon nicht mehr alle Schüler da, ein großer Teil war noch an den Westwall abkommandiert worden, die Kollegen Erzieher und Papa waren noch da. Papa hatten wir an diesem Morgen noch nicht gesehen. Er schlief meistens in einem Kämmerchen neben dem Büro, damit er immer in Sprungweite zum Telefon sein konnte. Wir anderen hatten uns darauf besonnen, dass es einen großen Gewölbekeller gab, den wir in der letzten Zeit manchmal als Luftschutzkeller benutzten, wenn die Pulks von amerikanischen Bombern über den Taunus nach Frankfurt, Hanau und Aschaffenburg oder Darmstadt flogen. Wir hatten noch ein paar Mal auf dem Treppenhausturm gestanden und die großen roten

Flächenbrände in den Himmel aufsteigen sehen. An diesem Vormittag des 26. März saßen wir im Keller, ein paar Kollegen waren auf die steile, nach außen in den ehemaligen Burggraben führende Treppe getreten und hatten beobachtet, wie ein Kanister langsam vom Himmel auf die freie Fläche zwischen Schloss und Rückseite des Schulplatzes trudelte. Es gab keine Explosion. Von der Idsteiner Stadtverwaltung waren Beamte zum Schloss gekommen. Sollte die weiße Fahne gehisst werden? Ich weiß nicht, ob Papa dagegen war, die Fahne auf dem Schloss aufzuziehen, ob das technisch möglich war oder nicht, ich weiß es nicht. Die Fahne wurde dann auf dem höchsten Turmdach, und das war die Turmspitze des Hexenturms, aufgezogen. Die Stadt wurde kampflos den Amerikanern übergeben. Schließlich trat auch Papa zu uns, zu den Kollegen, einigen Schülern und Idsteiner Bürgern, die im Schloss Schutz gesucht hatten, ich glaube, dass auch Großmanns und meine Freundin Inge dabei waren. Er trat ein, immer noch in Uniform, das Parteiabzeichen an der gewohnten Stelle, während es einige Kollegen schnell abgenommen und an der Kellertreppe in den Schlossgarten geworfen hatten, Papa trat also ein und grüßte mit erhobenem rechtem Arm wie gewohnt mit »Heil Hitler«. In die Stille hinein sagte Mutti: »Hans, wie kann man nur so dumm sein.«

Ein großer Teil der Parteigenossen hatte nicht nur Uniform und Abzeichen weggeworfen, sondern war auch in den Wald geflüchtet. In dieser Jahreszeit konnte man sich allerdings nicht gut verstecken. Als die Amerikaner das Schloss besetzten, fanden sie nur noch Papa vor. Sie müssen ihn wohl für ehrlich gehalten haben, weil er immer noch Uniform und Abzeichen trug. Koppel und Abzeichen ließen sie sich als Souvenirs aushändigen, aber Papa bekam den Auftrag, die Verwaltung weiter zu führen. Aus dem Schloss selbst wurde erst ein Lazarett für die Verwundeten der letzten

Straßenkämpfe und dann ein Internierungslager, in dem wir wohnen bleiben durften und auch von den Amerikanern verpflegt wurden.

Kriegsende in Idstein

Idstein war eine Kleinstadt von etwa 8.000 Einwohnern, und nur diesem Umstand hatten wir es wohl zu verdanken, dass die Bomber der Royal Air Force und der 8. US-Air Force über uns hinweg flogen und nur im Wald ein paar Streubomben verloren, wenn sie welche von den großen Angriffen auf Frankfurt, Kassel, Mainz, Darmstadt oder Rüsselsheim übrig behalten hatten. So jedenfalls deuteten die Idsteiner das Glück der Verschonung. Was uns in Angst versetzt hatte in dem Jahr 1944, das Oma und ich ab Ende Februar, Mutti ab Ende März schon in Idstein verlebten, waren die Tiefflieger, Jabos genannt, die in unregelmäßigen Abständen über Idstein, den Goldenen Grund, die Kornkammer des Untertaunuskreises, und über die Taunusberge kreisten und aus Bordwaffen auf Züge und Bauern auf dem Feld schossen. Manche warfen offenbar auch nur Stanniolstreifen ab, die wie Lametta aussahen und so auch von uns genannt wurden; sie sollten beim Herunterrieseln die Luftabwehr behindern oder sogar ausschalten. Inzwischen, mindestens seit Mitte 1943, war die Lufthoheit ohnehin in alliierten Händen. Aber was wussten wir über den tatsächlichen Kriegsverlauf? Die Nachrichten, die wir aus dem Volksempfänger hörten, waren immerhin realistischer geworden, wenn auch immer noch und immer mehr von Durchhalteparolen flankiert. Dass die englischen und amerikanischen Bomber fast jeden zweiten Tag bis zum 7. Mai 1945 Angriffe auf Deutschland flogen, dass in Los Alamos an der Entwicklung einsatzbereiter Atombomben gearbeitet wurde, dass die Rote Armee unaufhaltsam auf dem Vormarsch war, dass die Offensive in Ostpreußen am 12. Januar 1945 begonnen hatte und Millionen von Flüchtlingen nach Westen unterwegs waren: Haben das die Erwachsenen nicht gewusst oder nicht darüber gesprochen?

Für uns in Idstein war der Krieg am 26. März 1945 zu Ende. Die amerikanischen Soldaten hatten alle wichtigen Gebäude besetzt: das Rathaus, das Schloss, das Krankenhaus und den Kalmenhof, eine Einrichtung zur Betreuung geistig Behinderter, jedenfalls bis vor 1933. Frau Uthe hatte mir gleich, als ich mich in Idstein umzusehen begann, den Rat gegeben, nicht so dicht dort vorbeizugehen. Es wurde einiges gemunkelt. Die amerikanische Militärverwaltung hatte wohl einige Ärzte vorübergehend suspendiert, aber offenbar nichts Auffälliges gefunden. Kalmenhof, Schloss und Krankenhaus wurden Lazarette und Internierungslager, von amerikanischen Posten bewacht. Die Einheimischen sagten: »Früher wurden wir immer die Stadt der Schulen genannt, jetzt sind wir die Stadt der Lazarette und Internierungslager.« Tag und Nacht kamen nun die amerikanischen Krankenwagen, sie waren olivgrün und an den Seiten und an der geteilten Hecktür durch das rote Kreuz auf weißem Grund vor versehentlichen Tieffliegerangriffen geschützt. Wir beobachteten aus unserem Küchenfenster die Einfahrten, aber auch die zahlreichen Ausfahrten, es starben deutsche und amerikanische Verwundete an ihren Verletzungen – unterschiedslos, ob es Sieger oder Besiegte waren.

Zur Betreuung waren Ordensschwestern aus Limburg gekommen, sie trugen ihre schwarze Tracht, darüber eine weiße Schürze, sie waren unermüdlich. Oma hatte die Oberschwester kennen gelernt, als diese verzweifelt jemanden suchte, der eine Nähmaschine zur Verfügung stellen könnte. Nun wollte Oma das gute Stück von Singer-Nähmaschine natürlich nicht hergeben, denn darauf reparierte uns Oma alle Kleidung und nähte neue Sachen für mich aus den guten Stoffteilen schadhaft gewordener Erwachsenenbekleidung. Aber die Nonnen durften bei uns nähen, und so reparierten sie Bettwäsche, besserten Uniformjacken aus, kürzten Hosen und veränderten die Kleidungsstücke Verstorbener für die Überlebenden. Im Internat der Lehrerbildungsanstalt hatte es blau kariertes Bettzeug gegeben. Vieles davon war bei der Auflösung der LBA verschwunden, im Sommer 1945 sah man dann als Idsteiner Mädchenmode blau karierte Dirndlkleider; aber die findigen Nonnen fanden noch genug Bettwäsche für die Verwundeten, sie waren unheimlich fleißig im Ausbessern und Herrichten. Als Oma ihnen noch bunte Stoffreste von uns schenkte, nähten sie Bälle und Püppchen für Kinder, denn in Idstein waren inzwischen die ersten Flüchtlinge angekommen.

Gleich in den ersten Tagen nach dem Einmarsch der amerikanischen Soldaten gab es Hausdurchsuchungen, jedenfalls bei uns. Es kamen amerikanische Soldaten, aber auch einheimische Idsteiner, und Frau Uthe, die ich danach fragte, meinte, es könnten ehemalige Mitglieder der im Dritten Reich verbotenen Parteien sein; sie kannte die Leute aber auch nicht persönlich. Die Soldaten suchten nach Nazi-Souvenirstücken: Koppeln, Abzeichen, Knoten, Armbinden, Fahnen und Achselklappen. Da viele der Parteigenossen schnell ihr Parteiabzeichen weggeworfen hatten, wurden sie unter den Fenstern und unter der Treppe im Schlossgarten natürlich rasch fündig. Ob wir »Mein Kampf« hätten? Hatten wir, denn meine Eltern hatten 1934 geheiratet, da gab es auf dem Standesamt »Mein Kampf« statt wie vorher die Verfassung der Republik. Hitlers Buch, in der Zeit der Landsberger Haft geschrieben, nach der »Machtübernahme« Pflichtlektüre und zumindest in jedem Haushalt, der nach 1933 gegründet worden war, vorhanden – aber auch gelesen? –,

es war als Souvenir weg. Ob auch der Zierdolch mitgenommen wurde, von dem Ludwig Harig in seinem Aufsatz so ironisch schrieb? Vermutlich, ich kann mich an das tolle Stück leider sowieso nicht erinnern. Mehr hat uns betroffen, dass die amerikanischen Soldaten alle Fotoapparate haben wollten. Da soll es in Idstein und sicher auch woanders Leute gegeben haben, die ihre Apparate noch schnell vergraben wollten oder auch tatsächlich vergraben haben. Aber Papa sagte: »Das hat doch keinen Zweck. Die Fotoapparate sind so empfindlich, die sind hinterher durch die Feuchtigkeit sowieso kaputt. Sollen sie die Amis bekommen und ihren Spaß damit haben. Vielleicht haben sie ja auch Filme, die in unsere Apparate passen ...« Mit Sicherheit nicht, ich kann mir nicht denken, dass die Amerikaner mit 6x6 oder 6x9 fotografierten. Noch schlimmer war, dass die Radioapparate abgeholt wurden. Mit dem Volksempfänger hatten wir bis Anfang April immer noch ein paar Nachrichten gehört, Nachrichten, natürlich keine Sondermeldungen mehr, das war vorbei, aber der Verzicht schnitt uns jetzt fast von aller Information ab. Als die deutschen Begleiter der Amerikaner unseren großen Telefunken-Radioapparat in Augenschein nahmen, kamen sie aus dem Staunen nicht heraus. So ein großes Gerät! Das riesige Holzmöbel mit der halbkreisförmigen Decke, was müssen da für große Lautsprecher drin sein! Papa hatte zu Zeiten, als er noch LBA-Leiter war, einen zuverlässigen Idsteiner Radiofachmann mit der Reparatur beauftragt, der hatte ihm gesagt, dass nichts zu machen sei, keine einzige Röhre sei mehr in dem Gerät. Papa machte also auch kein trauriges Gesicht, als das Gerät abgeholt wurde. In der Turnhalle wurden alle Geräte aus Idsteiner Haushalten gesammelt. Zwei Tage später hatten wir unser Gerät wieder, ohne Kommentar ...
Weniger lustig war, dass Papa und andere ehemalige Parteigenossen eines Tages abgeholt und nach Bad Schwalbach

in Arrest gebracht wurden. Nach wenigen Tagen war Papa wieder zurück, er hat nie darüber gesprochen. Mutti und Oma bekamen Ausweise, dass sie zu bestimmten Uhrzeiten das Schloss zu Einkäufen verlassen dürften. Sie sollten sich dann bei einem der wachhabenden Posten abmelden. Ich war zu dem Zeitpunkt neun Jahre alt und brauchte keinen Ausweis. Papa galt als interniert und durfte das Schloss nicht verlassen. Damals kam Mutti auf die Idee, ich könnte doch mit meinem großen Puppenwagen und dem Kläuschen drin auf dem äußeren Schlosshof spielen. Oma hatte der Puppe ein grünes Kleidchen genäht, den schwarz-weißen Anzug, der an die Hitlerjugendbekleidung erinnerte, hielt sie doch nicht mehr für ratsam. Jetzt durfte sogar meine Freundin Inge kommen. Sie war ein Jahr jünger als ich und hatte noch große Freude am Spielen mit Puppen. Welche Hinterabsicht Mutti dabei hatte, sagte sie nicht, aber vermutlich hatte ich diese unabsichtlich getroffen. Der Wagen eignete sich prima zum Hamstern. Die amerikanischen Posten beäugten die Puppe, dann uns, dann packten sie Kaugummi, Schokolade und Apfelsinen aus und stopften alles in den Puppenwagen. Jedes Mal, wenn wir vorbeigingen, bekamen wir mehr. Ich glaube, sie haben schon mit uns gerechnet und sich sogar gefreut. »Komm mal her!«, riefen sie bald schon von weitem, und wir revanchierten uns mit »Good morning« und »Thank you«.

Bald zogen wir mit dem Puppenwagen auch durch Idstein. Frau Uthe hatte immer Obst für mich, und bei Frau Jehle, der die Metzgerei schräg gegenüber gehörte, bekamen Inge und ich eine Wurst oder Suppenknochen oder mal ein Rippchen, an Ort und Stelle durften wir wie immer eine Tasse Wurstsuppe trinken. Jetzt konnte Mutti nicht mehr schimpfen, dass ich so oft zu Uthes ging, wenn zu Hause wieder einmal dicke Luft war. Dass ich so gern bei Frau Jehle war, dort alle Wurstanschnitte aufessen durfte und auch den

Terrier Bobby ausführte, den ich so gern hatte, das wusste Mutti nicht, und deshalb hätte sie es ja auch nicht verbieten können. Es war eine schöne Zeit in Idstein. Schade, dass ich mich bei Uthes, bei Hertha, die dann von Idstein wegzog, um in Wiesbaden einen künstlerischen Beruf zu erlernen, bei Frau Jehle und dem treuen Bobby viel zu wenig bedankt habe.

Es ist mir heute peinlich zuzugeben, wie gut wir das Kriegsende und die nachfolgenden Wochen bis zur Kapitulation erlebt haben: Die Informationen waren gering. Ich weiß nicht mehr, wie lange die »Rhein-Mainische-Zeitung«, das amtliche Organ der NSDAP für den Gau Hessen-Nassau, erschienen ist oder überhaupt ausgeliefert wurde. Die LBA hatte diese Zeitung vermutlich abonniert, denn ich kann mich erinnern, dass Papa einen Kommentar über die Märzbombenangriffe 1944 in seinem Büro liegen hatte. Es gab aber auch die »Idsteiner Zeitung« aus dem Verlag Grandpierre in der Obergasse, ich hoffe, dass ich den Titel der Zeitung aus dem Gedächtnis richtig zitiere. Diese Zeitung muss auch noch erschienen sein, als die Amerikaner schon einmarschiert waren. Ich erinnere mich an einen Vorfall, der frühestens auf den 30. April oder vielleicht auch erst auf den 1. Mai zu datieren ist. Ich buchstabierte aus der in Fraktur gesetzten Titelüberschrift in dieser Zeitung »Hitler heiratet Eua Braun.« Es musste natürlich heißen: Eva Braun. Meine Mutter tobte: »So blöd bist du, dass du noch nicht einmal richtig lesen kannst.« Oma stand daneben. Damals hat sie mich noch öfter entschuldigt.»Du weißt doch, dass sie kaum Unterricht hatte. Wie sollte sie denn im dunklen Bunker lesen lernen, dann waren lange Kohleferien, dann hatte sie der Rektor beurlaubt, weil sie nervlich am Ende war und so viel hustete, jetzt war doch sowieso mindestens ein Vierteljahr kein Unterricht mehr, übertreibe dein Nörgeln nicht ...«

Dann hörte ich Oma mit Mutti tuscheln. »Wieso heiratet der Hitler jetzt noch? Glaubt der noch an den Sieg?« Das war, glaube ich, das letzte Mal, dass Mutti ihr »Pst« hören ließ, dann ließ sie ihrer Wut freien Lauf, schubste mich zur Seite und sagte zu Oma: »Ich weiß auch nicht, warum er das Flittchen heiratet, sie soll ihm schon seit Jahren nachgestellt haben ...« Als das Gespräch stattfand, hatte der Führer längst zusammen mit der Eva Hitler, geborene Braun, Selbstmord verübt und sich aus der Verantwortung geschlichen. Im Ohr hatten wir dann die Meldung: »Bis zuletzt kämpfend, starb Adolf Hitler den Heldentod für sein Vaterland« oder so ähnlich.

Wir hatten tatsächlich kaum Unterricht und genossen die langen Ferien. Es waren wunderbare Sommer, eigentlich zusammengerechnet drei wunderbare Sommer: 1944, 1945 und 1946, und es waren auch für mich zweieinhalb wunderbare Winter bis Mitte Dezember 1946, als wir Idstein verlassen mussten. Sommer mit vielen Kinderspielen rund um den Hexenturm. Wir kletterten in dem brüchigen Treppenhaus bis auf die obere Plattform und hatten gar keine Vorstellung von der Gefahr, wenn die Holztreppe brechen würde. Auf dem steilen Fels kletterten wir freihändig und meist barfuß, weil ich die Schuhe schonen musste und von Mutti gehörig ausgeschimpft worden wäre. Bei einer Mutprobe, die eine Kinderbande aus der Schlossgasse verlangte, stürzte Inge und bekam heftiges Nasenbluten, ich stürzte noch schlimmer und wachte erst nach Stunden auf. Ich war zwar noch weich in Brennnesseln gefallen, hatte aber vermutlich eine kleine Gehirnerschütterung. Als ich sehr viel später nach Hause kam, Mutti hängte immer ein Küchenhandtuch ins Fenster, als Zeichen, dass das Abendessen fertig sei, das ich aber an diesem Tag nicht wahrnehmen konnte, setzte es eine furchtbare Ohrfeige. Dann hatte ich eine richtige Gehirnerschütterung, die aus Angst vor noch größerer Strafe ungemeldet und deshalb auch unbehandelt blieb. Ich hatte noch lange und oft Kopfschmerzen. Ich war aber auch mutiger geworden und jetzt akzeptiert, jedenfalls bei den Kindern.

Wahrheit oder Lüge

»Du kommst mit«, sagte Mutti eines Tages, als wir beim Essen saßen, »wir machen nachher einen Besuch.« Erstaunlich war, dass Mutti während der Mahlzeit sprach, denn zwischen Eingangs- und Ausgangstischgebet durfte bei uns noch nie gesprochen werden, noch erstaunlicher war, dass sie einen Besuch vorhatte. Wen wollte sie denn in Idstein besuchen? Zu uns durfte kein Besuch kommen, wer hätte also uns zu Besuch erwartet? Wir saßen jetzt, nachdem die LBA aufgelöst worden war und Papa nur noch Möbel, Bücher und Lehrmaterial und Geräte zu inventarisieren hatte, immer zu viert am großen Esstisch im Saal unter dem Deckengemälde, eigentlich aber auch nicht immer, denn manchmal durfte Papa auch bei den Nonnen essen, die mit amerikanischer Kost das Lazarett und Internierungslager bekochten. An diesem Tag konnte Mutti unseren Papa am Esstisch erreichen, ohne dass er sich schnell mit Arbeit hätte entschuldigen können. »Ich ziehe mein Kostüm an, die Erika soll das blaugeblümte Hängerchen anziehen, Oma, du flichtst der Erika Affenschaukeln und hältst sie mit den blauen Schleifen über den Ohren fest!«

Rätselhafter konnten Muttis Anweisungen nicht sein, sie musste einen kompletten Plan ausgedacht haben. Aber welchen? Im Lauf unserer Mahlzeit, die meist aus Dosenkost, im vorigen Herbst eingelagerten Kartoffeln oder geopferten eingemachten Pilzen bestand, wurde Mutti so gesprächig, wie wir sie lange nicht erlebt hatten. Sie erzählte aus der

Kindheit, ihrem Vati, der starb, als sie erst 14 Jahre alt war; vom Vati, der so gern Choräle auf dem Harmonium gespielt hatte; vom Vati, der jeden Sonntag den Gottesdienst besuchte und mit dem Pfarrer befreundet war, mit dem Pfarrer Heep, der sie auch 1934 in seiner Kirche in Wetzlar-Niedergirmes getraut hatte. Oma begann es zu dämmern, worauf Mutti hinaus wollte. Oma war keine Kirchgängerin, sie hatte auch die Choralpräludien ihres verstorbenen Mannes nur mit Qualen ertragen und dafür immer nur vorwurfsvolle Blicke ihrer Tochter Luise geerntet. Papa blickte staunend in die Runde, mit Pfarrer Heep hatte er sich auch gut verstanden, sie hatten lange nicht über ihn gesprochen und während des ganzen Krieges auch nichts mehr von ihm gehört. »Er war mehr ein Freigeist«, sagte Papa, »ja, ich habe mich gut mit ihm unterhalten können, er las Spinoza, Leibniz und Goethe. Was ist das lange her, dass wir über die Monadenlehre Gespräche geführt haben ...« Papa schwieg, Oma konnte damit nichts anfangen, ich auch noch nicht, aber Mutti sah die Gelegenheit gekommen, jetzt ihren Plan mitzuteilen. »Ich habe mich bei Frau Uthe erkundigt, sie wohnt ja gegenüber von der Unionskirche, wo das evangelische Pfarramt ist, und habe mich für heute Nachmittag zu einem Besuch angemeldet. Der Pfarrer heißt Böker, er sei ein älterer Herr und sehr freundlich.«

Ich stand etwas abseits, aber Pfarrer Böker lud Mutti und mich schnell ein, Platz zu nehmen. Mutti ließ allen Charme spielen, erzählte über ihren Vati, was wir schon wissen, erzählte über ihren Onkel Otto Mickel, der Superintendent in Gießen sei, auch ihr Großvater sei Pfarrer gewesen, auf dem Land in Gonterskirchen, auch ihr Schwager sei Pfarrer, er habe sich in der Bekennenden Kirche engagiert. Dann kam auch das Gespräch auf Pfarrer Heep, der sie getraut habe und mich leider nicht habe taufen können, aber ich, die kleine Erika, sei in der Dorfkirche in Frankfurt-Praunheim getauft worden, zu einer Zeit, als doch die meisten Kollegenkinder nur als »gottgläubig« eingetragen worden seien. Am Schluss des Gesprächs stand fest, dass wir am nächsten Sonntag alle zusammen den Gottesdienst besuchen sollten; wir durften sogar durch einen Seiteneingang die Kirche betreten und in der ehemaligen Grafenkapelle Platz nehmen. Der Pfarrer war wirklich verständig, er wollte Papa eine Brücke bauen. Von diesem Platz aus sahen wir direkt zum Pfarrer auf der Kanzel, sahen aber nicht die anderen Gottesdienstbesucher im Hauptschiff der Kirche. »Meine Kirche ist jetzt wieder voll«, lachte Herr Pfarrer Böker, »kommen Sie lieber etwas früher!«

Oma schützte dann doch ihren Husten vor und blieb zu Hause. Papa kam mit, aber ich sah ihm an, wie peinlich ihm der Kirchenbesuch war. Für mich war es ein Erlebnis, weniger wegen der gesprochenen Worte, wobei es vermutlich um die verlorenen Schafe ging, die nun in den Stall zurückgefunden hätten, aber die Pracht der Kirchenausmalung, die Gestalten in Kassetten und Medaillons – ganz ähnlich wie unser riesiges Deckengemälde im Saal, nur noch größer und nicht nur an der Decke, sondern auch an den Wänden. Später las ich, dass ein Maler namens Joachim Sandrart aus der niederländischen Rubensschule hier in Idstein gewirkt habe – durch familiäre Bindung Idsteins an das Haus Nassau in der großen Zeit, als Idstein eine reformatorische Universität hatte, die Kirche Universitätskirche war und das Schloss von der Burg zum Renaissanceschloss umgebaut worden war. Die Malerei hat Mutti damals allerdings nicht interessiert. Sie übersah auch geflissentlich, wie peinlich Papa der Kirchenbesuch gewesen war und dass er wohl diese Peinlichkeit mit der genauen Betrachtung der Gemälde überbrückt hatte.

Wir gingen jetzt jeden Sonntag zum Gottesdienst, und Mutti

richtete es immer so ein, dass sie mit dem Pfarrer nach der Kirche noch ein paar Worte wechseln konnte. Einmal kam sie ganz bestürzt zu uns zurück, die wir vor Uthes Haus gewartet hatten. Pfarrer Böker hatte ihr eine Pfarrerzeitung mitgebracht und eine Meldung angestrichen. Pfarrer Heep hatte nach dem 8. Mai 1945 Selbstmord begangen.

Papa ging von diesem Tag an, als er vom Selbstmord des verehrten Pfarrers Heep gehört hatte, oft allein in den Wald. Mir war sein unruhiger Blick aufgefallen. Ich machte mir Sorgen und kam auf die Idee, dass wir doch im vorigen Herbst damit angefangen hatten, die Pilze kennen zu lernen und sie nach ihrer Essbarkeit, aber auch nach ihrer Familienzugehörigkeit zu bestimmen: Welche Pilze gehören zur Gruppe der Boletus-, also der Röhrlingspilze, welche gehören zu Psaliota, welche zu den Schlauchpilzen oder zu den Bovisten? Welche Pilze sind giftig, gibt es in der Amanita- oder Knollenblätterpilzgruppe die meisten Giftpilze? Wir bestimmten also jetzt die Pilze, wie wir früher Blütenpflanzen und Bäume klassifiziert hatten. Wir begannen damit, Tafeln zu erstellen. Auch die Nonnen interessierten sich für die Pilze, aber eher unter praktischen Gesichtspunkten. Die amerikanischen Dosen enthielten zwar Fleisch, auch Erbsen und Karotten, Brechbohnen, Mais und Erdnüsse, aber auf die Dauer schmeckte alles doch ziemlich eintönig. Ob man nicht für die internierten Verwundeten Pilze sammeln könnte, um schmackhafte Beilagen zuzubereiten? Auch Mutti war von gemeinsamen Pilzwanderungen begeistert, und bald kannten wir die Pilzstellen, wo Pfifferlinge im Nadelgehölzdickicht wachsen, wo Rotkappen und Edelreizker an feuchten Wegrändern stehen, welche Standortvorlieben die großen Parasolpilze haben, welche Kuhweiden reich mit Wiesenchampignons übersät sind. Papa tauchte geradezu ein in die Natur. Er erholte sich. Ich bin nie dahinter gekommen, ob er sich bei dem ersten Kirchenbesuch wie ein Verräter, ein Anpasser oder sogar wie ein Heuchler und Lügner vorgekommen sein mag, aber dass Pfarrer Heep, mit dem er früher viele Gespräche geführt hatte, das Kriegsende nicht überleben wollte, das muss er als konsequentes Handeln aus der Überzeugung, die Ideale verloren zu haben, aufgefasst haben. Beruhte Pfarrer Heeps Handeln auf der Überzeugung, einer Wahrheit treu bleiben zu müssen, auch wenn diese sich als Irrtum, als Verführung entlarvt hatte? Mit meinen zehn Jahren hatte ich doch instinktiv die Erkenntnis, dass wir Papa in seinem Grübeln nicht allein lassen durften und dass Pfarrer Heep den falschen Weg vorgegeben hatte.

In dieser Zeit hatten wir ein Glückserlebnis, das Papa tatsächlich geholfen haben muss. Wir galten in Idstein inzwischen als Pilzexperten. Die Einheimischen aßen grundsätzlich keine Pilze, aber die Evakuierten suchten sie, weil auf die Lebensmittelkarten, die immer noch galten, wenig zu kaufen war. Kartoffeln wurden gelesen, Körner gemahlen, Bucheckern gepult und Fallobst aufgesammelt, aber Gemüse, das war Mangelware ebenso wie Fleisch. Die eiweißhaltigen Pilze ersetzten geradezu eine Fleisch- und eine Gemüsemahlzeit. Die Flüchtlinge, viele aus Schlesien, kannten sich aus, aber die Ordensschwestern nicht. Schwester Semiola und die Mitschwestern aus dem Idsteiner Schloss waren schon auf dem Weg, Pilzkenner zu werden, ließen aber alle gesammelten Exemplare lieber doch noch von Papa, Mutti und mir prüfen. Eines Abends wurden wir zu den Schwestern, die den Kalmenhof und das dortige Lazarett betreuten, gerufen. Es sei ganz eilig. Die Pilze seien schon geputzt, aber plötzlich seien Bedenken gekommen, ob sie auch wirklich essbar sind. Papa und ich eilten hin und bestimmten unabhängig voneinander die ausgebreiteten Pilze: Wenige Parasolpilze und Wiesenchampignons – alle anderen Pilze waren

Knollenblätterpilze. Die Verwundeten und die Schwestern wären alle unter furchtbaren Krämpfen gestorben, wenn wir nicht gerufen worden wären. Papa nahm es als Symbol, dass er noch eine Aufgabe hatte.

Wiedereröffnung der Schulen im Herbst 1945

Ich glaube, wir haben »Endlich wieder Schule!« gerufen. Spätestens seit Frühjahr 1945 hatten wir keinen Unterricht mehr, damals besuchte ich die 4. Klasse, aber der Kenntnisstand entsprach höchstens dem 3. Schuljahr, zählen konnten wir bis hundert und rechneten mit dem kleinen Einmaleins, was ja auch nur bis 100 geht. Mit den Zahlen, welche die Bombenabwürfe angaben, konnten wir noch nicht einmal rechnen. Jetzt empfanden wir die Schule als Neuanfang und freuten uns auf neue Geschichten, Rechenaufgaben, auf Heimatkunde, auf Religion, auf Handarbeitsunterricht, auf Erdkunde, einfach auf alles, was uns die Lehrer beibringen würden. Auf den Turnunterricht war ich nicht neugierig, allerdings durch unsere Kletterkünste am Hexenturm gelenkiger geworden – und kräftiger auch. Am meisten freute ich mich auf Biologie, Malen und Zeichnen, denn da konnte ich Kenntnisse aus Papas Unterricht einbringen.
Es war sogar höchste Zeit, dass der Unterricht wieder anfing. Die Mutproben der Kinderbande aus der Schlossgasse waren noch gefährlicher geworden. Der Zugang zum Schloss verlief über eine hohe Straßenbrücke. Wenn man sich herunterbeugte, sah man ganz klein das Haus von Onkel und Tante meiner Freundin Inge Großmann, eigentlich wurde mir da beim Herabschauen schon schwindlig. Die Brücke war auf beiden Seiten von einer Mauer eingefasst, die Inge und mir etwa bis zur Schulter reichte. Abgedeckt war sie mit Steinplatten, welche die Form eines flachen Giebels hatten, in der

Mitte war also ein Grat, das zur Schulgasse und dem Weg zum Tiergarten wie zum Weg über die Brücke leicht schräg abfiel. Die neue Mutprobe, welche die Stringa-Kinder ausgeheckt hatten, bestand nun darin, von der äußeren Schlossmauer aus über diese Brücke zu balancieren. Gewonnen hatte, wer von dem Brückenbeginn an der äußeren Schlossmauer frei balancierend bis ans Ende der Brücke am Plateau vor dem Hexenturm kam. Wer es nicht mehr schaffte, sollte zur Brücke hin abspringen. Wenn jemand das Gleichgewicht verloren hätte und wäre zur Tiefe hin abgesprungen? Nicht auszudenken! Mutti konnte nicht so oft aus den Fenstern sehen, um dieses entsetzliche Treiben zu verbieten. Als die amerikanischen Wachtposten die halsbrecherischen Spiele beobachteten, nahmen sie ihren Dienst ernster und verboten für alle Kinder das Betreten der Brücke. Inge und ich wurden von der Bande befreit, waren aber durch unsere Felsenkletterprobe bei ihnen akzeptiert.

Nun drehten wir Rädchen am Geländer zum Hexenturm; es führte da eine steile, mehrfach abgesetzte Treppe hinunter zur Schulgasse und dem kleinen Haus, das Inges Mutter gehörte. Auch das war nicht ungefährlich, aber längst nicht so lebensgefährlich wie der Gang über das Gewände der Schlossbrücke. Es war allerhöchste Zeit, dass der Unterricht wieder begann.

Dann machten wir lange Gesichter, dass wir viele Lehrerinnen und Lehrer, bei denen wir gern Unterricht gehabt hatten, nicht mehr wieder sahen. Inge war nicht so sehr traurig, Fräulein Koch nicht mehr zu sehen, sie war sehr streng, galt aber als gerecht. Einmal, das muss kurz nach dem Einmarsch der Amerikaner gewesen sein, trafen wir sie in der Innenstadt auf dem großen Platz, der jetzt wieder König-Adolf-Platz hieß (nach dem nassauischen Grafen, der kurze Zeit Deutscher König war, bis er in einer Schlacht fiel), und grüßten sie gedankenlos mit »Heil Hitler«, wie es an den Schulen eingeübt war. Sie muss entsetzt gewesen sein, drehte sich schnell um und tat so, als hätte sie uns gar nicht gesehen. Jetzt sahen wir sie auch nicht mehr, entweder wartete sie auf das Spruchkammerverfahren oder hatte es schon hinter sich. Auch unseren geliebten Herrn Neitzer sahen wir nicht mehr, vermutlich aus den gleichen Gründen. Bei ihm hatte ich in der 3. und 4. Klasse, jedenfalls von dem Unterricht, der nicht ausgefallen war, alle Fächer, aber ganz besonders faszinierte sein Heimatkundeunterricht über die Frühzeit Idsteins als Etichenstein, wie früh Idstein Stadtrechte bekommen hatte, die Geschichte um das schönste Fachwerkhaus, das Killingerhaus, Idstein als Stadt der Schulen, aber auch als Ort grausamer Hexenprozesse. Wir konnten damals noch im Krieg keine Ausflüge mehr zum Rhein machen, aber wie Herr Neitzer nachgemacht hat, wie vom Federweißen Betrunkene torkeln, das war so lustig, dass ich jedes Mal, wenn ich später mit einer Klasse eine Rheintour gemacht habe, daran zurückdenken musste. Nein, Herr Neitzer war leider nicht mehr da. Auch der Rektor, dessen Namen ich nicht mehr genau weiß, hieß er Groß oder Koch, er wurde ja nicht mit Namen angeredet, er war auch nicht mehr da. Er war so nett zu mir gewesen, als Papa oder Oma mich nach der Flucht aus Frankfurt in der 3. Klasse anmelden wollten. »Du zitterst ja und holperst und stolperst beim Sprechen. Iss erst mal kräftig und gehe zum Rodeln, was haben wir in Idstein so schöne Rodelbahnen. Nach sechs Wochen kommst du wieder und dann sehen wir weiter.« War das nicht eine großartige pädagogische Maßnahme? Danke dafür noch nachträglich.

Aber die neuen Lehrkräfte haben uns bald auch gefallen, wir waren neugierig auf sie und sie auf uns. Inge war ein Jahr jünger als ich und kam nun in eine Klasse 4, ich kam in eine Klasse 5 zur neuen Klassenlehrerin Frau Wetzel. Sie holte uns im Lernstoff da ab, wo wir stehen geblieben waren.

Nun haben wir schnell aufgeholt, was wir noch nicht konnten oder wieder vergessen hatten, am schönsten waren die vielen Aufsätze, die wir schreiben und illustrieren durften. Frau Wetzel war schon etwas älter, etwas füllig, aber eine Seele von Mensch. Sie hat sich um alle Kinder gleichmäßig gekümmert und mich nie merken lassen, dass mein Papa Nazi war. Sie hat sich auch rührend darum bemüht, die vielen Flüchtlingskinder in die Klasse als Gruppe zu integrieren. Damals gab es noch nicht das Gebot des Datenschutzes, und so wurden die Klassenbücher ausgefüllt, indem die einzelnen Kinder nach dem Alphabet aufgerufen wurden, dann wurden Namen der Eltern, Adresse und Geburtsorte und -daten der Kinder in die entsprechenden Rubriken eingetragen. Bei unseren vielen Spielen draußen in dem warmen Sommer 1945 hatten wir schon Flüchtlingskinder kennen gelernt und sie in unsere Spiele einbezogen. Wenn ich sage »unsere«, dann heißt das auch, dass ich mich damals als Idsteiner Gassenkind fühlte und auch diesen Dialekt sprach, der meine Mutter jedes Mal wütend machte. Im Klassenbuch war ich als »evakuiert« geführt, was eigentlich auch nicht stimmte. Evakuiert war meine Freundin Hanni Deeg, die in Frankfurt in der Schwanthalerstraße in Sachsenhausen gewohnt hatte und nun in Idstein mit ihren Eltern in einem so genannten Behelfsheim wohnte, in der Nähe der Wiesbadener Straße; das waren Ein-Raum-Häuschen mit Küche und kleinem Bad, und als wir einmal unsere Wohnung malen sollten, zeichnete Hanni dieses Häuschen von der Frontseite und gab ihm den Namen »Klein aber mein«. In dieser Gegend waren zahlreiche solcher Behelfsheime gebaut und bezogen worden. Es waren viele evakuierte Kinder da, die meisten aus Frankfurt, sie wurden von den einheimischen Kindern zum Spielen akzeptiert, von den Eltern der Einheimischen aber nicht in die Häuser und Wohnungen eingelassen, geschweige eingeladen. Noch schlimmer erging es den Flüchtlingskindern. Inge und ich hatten beim Spielen zwischen Hexenturm und Schulhof ein Mädchen namens Marliese Lamshöft kennen gelernt. Bald waren wir unzertrennlich. Wenn wir einmal Marliese nicht antrafen, rannten wir durch ganz Idstein, um sie zu finden. Sie durfte uns nicht sagen, wo sie wohnte, es sei so sehr eng, die Mutter wolle deshalb nicht schief angesehen werden. Sie war aus Mehlsack in Ostpreußen, und als ich das Oma erzählte, die von 1904 bis 1910 oder 1911 in Königsberg gewohnt hatte, konnte sie sich noch an den seltsamen Ortsnamen erinnern. Als Marliese, die in meine Klasse gekommen war, den Ortsnamen als Geburtsort angab, brach schallendes Gelächter aus, und Frau Wetzel hatte viel zu tun, um die Klasse zu beruhigen, denn auch die anderen Ortsnamen aus Ostpreußen, Pommern, aus dem Warthegau, aus Schlesien und aus dem Sudetenland waren unbekannt und reizten die Idsteiner Kinder, deren Horizont hinter Wiesbaden, Frankfurt und Limburg aufhörte, nur zum Lachen. Die Flüchtlingskinder wurden von den Idsteinern noch schlechter behandelt. Die Flüchtlinge waren erschöpft und in abgerissener Kleidung angekommen und in beschlagnahmte Zimmer eingewiesen worden. Die amerikanische Militärverwaltung schickte sie alle zum Entlausen, die Entlausungsbaracke war auf dem äußeren Schlosshof aufgebaut; auch die Verwundeten und die gefangenen Soldaten wurden da durchgeschleust, wir konnten die Menschenschlangen von unseren Fenstern aus gut beobachten. »Die haben alle Läuse«, sagten viele Idsteiner Eltern, »bring bloß keine nach Hause mit!« Das sagte meine Mutter allerdings schon immer. »Wehe, du bringst ein fremdes Kind aus der neuen Klasse mit! Die Inge kann kommen, ich weiß, dass die Leute ordentlich sind.« Noch von der 3. und 4. Klasse her kannte ich einen Jungen, der an Fastnacht, als wir uns Partner für eine Polonaise suchen sollten, mein Partner wurde. Den Vornamen weiß ich nicht mehr, denn in Idstein wurden alle Kinder mit dem Nachnamen, dem der Vornamen nachgestellt wurde (wie in Kärnten übrigens, das war meinem späteren Mann aufgefallen, als er dort Wehrersatzdienst an einer Volksschule ableistete), aufgerufen, auch von den Mitschülern, manchmal auch nur mit dem Nachnamen. Der Junge hieß Zuccarelli oder Zucharelli oder Zuccharelli, war dunkelhaarig und herkunftsmäßig Italiener, im Umgang sprach er hochdeutsch oder Mundart wie die meisten Idsteiner Kinder. Er war auch wieder da, wie viele andere Kinder, die ich in der Zeit der langen Schulferien aus den Augen verloren hatte.

Das 5. Schuljahr hat uns gewissermaßen schnell auf Vordermann bringen müssen, denn es dauerte nur ein halbes Jahr bis Ostern 1946, dann wurde die Mittelschule (heute: Realschule) wieder geöffnet, sie lag am Schulplatz gegenüber vom Volksschulgebäude, mit dem sie den Schulhof teilte. Es wurde eine Aufnahmeprüfung in Rechnen, deutscher Aufsatz und Diktat verlangt, und das haben meine neuen Freundinnen aus Frau Wetzels Klasse und ich auf Anhieb geschafft. Margret Elsässer, Elisabeth Litzenmeyer, Irmgard Volz und ich, wir haben uns riesig gefreut, dass wir zusammen bleiben und sogar nebeneinander sitzen konnten. Wir waren in der Klasse, heute kaum zu glauben, 72 Kinder, Jungen und Mädchen in Koedukation, wie das später modern-pädagogisch hieß, damals war es die pure Not, weil viele Lehrer noch nicht entnazifiziert waren oder, falls die Spruchkammer schon entschieden hatte, Berufsverbot bis zu fünf Jahren hatten, so wie es Papa ergangen war. Es gab keine Schreibhefte, es gab keine Schulbücher, es gab keine Füllfederhalter, es gab eigentlich nichts, aber es gab Lehrkräfte, die den Mangel trotzdem meisterten und uns für den Unterricht begeisterten. Neu war der Englisch-Unterricht, auch ohne Buch. Mutti hatte noch ihre alten Schulbücher vom Lyzeum (Abschluss 1921!) und brachte sie Fräulein

Bopp. Sie freute sich, hätte den Unterricht aber auch ganz ohne diese Bücher geschafft. Ich sehe sie noch vor mir, sie trug immer ein Tweedkostüm mit Weste, Bluse und Krawatte, also very british. Fräulein Ribbe betreute uns in Sport, ich konnte nicht viel, die Muskeln waren zu schwach, aber Waldläufe waren meine Stärke.

Geradezu abgöttisch hingen wir an unserer Klassenlehrerin, Frau Klotz. Sie sprach ein wunderbares, etwas härter akzentuiertes Hochdeutsch, sie war eine große Gestalt mit unheimlich intensiver Ausstrahlung. Bei ihr hatten wir die meisten Fächer: Deutsch, Mathematik, Erdkunde und ich glaube auch Biologie. Wir hatten ja keine Bücher, aber sie machte wunderbare Tafelanschriebe und konnte erzählen. Sie war als Flüchtling mit ihrem Sohn Friedrich zu uns gekommen und in Erdkunde konnte sie von ihrer Heimat erzählen. Sie stammte aus Riga (als ich mit meinem Mann nach der politischen Wende in Europa eine Woche in Riga war, habe ich viel an Frau Klotz gedacht und von ihr erzählt), wurde nach Danzig umgesiedelt (als ich in Danzig war, habe ich meinen Kollegen am gleichen Tisch wieder von Frau Klotz erzählt) und kam dann mit einem Flüchtlingstransport nach Idstein. Darüber konnte sie nicht sprechen, aber wenn sie von Riga und von Danzig sprach, von der Nehrungsküste, von der Ausgleichsküste, von der Boddenküste an der Ostsee, dann sah man die Städte mit ihren hohen gotischen Bauten im Abendlicht rot schimmern und hörte das Meer rauschen und Sand anspülen. Es war ein wunderbarer Unterricht.

Als Papas Inventarisierungsarbeiten auf dem Schloss beendet waren, kam auch das Ende unseres Aufenthaltes in Idstein. Ich war sehr traurig. Idstein hatte ja den Namen »Die Stadt der Schulen«, und so wurde nach der aufgelösten Lehrerbildungsanstalt jetzt ein Aufbaugymnasium im Schloss errichtet. Papa war als Oberschullehrer eingestuft, vielleicht hätte er dort sogar unterrichten dürfen, wenn er nicht für fünf

Jahre Berufsverbot gehabt hätte. Den neuen Schulleiter in spe haben wir noch kennen gelernt, er hat mir zwei Bücher geschenkt, beide wurden meine Lieblingsbücher im Alter von elf und zwölf Jahren: »Ein Sommer auf Waldwacht«, das in den schwedischen Wäldern spielt und in dem ein Kind einen Waldbrand verhindert; das andere Buch hieß »Der Wolkenreiter« und war von Ludwig Finck; ich habe es oft gelesen und ausgeliehen. Nun hieß es Abschied nehmen: von Inge, von Frau Großmann, von den drei Freundinnen aus meiner Klasse, und das gerade, als wir eine kleine Theatergruppe gegründet und den »Flickschuster Ernst« aus einem Kinderbuch von Mutti aufgeführt hatten. Der Abschied vom Schloss, er war schlimm, aber noch zu ertragen, denn auch die Nonnen sollten in ihr Mutterhaus in Limburg zurückkehren. Am allerschlimmsten war der Abschied von Frau Klotz. Sie schrieb mir noch in mein Poesiealbum einen Spruch von Wilhelm Raabe: »Das Ewige ist stille, laut die Vergänglichkeit. Schweigend geht Gottes Wille über den Erdenstreit.« Vielleicht hatte sie mit diesem Vers auch die Vertreibung, die zweimalige Vertreibung, verinnerlicht.

Papas Weihnachtsbaum

Heiligabend 1946. Meine Eltern, meine Oma und ich waren erst Mitte Dezember von Idstein nach Wetzlar umgezogen – in eineinhalb Mansardenzimmer im 3. Stock, wo wir hauptsächlich wohnten, kochten, aßen, uns wuschen. Toilette auf dem Flur; wir teilten sie uns mit einer Familie, die in Hamburg ausgebombt worden war und durch seltsame Umwege ebenfalls nach Wetzlar gelangt war. Meine Oma und ich schliefen in der kleinen Kammer, die nur eine einzige gerade Wand hatte. Gerade stehen konnte man vor der Dachgaube, die einen wunderbaren Blick auf den Wetzlarer Dom hatte. Meine Eltern hatten noch ein Zimmer in der Parterrewohnung von Rektor Albert und seiner unverheirateten Tochter, dort schliefen meine Eltern und hatten Kleider- und Bücherschränke dort untergebracht, aber aufhalten mochten sie sich dort nicht, denn das besagte Zimmer war Alberts vom Wohnungsamt beschlagnahmt und an uns vierköpfige Familie weitergegeben worden. Man grüßte sich kaum und ging sich aus dem Weg. Eigentlich hatten wir ja gehofft, im Elternhaus meines Vaters am schöneren Laufdorferweg unterzukommen. Aber Papas Schwester war mit ihren Kindern noch während des Krieges aus Japan zurückgekommen, Onkel Clemens war wegen seiner Japanischkenntnisse zu Dolmetscherdiensten nach Berlin beordert worden und galt seit den Straßenkämpfen April/Mai 1945 als vermisst, da war es doch klar, dass Tante Jo den Vorrang hatte. In der Mansardenwohnung wohnte Papas jüngere Schwester, meine Tante Anneliese, mit ihren beiden Töchtern; sie wartete auf Onkel Hans-Georg, von dem sie aber die Nachricht hatte, dass er noch in englischer Internierung sei, aber bald entlassen werde. In der Wohnung im ersten Stock wohnte seit der Fertigstellung des Hauses 1912 die gleiche Familie; nein, es war wirklich kein Platz in Papas Elternhaus, aber meine Eltern trotzdem so verstimmt, dass sie Heiligabend lieber in unserer Dachwohnung, wenn man diese Unterkunft überhaupt so nennen kann, verbringen wollten als im Laufdorferweg. »Das ist vielleicht auch ganz gut, dass der Hans (das war mein Papa) nicht kommt«, hatte Oma Gilbert noch zu bedenken gegeben, »denn bei uns schauen an Heiligabend immer Dumurs vorbei, bringen Schinken und Wein aus der Schweiz mit, die wollen dem Hans, der doch Parteigenosse war, bestimmt nicht begegnen.« Das war einleuchtend. Herr Dumur war kaufmännischer Direktor bei Leitz, Opa Gilbert war dort Werkmeister in der Schreinerei, zuständig für Mikroskopschränke. Sie kannten sich als Nachbarn und durch Hilfeleistungen während der Kriegszeit. Dumurs besorgten Stoffe und Kleidung aus der Schweiz, Gilberts lieferten Obst und Gemüse aus dem Garten und halfen bei Näharbeiten.

Heiligabend 1946 also in den beiden Dachkämmerchen im Haus von Rektor Albert. Sicher wäre ich lieber bei Opa und Oma Gilbert, bei Tante Jo mit Rolf und Gerd und bei Tante Anneliese mit Renate und Ulrike gewesen. Dort gab es ein riesiges Puppenhaus, das Papa mit Opa gebaut hatte, und es gab eine Eisenbahnanlage mit vielen Lokomotiven, Wagen, Gleisen, ein riesiges Stellwerk mit Transformator, und Papa hatte seine Märklinanlage, die er über den Krieg gerettet und vor Muttis Opferwut, alles dem Winterhilfswerk zu geben, versteckt hatte, nun seinen Neffen Rolf und Gerd geschenkt, weil die doch vielleicht ihren Vater verloren hatten. Papa und Opa hatten in der letzten Woche daran gearbeitet und sich dabei handwerklich immer besser ergänzt. Oma hatte ihm zum Dankeschön Kartoffeln, Grünkohl, Zwiebeln, mal ein paar Äpfel, mal ein Ei zugesteckt. Damit konnte er Mutti wieder versöhnen, die sich ärgerte, dass sie die Umzugskartons allein auspacken musste und nicht wusste, wohin mit den vielen Sachen. Viel lieber wäre ich allerdings in Idstein geblieben. Dort hatten wir eine große Dienstwohnung im Schloss, Papa war dort Schulleiter gewesen, bis 1945, dann wurde die Schule – eine Lehrerbildungsanstalt – geschlossen, die Lehrer erst mal suspendiert, dann vor die Spruchkammer gestellt. Papa hatte fünf Jahre Berufsverbot bekommen, weil er Mitglied der NSDAP gewesen war und wohl auch als linientreu galt, weil er immer Uniform trug, er galt also als Mitläufer. Was hätte er sonst anziehen sollen? Die meisten Sachen hatte Mutti schon gespendet, als Papa vom Frankreichfeldzug heimkehrte ... In Idstein war es nicht nur wegen der Wohnung schöner. Ich hatte viele Freundinnen, bei Inge und ihrer Mutter durfte ich ein- und ausgehen, wir konnten uns alles erzählen, auch Dinge, für die meine Eltern kein Verständnis hatten. Dort wurde viel gelacht, mit der großen Verwandtschaft gefeiert; wir haben uns viel herumgetrieben in dem einen Jahr, in dem es kaum Unterricht gab, gespielt und getobt, ich war endlich Mitglied in einer Clique und endlich nicht mehr dauernd von meiner Mutter beobachtet und zurechtgewiesen. Seit Ostern 1946 hatte ich nach bestandener Aufnahmeprüfung die Mittelschule (heute: Realschule) besucht, und das war endlich eine Schule, die mir gefiel. Alles aufgegeben wegen des Umzugs nach Wetzlar! Ich hatte ja verstanden, dass wir in der Dienstwohnung nicht länger bleiben durften, heute wundere ich mich sogar, dass wir so lange dort wohnen bleiben konnten; aber die beste Freundin verlieren, die Schule wechseln müssen – und meine Mutter hatte schon gedroht: »Jetzt kommst du auf das Lyzeum, das ich auch besucht habe!« Bei dem Blick meiner Mutter und dem Fauchton in der Stimme: Das konnte nichts Gutes

bedeuten ... Nur Papa war mir geblieben, mit ihm verstand ich mich schon immer besser als mit Mutti und Oma, und die Wetzlarer Großeltern und Verwandten kannte ich zu wenig.
An Papa hing ich abgöttisch. Auch wenn er arbeitslos war, und das bedeutete für Mutti und Oma eine derartige Schande, dass man das Wort nicht in den Mund nehmen konnte, so war für mich der Papa eben der Papa, und da er nicht unterrichten durfte, hatte er viel Zeit, mich zu unterrichten. Wir lernten damals die lateinischen Namen der Pilze und der Bäume und Wiesenpflanzen auswendig, gemeinsam gestalteten wir ein Pilzbuch, von Papa der Inhalt, von mir die Zeichnungen, in Wasserfarben angelegt, und der Text in Tuschekunstschrift. Für meine Mutter eine brotlose Kunst, für Oma überhaupt nicht zur Kenntnisnahme, für Papa

Familie Gilbert in Wetzlar zum ersten und einzigen vollständigen Familientreffen zu Omas 63. Geburtstag am 25. Oktober 1941: Tante Jo, Onkel Clemens mit Rolf auf Opas Arm, Tante Anneliese mit Renate auf dem Arm, Onkel Hans-Georg, Papa, Mutti und ich (mit Selbstauslöser aufgenommen)

und mich eine wunderbare gemeinsame Beschäftigung. An diesem Heiligen Abend begann meine Mutter wieder zu zetern, und je dunkler es wurde, umso lauter wurden ihre Vorwürfe. »Noch nicht einmal einen Weihnachtsbaum haben wir, was bist du doch für eine ...«, und es kam unterdrückt gezischt doch wieder ein Laut, den ich nicht hören sollte, aber wo sollte sie mich hinschicken, außer in der kleinen Kammer war kein Ofen an und zu den Nachbarn im Dachgeschoss durfte ich nicht, ich hätte ja verraten können, dass Papa arbeitslos ist und sie ihn schon öfters »Niete« genannt hat. Das muss es auch jetzt wieder gewesen sein: »Was bist du doch für eine Niete!« Da Papa offenbar wegen des fortgesetzten Lamentierens meiner Mutter über seine Arbeitslosigkeit und die Verwirkung aller Bezüge und Berufsaussichten und natürlich auch wegen seines gesperrten Kontos zum Schweiger geworden war, sagte er nichts, nahm er die Beschimpfungen einfach hin und flüsterte mir nur leise zu: »Abies«, und ich wusste: das heißt Tanne.

Hatte Papa vielleicht bei Fräulein Albert im Garten eine kleine Tanne entdeckt, die man unbemerkt abholzen konnte? Ich hatte mich in dem Garten noch nicht umsehen können, denn wir waren erst vor wenigen Tagen im Winter zugezogen; nach meiner Erinnerung lag dicker Schnee. Ich kannte auch eine Geschichte, wo ein Mann, auch arbeitslos, eine kleine Tanne in einem Park ausgräbt, in der Badewanne tagelang wässert und bei Frostende, natürlich nach Weihnachten, an der Stelle der Ausgrabung wieder eingräbt. Diese Möglichkeit entfiel aber schon wegen des Schnees. Und klauen würde mein Vater nie einen Baum. Ob die Wetzlarer Großeltern ihm einen Baum schenken würden, wenn wir schon zu Heiligabend nicht zu ihnen dürften?

Meine Mutter setzte ihren Beschimpfungen nun noch eins drauf, sekundiert von meiner Oma, die zu Papa noch nie ein entspanntes Verhältnis gefunden hatte, weil er aus einer

Handwerkerfamilie kam, zwar studiert und promoviert war, aber doch nicht aus einer traditionsmäßig etablierten Akademikerfamilie mit vielen Pastoren, Apothekern und Juristen stammte. Diesen Dünkel hatte sie in echt christlicher Demut auf ihre Tochter übertragen. Meine Mutter rief also: »Wir gehen jetzt zur Kirche, zur Hospitalkirche, das ist unser Bezirk, wo ich uns nach Weihnachten, wenn die Ämter wieder geöffnet haben, sofort anmelden werde. Heute predigt Pfarrer Plath, wie mein viel zu früh verstorbener Vati (diese Redewendung kam oft, und jedes Mal schluchzte Mutti dabei) und mein Onkel Otto, Oberkirchenrat in Gießen (diese Redewendung kam auch oft, und jedes Mal warf sie sich dabei förmlich in die Brust), auch ein Wingolfit (das war die Studentenverbindung der evangelischen Theologen, wenn sie denn einer Verbindung angehörten; auch diese Redewendung kam sehr häufig).« Und mir rief sie zu: »Du kommst mit! Du kriegst sonst doch keinen Weihnachtsbaum zu sehen. Und in der Hospitalkirche hatten sie meist sogar zwei Bäume, rechts und links vom Altar.« Etwas weniger forsch fragte sie noch, ob auch Papa mitkäme, aber der entschuldigte sein Daheimbleiben mit Heiserkeit und Hustenreiz. Meine Mutter war damit zufrieden, geradezu erleichtert, schien mir, denn sie zeigte sich nicht mehr gern mit Papa bei Leuten, seit er Berufsverbot hatte und nur Haus- und Gartenkleidung trug, denn seine guten alten Anzüge hatte sie ja schon lange in die Sammlungen des Winterhilfswerks gegeben, und der vom Opa Gilbert geliehene, eigentlich abgelegte Mantel, war auch nicht mehr kirchgangfähig. Die Ausladung zu Heiligabend bei seiner Familie wegen des erwarteten Besuchs der Dumurs muss Mutti in ihrer Meinung über Papa nur bestätigt haben ...

So brachen wir denn zu dritt zum Kirchgang auf, ich darüber verwundert, dass Papa auf meinem Mitgehen bestand. Mir wollte das nicht in den Kopf. Er konnte doch ahnen, dass

Mutti und Oma den ganzen Weg zur Kirche auf mich einreden würden, mit ihnen gegen den gottlosen Papa, der noch nicht einmal an Heiligabend zur Kirche wollte, so ein Nazi sei er noch immer, auch die Frau Dumur sehe das so ..., Front zu machen. Natürlich musste ich die bekannten Beschimpfungen auf dem Weg zur Kirche über mich ergehen lassen: Papa, der von der Spruchkammer verurteilt wurde, Papa, der arbeitslos ist, Papa, der sich nicht geniert, von der Regierungsratspension der Oma Mickel zu leben, wo doch der Vati so früh gestorben und die Pension klein sei, und das obwohl Mutti immer sagte, über Geld dürfe man nicht sprechen, das sei nicht fein. Ich stellte im Stillen den Vergleich an, dass sich Mutti nie an der Seite Papas geniert hatte, solange er noch Schulleiter war und die Dienstuniform trug. Ich sagte lieber nichts, schwieg die ganze Zeit, das hatte ich von Papa abgeguckt, der sich auch das Schweigen angewöhnt hatte. Dann dachte ich wieder an Papas geflüstertes Wort »abies«, muss wohl ins Träumen geraten sein und hätte nachher auch kein Wort über die Predigt sagen können. Vorstellen kann ich mir heute noch die beiden hohen Lichterbäume zu beiden Seiten des Altars; und im Ohr habe ich auch noch, dass meine Mutter auf der Kirchenbank neben mir in mein Ohr zischte: »Sieh dir die Weihnachtsbäume gut an! Das sind die einzigen, die du dieses Jahr zu sehen kriegst.« Das hatte sie schon vorher gesagt, trotzdem wagte ich schüchtern zu antworten: »Aber morgen sind wir doch bei Oma und Opa im Laufdorferweg eingeladen, die machen doch bestimmt noch einmal die Kerzen an.« Meine Mutter knurrte zurück: »Ich habe mir das die ganze Zeit überlegt. Wir gehen da nicht hin. Wenn sie uns heute nicht haben wollen, morgen wollen wir nicht.« – »Aber«, weiter kam ich nicht. »Schweig, und sing gefälligst etwas lauter!« Dann wurden viele Choräle gesungen, und meine Mutter sang mit hoher, inbrünstiger Stimme mit, während meine Oma vor sich hin hüstelte, denn die Kirche war ziemlich kalt, es zog und wir saßen sehr weit hinten, damit Mutti um so besser Kleidung und Hüte der Kirchbesucher, soweit sie nicht von den hohen Kirchenbanklehnen verdeckt waren, beäugen konnte. »Ja, deren Männer verdienen oder sie haben Beziehungen, (denn vor der Währungsreform war nur für Zigarettenwährung, viel Geld oder eben durch Beziehungen etwas zu haben)«, so muss meine Mutter wohl gedacht haben. Den durchgereichten Klingelbeutel meisterte sie noch mit Bravour, indem sie die Hand fast hineinsteckte und dann erst die kleinen Münzen fallen ließ. Wie sie am Silberteller, vom Küster entgegengehalten, am Kirchenausgang vorbeikommen würde, ohne sich zu blamieren, denn einen Zehnmarkschein hätte sie wirklich nicht opfern können, das muss sie sich während des ganzen Gottesdienstes überlegt haben; denn als der übliche Schlussgesang »Unseren Ausgang segne Gott, unseren Eingang gleichermaßen« angestimmt wurde, visierte sie zielgerecht den Mittelausgang an, nachdem sie den Küster mit der Schale nach hinten hatte gehen sehen. Das traf sich gut, denn am Mittelausgang hatte sie ihre Schulfreundin aus der Wetzlarer Zeit, die es nach dem Krieg also auch in die alte Heimat verschlagen haben musste, erspäht und rechnete sich aus, dass wir, in Gespräch versunken mit ihr, zusammen aus der Kirche kämen, gewissermaßen im Schlepptau von deren Zwanzigmarkschein. Und so ging es auch. Vor dieser Tür stand eine junge Gemeindehelferin, die uns nicht kannte. Sichtlich erleichtert ging Mutti, mich an der Hand gezerrt und ich hatte Oma untergehakt, draußen auf viele Bekannte zu, denn Mutti hatte in Wetzlar das Lyzeum besucht, sie war hier konfirmiert und getraut worden und sie hatte hier nach ihrer Arbeitslosigkeit, die sie natürlich nie zugegeben hatte, obwohl das doch keine Schande war, wenn eine Frau in der sich abzeichnenden wirtschaftlichen Katastrophe infolge der allgemeinen Weltwirtschaftskrise nach 1929 ihren Arbeitsplatz verloren hatte, damit wenigstens die Männer noch einen Job hatten, sie hatte also in Wetzlar in der Wohnung ihrer Mutter 1932 eine vorübergehende Bleibe gefunden, bis sie dann eben den inzwischen promovierten und akzeptabel gewordenen Hans Gilbert geheiratet und mit ihm 1934 in Frankfurt einen Hausstand gegründet hatte. Sie kannte viele Wetzlarer: Mitschülerinnen, Lehrkräfte, die Bekannten ihrer Mutter, Behördenuntergebene ihres Vaters, viele Nachbarn, Papas Familie, dort die Nachbarn, Geschäftsleute und was weiß ich wen noch alles. Es war unser erstes Weihnachtsfest in Wetzlar. In unser Dachbudio, wie Papa es nannte, konnten wir niemand einladen, es wäre zu teuer gekommen und man hätte uns schief angesehen; aber hier vor der Hospitalkirche war gewissermaßen neutraler Boden, da konnte man an alte Erinnerungen und Bekanntschaften anknüpfen, und das gelang Mutti in Begleitung ihrer wieder gefundenen Schulfreundin, deren Eltern früher in Wetzlar ein Fuhrgeschäft hatten und eben Einheimische waren, besonders gut. Auch meine Oma war wieder erkannt worden. »Mein Gott, Frau Regierungsrat, Sie sind auch wieder hier, wo haben Sie denn den Krieg erlebt?« Und Oma erzählte, dass sie in Köln ausgebombt worden war, denn dorthin war sie mit ihrer jüngsten Tochter verzogen, 1938, als Irene doch noch den Pfarrer Walter Schmidt geheiratet hatte. »Und Sie haben alles verloren?« Ich hörte, wie meine Oma das zugeben musste und dass sie nun in einer halben Dachwohnung bei ihrer ältesten Tochter Luise, bei meiner Mutter also, lebte und dass sie aber die Luftangriffe auf Frankfurt überstanden hätten, dort habe sie seit 1943 gewohnt, obwohl sie den Hans, gemeint war Papa, doch noch nie hätte leiden können, aber der sei ja nicht mehr in Frankfurt, sondern in Idstein gewesen ... Ich durfte nur am Rande mithören, denn Mutti hatte mir beigebracht, ja nicht Gesprächen Erwachsener zu lauschen. Ich muss aber doch eine Menge Gesprächsfetzen aufgeschnapft haben, während Mutti sich immer noch mit Mariechen, so hieß die wieder gefundene Schulfreundin, unterhielt und Oma und mich dabei anscheinend ganz vergessen hatte. Dauernd fielen Namen. »Was macht die Luise Stiehler? Ach, die heißt jetzt Mulch. Und wo wohnt die? Was, hier in Wetzlar, im Bannviertel, also in der nächsten Querstraße, nur um die Ecke. Und was macht der Mann? Ach, bei Leitz?! Nicht arbeitslos?« Das Stichwort kannte ich, es wurde nur geflüstert, hinter vorgehaltener Hand ausgesprochen. Dann hörte ich, wie Mariechen sagte: »Ich habe auch einen, der sitzt zu Hause und traut sich nicht mehr auf die Straße.« Das interessierte Mutti, und so bekam sie heraus, dass Mariechens Mann, Alfred Petry, auch durch die Spruchkammer musste, sobald sie nach der Flucht aus Halle in Wetzlar angekommen waren, die Anmeldung vornehmen wollten und nach einer Unterrichtsmöglichkeit suchten. Er galt als unbelastet, war aber auch arbeitslos, weil sie in Wetzlar für einen Diplomhandelslehrer noch keine Verwendung hatten. Es wurden noch viele Namen durchgehechelt, Mutti drehte mir den Rücken zu und konnte nicht bemerken, wie ich immer dichter an die beiden Freundinnen heranrückte, bis Mariechen schließlich fragte: »Sag mal, Luise, da steht ein Mädchen, dem es wohl ziemlich kalt und langweilig ist. Ist das vielleicht deine Tochter? Du hast ja noch gar nicht erzählt, dass du ein Töchterchen hast, und so ein stilles Kind, das gar nicht sagt, dass es friert.« Inzwischen hatte sich der Platz vor der Hospitalkirche geleert, und auch wenn für viele Kirchbesucher das Treffen nach der Kirche das Schönste von der ganzen Kirche ist, so war es denn doch mal genug, und zu Hause wartete ja wohl auch auf die meisten der Weihnachtsbaum und die Überraschung, welche Geschenke zur Bescherung darunter lägen. Mutti druckste noch herum, sie wollte noch nicht heim und war froh, dass sich auch Oma noch mit ihrer früheren Gemüsefrau unterhielt, obwohl sie das eigentlich wunderte, die Oma und die Wiederspahn, was haben die sich denn zu erzählen? Und dann fand Mutti offenbar doch den Mut, Mariechen etwas für sie Ungeheuerliches zu verraten. »Mariechen, stell dir vor, wir wohnen in eineinhalb Mansardenzimmern. Die Vitrine, Nussbaumwurzelholzfurnier, steht in der Schlafkammer an der einen geraden Wand und wird im Sommer der Südsonne ausgesetzt sein. Und mein Büfett, auch Nussbaumwurzel, steht abgeschlagen auf dem Dachboden, das wird sich im Sommer ganz verziehen. Der Esstisch und die Stühle stehen bei Fräulein Albert in der Diele, auch meine Hohlsaumdecke liegt darauf, und Fräulein Albert legt da ihren Krempel ab, nur um mich zu ärgern. Aber das Allerschlimmste ist, dass wir mein Klavier auslagern mussten, es steht bei Bekannten meiner Schwiegereltern in einem zugigen Flur und wird so verstimmt sein, dass man nie mehr darauf spielen kann. Du nimmst es mir hoffentlich nicht übel, dass ich keinen einladen kann.« Frau Petry verschlug es wohl die Sprache. Sie hatte mich inzwischen nach meinem Namen gefragt, mich kurzerhand »Erikachen« genannt und an der Hand gefasst. »Luise, du musst doch froh sein, dass du deine Tochter noch hast, sie hätte ja auch bei den Luftangriffen auf Frankfurt umkommen können; du hast noch deine Mutter, und dein Mann ist gesund und vorzeitig aus dem Krieg heimgekehrt. Und irgendwann wird er auch wieder in seinem Beruf arbeiten können. Und die Sorge wegen der Möbel, liebe Luise, nimm mir das Wort nicht übel, das ist doch lächerlich. Wir wohnen noch nicht einmal in einer Mansarde, sondern direkt auf dem Dachboden. Es regnet und schneit durch, dann stellen wir Eimer und Wannen unter. Alfred ist natürlich auch zu Hause geblieben, um auf den Ofen zu achten. Da oben darf eigentlich gar kein Ofen stehen, Brandgefahr bei dem vielen Dachholz; das Ofenrohr haben wir mit einem T-Stück etwas verlängert, aber es ist noch viel zu kurz. Wir haben keinen

Schornsteinanschluss, sondern leiten das Rohr durch die Dachluke direkt ins Freie. Auf dem Kanonenöfchen kochen wir auch, das Wasser holen wir von der Waschküche hoch. Aber wir sind doch alle zusammen. Mein Mann und die drei Kinder, Dieter ist 14, Wolfgang ungefähr so alt wie deine Erika, er ist 10 ...« »Ich bin schon 11«, rief ich schnell dazwischen und hatte vergessen, dass mir Zwischenrufe verboten worden waren. »Ja und Ursula ist 7; schade, dass sie als Freundin für Erika zu jung ist. Wir haben überhaupt keine eigenen Möbel mehr, auch keine Kleidung von zu Hause, keine Schuhe, kein Porzellan, keine Bilder. Nichts. Kannst du dir das überhaupt vorstellen? Erst waren die Amerikaner in Halle, dann zogen die sich zurück und die Russen rückten vor. Vorher waren schon immer Flüchtlingsfamilien, meistens sogar nur Frauen mit Kindern, durch Halle gekommen. Sie schoben meistens einen Kinderwagen und zogen mit der anderen Hand einen kleinen Leiterwagen mit ein paar Koffern und Decken drauf. Sie durften immer nur einen Tag bleiben, wurden in der Turnhalle untergebracht und mit dem Nötigsten versehen, dann mussten sie weiterziehen. Es waren ja nicht genug Lebensmittel da. Aber was die in der einen Nacht erzählten! Wie die Russen über die Frauen herfielen, auch über junge Mädchen, nicht alle, aber doch viele, wie man das nennt, kann ich heute noch nicht aussprechen, wir mit unserem Wortschatz immer noch vom Lyzeum. Und die Männer, wenn sie noch einigermaßen kräftig waren, haben sie herausgeholt und entweder gleich erschossen oder auf Lastwagen geschoben und, wie die Flüchtlinge sagten, verschleppt. Als die Amerikaner abzogen, konnten wir ahnen, in welcher Gefahr wir stehen. Im Haus haben wir uns beraten, wir waren sechs Familien, und haben sofort die Flucht in den Westen beschlossen. Alles zurückgelassen, bei Nacht und Nebel in einiger Entfernung der abziehenden amerikanischen Streitkräfte über die Grenze, alles zu Fuß und nur mit dem, was wir auf dem Leibe hatten. Aber wir sind doch noch zusammen. Meine Mutter ist noch im Krieg gestorben, Lungenentzündung, keine Medikamente. Die Nachbarn erzählten, dass Mutter immer in den Pferdestall gegangen sei, um nach den Tieren zu sehen. Die Pferde seien aber schon zum Russlandfeldzug abgeholt worden, die Kutschen hätten noch lange in der Remise gestanden, Mutter habe sich immer in einen der kalten Wagen gesetzt, um ja nicht zu verpassen, wenn die Pferde zurückgebracht würden. Vater habe die Hochzeits- und die Beerdigungskutsche noch lange gepflegt, die Lederpolster geölt und den Lack poliert. Eines Tages seien alle Kutschen bis auf die Hochzeitkutsche fort gewesen. Die steht noch in der einen Ecke. Vater streichelt sie ab und zu, alle aus der Familie sind in ihr zu ihrer Hochzeit gefahren, auch meine Schwester Elsbeth und ich noch lange vor dem Krieg, wir hatten 1931 geheiratet. Vater spricht nur noch mit seinem Hund, dem Astor, der auch schon betagt ist, aber noch immer so laut kläfft wie in seinen besten Tagen, halt auf Schnauzerart.«

Inzwischen war der Platz ganz leer, Mariechen, Mutti, Oma und ich hatten kalte Füße bekommen, meine waren in den zu engen Stiefeln, Muttis hellgrauen Lackschuhen mit den schwarzen Lackkappen fast erstarrt, zu Hause würde ich meine Frostbeulen wieder mit heißen Eichenrindenbädern behandeln müssen (wir hatten aus Idstein genügend Rinde mitgebracht), und Oma drohte zu stürzen, denn der Schnee unter ihren Füßen war zu Matsch geworden, und sie hatte ja nur diese Sommerschuhe mit dünnen, glatten Sohlen. Da sagte Frau Petry: »Da können wir uns auf unserem Dachboden doch besser unterhalten, da ist es wenigstens schön warm, und auf den weißen Möbeln aus den früheren Gesindekammern, als wir noch das Fuhrgeschäft hatten, sitzt man auch besser als hier zu stehen. Ich lade euch für den zweiten Weihnachtstag ein, Geschenke braucht ihr nicht, bringt aber euren Papa mit!« Mutti wollte noch schnell wissen, wovon sie denn lebten, wenn es das Fuhrgeschäft nicht mehr gab, und dann erfuhren wir noch, dass Elsbeth Kriegerwitwe war, der Bruder Erich auch gefallen, dass Elsbeth in der ehemaligen Remise eine Wäscherei aufgemacht habe und im ehemaligen Stall die Wäsche zum Trocknen aufhinge. Heute an Heiligabend sei noch viel Wäsche gebracht worden, deshalb würden sich Elsbeth und Dieter beim Rühren der Wäsche in dem großen Laugenkessel abwechseln, Elsbeth habe schon ganz rote offene Arme. Dann seien auch noch ganz eilige Aufträge zum Stärken, Spannen und Bügeln gekommen. Ursula müsse diese Arbeiten machen (und die ist ja so viel jünger als ich, dachte ich schnell und freute mich auf das Weitermalen am Pilzbuch).»Wolfgang muss alle Sachen noch austragen, er darf den Leiterwagen von unserem Ungarnflüchtling Kathi nehmen, die bei uns den Garten versorgt und fast zur Familie gehört.«

Hatten der Gottesdienst oder die Unterhaltungen danach auf dem verschneiten Kirchplatz länger gedauert? Meine Mutter hatte es jetzt eiliger nach Hause zu kommen, Oma mussten wir fest unterhaken, damit sie nicht fiel. Beide schienen noch in Gedanken versunken an die vielen Schicksale, von denen sie gehört hatten. Einmal sagte Oma:»Mieze«, sie sagte nie Luise, weil sie den Namen nicht besonders leiden konnte,»hast du gehört, dass Königsberg noch im Sommer 1944 total bombardiert worden ist und die Russen noch die Trümmer gesprengt hätten? Kannst du dich noch an Königsberg erinnern? Du warst vier, als Vati nach Breslau versetzt wurde, Alfred war erst drei, und Irene kam erst in Breslau zur Welt, alles noch vor dem Ersten Weltkrieg. Königsberg war eine schöne Stadt, Vati hatte dort 1904 seine erste Beförderungsstelle erhalten als königlich Preußischer Regierungsrat und wir wohnten in der schönen Victoria-Luise-Straße. Damals war ich eine junge Frau, elegant gekleidet,

und in den Königsberger Geschäften auf dem Steindamm gab es elegantere Sachen als bei uns zu Hause in Darmstadt. Die schönen Seebäder, Cranz war so elegant, und wie wir dort promenierten, du im Sportwägelchen, Alfred noch im tiefen Kinderwagen, und die beiden Mädchen, Christine und wie hieß bloß die andere, die aus Allenstein ...« Dann brach die Erinnerung ab, jedenfalls die ausgesprochene, Oma wurde ganz still und grübelte wohl der Vergangenheit nach, nur die Schuhe hörte man auf dem Eisboden schleifen. Auch Mutti war still, ich konnte ihr Gesicht nicht sehen, sie hatte den Hut mit der breiten Krempe ziemlich weit ins Gesicht gezogen, um nicht gesehen zu werden, um mit sich und den vielen neuen Eindrücken allein zu sein, die ihr durch die Wiederbegegnung mit der Schulfreundin zugekommen waren. Ob Mutti vielleicht auch dachte, dass wir ohne Ausbombung und ohne Flucht, nur mit Papas Berufsverbot auf fünf Jahre belastet, noch glimpflich davongekommen waren? Oma war zwar in Köln ausgebombt worden, sie selbst, Tante Irene und Onkel Walter waren mit dem Leben davongekommen, und ihre Wäsche und Kleidung hatten sie mit Koffern im Bergischen Land ausgelagert.
So kamen wir schließlich über Langgasse, Karl-Kellner-Ring, Sophienstraße und durch die Kantstraße zum Haus Nr. 33. Ich dachte wieder an das geflüsterte »abies«, Mutti und Oma irgendwie erleichtert und doch zugleich nachdenklich, so erreichten wir unsere Dachkämmerchen im 3. Stock, ohne im Treppenhaus jemandem zu begegnen. Papa musste die Zeit des Weges und die Unterhaltungen mit alten Bekannten geradezu auf die Minute abgeschätzt haben. Oder hatte er, was er nicht sollte, die Zimmertür im gemeinsamen Flur offen gelassen, um auf Geräusche im Treppenhaus zu lauschen? Als wir die Tür öffneten, sahen wir im Lichterglanz den Weihnachtsbaum. Er stand auf Muttis Nähtisch, dem einzigen Nussbaumwurzelholzmöbel, das gerade noch

in unserem winzigen Mansardenzimmerchen unter der Dachgaube Platz hatte. Er stand da, schmal und gerade, mit unseren gewohnten silbernen Kugeln und dem Lametta, das wir immer aufhoben und wieder verwendeten, geschmückt, so schön wie immer, nur zierlicher.

»Picea non abies«, flüsterte Papa mir schnell zu, und ich flüsterte wohl zurück: »Gott sei Dank haben wir einen Baum, ob Tanne oder Fichte ist doch egal; aber die Kerzenstümpfe sind noch vom vorigen Jahr. Was ein Glück, dass du die gefunden hast. Hoffentlich wird Mutti jetzt freundlicher.« Mutti und Oma standen noch in der Tür, so überrascht, dass sie kein Wort herausbrachten. Papa hatte feuchte Augen, wusste wohl aber auch nicht, wie er das Schweigen brechen sollte. Ich hätte von mir aus ja schon gar nichts sagen dürfen, ich hatte auch noch Angst, zur Rede gestellt zu werden, weil ich vorhin bei Muttis Unterhaltung mit Mariechen einmal dazwischen gesprochen hatte. Wie es schien – eine endlose, beklemmende Stille, so wie später oft an Weihnachten, nur gab es dann ein Radio und später einen Fernseher, den man schnell, gewissermaßen zur Überbrückung der Stille, anmachen konnte. Nein, jetzt wurde kein Wort gefunden, nur allseits beklemmende Verlegenheit. Oma rettete die Situation mit einem praktischen Belang: »Ich habe so nasse Füße bekommen, der Schnee von den Schuhen taut. Mieze, hast du noch ein paar trockene Strümpfe für mich und kannst du mir die Hausschuhe holen?« Mutti war nun praktisch beschäftigt, erledigte auch bei sich und bei mir den Schuhwechsel, denn frische Sachen herauszugeben, das war schon immer ihre Domäne, die sie sich auch nicht nehmen ließ; nur sie hatte Schlüssel zu den Schränken und konnte einem die Kleidungsauswahl dadurch schon vermiesen. Jetzt war das ganz gut, es war Zeit gewonnen. Was mochte sie sich damals überlegt haben? Erzählen, was sie von Mariechen gehört hatte? Von vielen Menschen, denen es viel schlimmer ging als uns? Heute denke ich, sie hätte sich bei Papa für die vielen Beleidigungen entschuldigen sollen und sie hätte doch Freude über den Lichterbaum bekunden können, einfach richtige Freude, und Papa einen Kuss geben und ihm etwas Schönes sagen. Aber da mussten schon so viele böse Worte gefallen sein, nicht nur das Wort »Niete«, das ich aufgeschnappt hatte, sondern alle die vielen bösen Worte, die immer dann gefallen sein müssen, wenn ich vor die Tür oder auf die Straße geschickt wurde, das fing ja auch in Idstein schon so an, 1945 im April, als die Amerikaner einmarschiert waren und die Naziherrschaft vorbei war. Nach den praktischen Erledigungen nahm Mutti dann am Küchentisch, der in der Mitte der Kammer stand, wo man aufrecht stehen konnte, Platz, starrte auf den Baum, auch Oma blickte von ihrem Stammplatz neben dem einzigen Ofen, auch so ein Kanonenöfchen wie bei Mariechen, auf den Baum, unverwandt, jeder erwartete vom anderen etwas, was keiner zu geben bereit war. Mutti kam dann auf den Einfall, den Baum nach seiner Standfestigkeit zu untersuchen, und war beruhigt, dass Papa ihn zusätzlich mit Draht am Fenstergriff des einzigen Fensters in der Gaube festgemacht hatte und dass er auch nicht vergessen hatte, das Nussbaumwurzelholz vor dem heruntertropfenden Wachs durch dicke Zeitungspapierlagen zu schützen. Dann prüfte Mutti die Kerzen, sie waren sehr fest in den Haltern, und sie merkte erst jetzt, dass es die Kerzenstümpfe vom vorigen Jahr waren, als wir das letzte Mal in Idstein Weihnachten feierten. »Deshalb halten die Kerzen so lange«, sagte sie plötzlich und wie mitten aus den Gedanken gerissen, »das sind ja noch die Kerzen, die ich aus der Wachsschicht, mit der die amerikanischen Lebensmittelkartons imprägniert waren, hergestellt hatte, erst mit einem Kneipchen abschaben, dann die Wachsstreifen in einem Kasserölchen erhitzen, dann haben der Oberstabsarzt und ich daraus eine Kerze

gerollt, um einen Baumwolldocht herum, für den Erika ihre Topflappen aus dem Handarbeitsunterricht aufrebbeln musste. Die waren sowieso nicht besonders schön, viel zu locker gehäkelt, und Topflappen hatte ich sowieso genug ...« Dann wurde es wieder still, jeder erinnerte sich wohl an irgendein Erlebnis 1945, und jeder behielt seine Erinnerung für sich, bis Oma plötzlich sagte: »Damals hatten wir für den Oberstabsarzt und die Nonnen, die die Verwundeten betreuten ... – »Du meinst die Internierten«, rief Mutti dazwischen – »... wir hatten für alle Kartoffelsalat«, fuhr Oma fort, »den könnte ich jetzt auch essen.« Ich wusste nicht, dass das für Papa geradezu ein Stichwort war. Er ging, ohne etwas zu sagen, in die Nebenkammer und holte die ovale Glasschale mit Kartoffelsalat, den hätten Tante Jo und Rolf vorhin vorbeigebracht, als wir in der Kirche gewesen seien. Erleichtert muss ich damals gedacht haben, dass nun das Schweigen wirklich gebrochen sei, zumal Mutti das Tischgebet sprach: »Komm Herr Jesus, sei unser Gast, und segne uns und was du uns bescheret hast.« Es folgte ein Abend mit vielen Erinnerungen und Gesprächspausen, und mir fiel auf, wie gebannt Mutti immer auf die Kerzen schaute, gerade an Papas feuchten Augen vorbei.
Als die Kerzen niedergebrannt waren, Papa und ich hatten vorher gewettet, welche Kerze am längsten brennen würde, Papa hatte natürlich Recht, das war ein Gag aus seinem Physikunterricht, Thema Wärmelehre, starrten wir noch eine Weile ins Dunkle. Vielleicht ließe sich da manches leichter sagen. Mutti ergriff abrupt das Wort und sagte in den dunklen Raum: »Mariechens Mann ist auch arbeitslos.« Hatte sie die ganze Zeit daran gedacht, wie sie Papa die Einladung zum zweiten Feiertag vermittelt, oder wollte sie sich wirklich für die Entgleisung vor dem Kirchgang entschuldigen? Papa konnte weder wissen, wer Mariechen noch wer Mariechens Mann war. Diesmal konnte er nicht gut Heiserkeit

und Hustenreiz vorschieben, sondern sagte, dass er nichts anzuziehen hätte. Daran musste Mutti auch schon gedacht haben, jedenfalls erwiderte sie prompt, dass noch der ganz alte gute Anzug, der mit den kleinen weißen Müsterchen auf schwarzem Grund, ich hätte das Muster immer Tännchen genannt, noch in einem Koffer liege, und Papa sei ja so dünn geworden, dass der Anzug wieder passen müsste. Ich kannte ältere Fotos, auf denen Papa diesen Anzug trug und sehr gut darin aussah mit seinen schwarzen Locken und der Goldrandbrille; möglich, dass der Anzug sogar sein Hochzeitsanzug war. Ich freute mich sehr, dass Papa zu Familie Petry mitkommen wollte, denn Muttis Freundin hatte mir auf den ersten Blick gefallen. Diesmal wollte Oma zu Hause bleiben, wegen dem Ofen, dass der nicht überhitzt, und wegen dem Schnee, der hatte ihr beim Kirchgang sehr zugesetzt. Mutti war erleichtert: »Um Gottes Willen, Oma darf nicht hinfallen oder eine Lungenentzündung bekommen. Wovon sollen wir denn leben, wenn ihr etwas passiert?« Dann stand ja noch der Besuch bei den Großeltern im Laufdorferweg an. Hatte Mutti nicht in der Kirche zu mir gezischt: »Da gehen wir nicht hin«? Als hätte sie meine Gedanken erraten, sagte sie unvermittelt: »Morgen am ersten Feiertag müssten wir ja doch zu deinen Eltern, Hans. Na, wo sie uns den Kartoffelsalat gebracht haben, kann es ja dort nicht gar so schlimm werden. Ich meine wegen der Dumurs. Die Oma bleibt am besten hier, der Weg ist ja noch weiter als zu Mariechen.« Damit hatten wir den Heiligabend geschafft und die beiden Feiertage unter, und bis jetzt ohne Streit. Oma saß wieder in ihrem Sessel neben dem Ofen, jammerte, dass er bald ausginge und sie wäre immer noch wie durchgefroren. »Wisst ihr noch voriges Jahr in Idstein, wie wir am Herd in der großen Küche saßen, erst gab es den Kartoffelsalat, dann holte Mutti die Bucheckernplätzchen aus dem Versteck auf dem Flurschrank, und dann klopfte es, und die Schwester

Semiola stand vor der Tür – mit amerikanischem Weißbrot, Milchsuppe, Sardellen, Schinken, was haben wir da alles durcheinander gegessen, und sie sagte, wenn wir jede Menge Konserven haben wollten, sollten wir rüberkommen in den großen Lazarettsaal, da sei der Weihnachtsbaum aufgestellt, und es seien heute so viele der internierten Soldaten gestorben wie lange nicht, die Stimmung sei traurig und die amerikanischen Sanitäter hilflos, und in der Küche stapele sich das Essen. Ob wir da ein bisschen singen und Mutti ein bisschen dolmetschen könnten, damit die Amis verstehen könnten, was die gefangenen deutschen Soldaten nach Hause schrieben, jetzt an Heiligabend, wo das Heimweh so groß ist.« Ich hatte ja Oma schon lange nicht mehr so viel erzählen gehört, und dann konnte sie gar nicht damit aufhören: »Wisst ihr noch, wie die Schwestern dann mit ein paar Flaschen Rotwein kamen und fragten, ob wir Glühweingewürze hätten? Natürlich hatten wir Zucker und Zimt, Koriander und auch noch Tütchen mit Mischungen. In der Lazarettküche getrauten sie sich nicht, den Glühwein zuzubereiten, und dann kamen sie alle zu uns in die Küche, die katholischen Schwestern, die Flaschen versteckt unter der Kutte, deutsche Soldaten, die noch laufen konnten, amerikanische Soldaten, Sanitäter, Ärzte, der Oberstabsarzt Seite an Seite mit dem Captain, der ihn sonst zu bewachen hatte. Dann haben wir im Marmeladentopf Glühwein gekocht und aus unseren Zwiebelmustertassen getrunken, und die Schwestern waren so lustig, dass sie nach der ersten oder zweiten Tasse Glühwein verrieten, wie sie an den Rotwein gekommen waren: durch Tausch von Armeekonserven gegen gehortete Flaschen in Idsteiner Geschäften. Die Mutti hat das nicht alles übersetzt, die Amis dachten, wir tränken Vorkriegsweine aus dem tiefen Gewölbekeller des Schlosses. Aber Vorkriegsweine waren es ja bestimmt.«
Papa war auch ganz lustig geworden, er hatte damals den

Amerikanern den riesigen Baum an der Stelle aufgestellt, wo er ihn auch immer als Schulleiter zusammen mit dem Hausmeister für die Internatsschüler aufgestellt hatte, für die Schüler, die in den Ferien nicht mehr nach Hause konnten, weil die Eltern im Krieg umgekommen waren. Lustig, das war eigentlich zu viel gesagt, er war nachdenklich, aber auch irgendwie erleichtert, dass der Abend doch noch so eine lockere Wendung nahm. Vermutlich kannte er sich selbst kaum wieder, als er zu seiner Schwiegermutter sagte: »Oma, würdest du jetzt gern einen Glühwein trinken?« Oma konnte die Frage nicht fassen, aber Papa holte aus dem Versteck in unserer Schlafkammer die Flasche Rotwein, die Tante Jo heute auch noch im Gepäck gehabt hatte. Die Flasche hatte Oma Gilbert mitgegeben, sie war von Dumurs, zu ihrem Geburtstag im Oktober geschenkt und für alle Fälle aufgehoben. Oma soll gesagt haben: Die bringen zu Weihnachten wieder so eine Flasche mit, damit können wir dann auf die gute Nachbarschaft anstoßen.

Der Rest ist jetzt ganz schnell erzählt. Das Weihnachtsfest blieb ohne Streit, und beim Besuch am ersten Feiertag bei den Großeltern, Tanten, Vettern und Cousinen im Laufdorferweg war Mutti ganz aufgekratzt. Wir spielten mit dem Puppenhaus und Papa installierte noch eine elektrische Leitung, an eine 1,5 Volt-Batterie angeschlossen, mit der das Puppenwohnzimmer beleuchtet werden konnte. Die meiste Zeit verbrachte er mit Rolf und Gerd bei der Märklineisenbahn, da hatte er aus Erlenfrüchten noch Bäumchen für die Landschaftsgestaltung gebastelt. Einmal fragte Mutti etwas spitz, wie denn der Heiligabend mit Dumurs gewesen sei. »Ach, die waren doch gar nicht gekommen«, sagte Oma, »die dachten doch, der Hans käme.« Wenn man vom Teufel spricht, kommt er. In dem Augenblick ging die Klingel und die Dumurs standen vor der Tür, zwischen sich einen Korb mit Dosen und eine Flasche Rotwein unter einem

163

Geschirrtuch. Mutti musste lächeln, wegen der Flasche natürlich, Dumurs nahmen es für Freundlichkeit, und so nahm der Nachmittag einen gemütlichen Verlauf. Als Frau Dumur meine sichtlich zu engen Stiefelchen sah, wieder die hellgrauen mit den schwarzen Lackkappen, Mode von 1917, als Mutti so alt war wie ich, konnte sie ein Lächeln wirklich nicht mehr unterdrücken. »Erika«, sagte sie, »ich habe noch Kleider und Schuhe von meiner Gisela aufgehoben, sie ist jetzt 17 und ist aus den Sachen längst herausgewachsen. Ich suche morgen einige Wintersachen und ein Paar Winterschuhe für dich heraus und bringe es Tante Jo rüber. Du wirst ja öfters deine Großeltern hier besuchen und nimmst dann mit, was du gebrauchen kannst.« Oma sagte: »In Wetzlar sind noch alle Schulen geschlossen, Kohleferien bis Mitte Februar, da kannst du doch öfters zu uns kommen und bei mir nähen lernen.« Mutti war einverstanden, sagte aber, dass ich auch die fünf Bände »Die Ahnen« von Gustav Freytag lesen müsste, das sei mein Weihnachtsgeschenk, das sie mir morgen aus der Bibliothek von Papa heraussuchen wolle. Sie wären vorher nicht dazu gekommen, über Geschenke oder so etwas zu sprechen. Ich wusste schon, was sie meinte.

Aus dem Besuch bei Petrys ergab sich eine Freundschaft, die so lange hielt, wie wir in Wetzlar in dem »Dachbudio« wohnten. Wir gingen zusammen Pilze sammeln, Wildgemüse wie Löwenzahn, Geißfuß, auch Giersch genannt, wilden Feldsalat stechen, Fallobst sammeln und machten viele Wanderungen zusammen. Wir verloren uns erst aus den Augen, als jeder der Männer wieder eine Schulplanstelle bekam und als Petrys in Wetzlar bauten und wir nach Frankfurt zogen. Jetzt galt es noch den dritten Feiertag zu überstehen, denn danach wollte Mutti Behördengänge übernehmen, die vor Weihnachten nicht mehr zustande gekommen waren, dann war Mutti also beschäftigt und unterwegs in der Stadt auch in ihrem Element, denn sie könnte ja Glück haben und Bekannte treffen. Als Papa und ich zu einem morgendlichen Spaziergang aufbrechen wollten, Papa nannte das immer Exkursion und wir hatten auch immer den Schmeil-Fittchen, ein Pflanzenbestimmungsbuch, bei uns; Baumrinden, Wuchs und Früchte waren ja auch im Winter untrügliche Bestimmungskennzeichen, da müssen wir jedenfalls auf der dreigeschossigen Holztreppe so geklappert haben, dass Alberts, als wir im Parterre angekommen waren, schon in der offenen Tür standen, der alte Rektor im Hausrock, Fräulein Albert in einer dunkelroten Strickjacke, und im Hintergrund war die Tür zum Wohnzimmer offen, lauter alte Möbel, dunkelfurniert, dunkle Teppiche und ein riesengroßer Weihnachtsbaum, der bis zur Decke reichte und üppig in allen Farben geschmückt war. »Frohe Weihnachten, und kommen Sie, lieber Herr Doktor, doch für einen Moment herein, und du, Erika, natürlich auch!« Ich kann mich heute noch gut erinnern, wie erstaunt wir waren, wir Untermieter aus dem Dachbudio. Ich weiß nicht mehr, worüber alles gesprochen wurde, ich war ja gewöhnt, etwas abseits stehen zu müssen. Aber dann kam Rektor Albert auf mich zu, zeigte mir eine riesige Bücherwand und lud mich ein, immer in diesem Zimmer auf dem schönen Sessel am Fenster zu lesen und einfach mal zu blättern, wenn ich dazu Lust hätte, schließlich seien die Kohleferien jetzt noch bis Ende Februar verlängert worden. Ich könnte auch seine Schulbücher für die Volksschule in den Naturwissenschaften benutzen, als Pensionär brauche er sie nicht mehr. Und dann werde ich nicht vergessen, wie er mir, mit Tränen in den Augen, eine besonders bunte Bücherreihe zeigte. »Die kannst du alle lesen, den ›Tiger von Eschnapur‹ und wie die Lieblingsbücher meines Sohnes alle hießen. Was dir besonders gefällt, schenke ich dir. Mein Sohn ist aus dem Krieg nicht heimgekehrt.«

Ob Papa vielleicht auch den Weihnachtsbaum bei uns, unser Bäumchen, von Alberts hatte? Ich hatte damals vergessen zu fragen, woher Papa den Baum hatte, von sich aus sagte er auch nichts, und Mutti interessierte das nicht mehr, sobald die Feiertagsstille vorbei war. Als der Schnee geschmolzen war und ich im Frühjahr in Alberts Garten mithelfen durfte, sah ich, dass in einer Ecke noch viele Tännchen standen, solche kleinen, die man bei Wanderungen am Wegrand ausgräbt, weil sie einem Leid tun, und die dann im Garten unbemerkt zu Weihnachtsbäumchen in sechs bis sieben Jahren heranwachsen. Es war mir auch aufgefallen, dass Papa, solange er bei uns in der Kantstraße 33 wohnte, Alberts den Schnee schippte, und davon fiel in Wetzlar immer reichlich. In der Folgezeit haben wir uns alle mit Alberts gut verstanden. Wir blieben fast sieben Jahre in dem Dachbudio.

Meine Eltern haben später nicht mehr über das Weihnachtsfest 1946 gesprochen. Mutti hat das Schimpfwort »du Niete« vielleicht doch noch ein paar Mal herausrutschen lassen, aber Papa hatte auf Vermittlung seines Schwagers, des Pfarrers, bald eine Stelle als Mikrotechniker in einem wissenschaftlichen Institut in Köln gefunden und kam nur zu den Wochenenden nach Wetzlar. Als er wieder in seinem alten Beruf in einer Planstelle in Frankfurt arbeiten konnte und dort auch eine größere Wohnung für uns vier gefunden hatte, fiel das Wort überhaupt nicht mehr. Aber bei allen Weihnachtsfesten, zuerst noch mit Oma, dann viele Jahre nur zu dritt und dann mit meinem Mann zusammen wieder zu viert, war zu Anfang immer so eine eigenartige beklemmende Leere, die dann mit Filmen und Fernsehen überbrückt wurde. Das Klavier konnte endlich mit umziehen, aber so, wie Weihnachten 1945, als alle Glühwein getrunken hatten, hat Mutti nie wieder all die Weihnachtslieder auf dem Klavier heruntergeschmettert.

Das CARE-Paket

Wenige Tage nach Weihnachten stand die Gemeindehelferin unserer zukünftigen Gemeinde eines Abends vor unserer Wohnungstür zu den zwei Dachkämmerchen. Sie hatte wohl bei Fräulein Albert im Parterre nachgefragt, wo eine Familie Gilbert wohnt, denn ein Schildchen an der Haustür hatten wir noch nicht, meine Mutter montierte auch kein Namensschild draußen, weil sie nicht wollte, dass uns jemand in unseren kümmerlichen Kämmerchen aufsuchte. Nun hatte uns die Gemeindehelferin also gefunden. Sie drückte Mutti schnell eine große, hohe paketfarbene Tüte in die Hand – diese Tüten nannte man in Wetzlar Amitüten, weil die Amerikaner aus ihren besonderen Läden immer mit solchen Tüten auf dem Arm herauskamen –, dann wünschte sie noch Frohe Weihnachten – leider nachträglich – und ein gutes neues Jahr 1947, und ehe Mutti, die sonst nicht so leicht auf den Mund gefallen ist, etwas sagen konnte, hatte sie sich schon auf dem Absatz herumgedreht und war zur Treppe geeilt. Mutti blieb sprachlos, aber Oma packte die Neugier auf den Inhalt, ich stand wie immer daneben und sagte lieber nichts. Zum Vorschein kam ein weinrotes Samtkleid, ich hätte jubeln können, denn Weinrot war meine Lieblingsfarbe und ich trug noch immer das weinrote Mäntelchen mit dem Lammfellbesatz, das mir Tante Anneliese während des Krieges geschneidert hatte. Hatte mich jemand in dem mir etwas zu kleinen Mantel an Heiligabend in der Hospitalkirche gesehen? Hatte die Gemeindehelferin, die am Mittelausgang stand, gemerkt,

dass Mutti nichts in den silbernen Kolletteller geworfen hatte? Mutti war wütend. »Jetzt halten sie uns schon für Almosenempfänger und bringen uns Zeug ausgerechnet in einer Amitüte. Das kommt nicht in Frage!« Oma versuchte noch zu besänftigen: »Ich könnte das Samtkleid doch etwas für Erika verändern, so affig sieht es dann nicht mehr aus. Sie hat doch kaum noch Wintersachen.« Aber Mutti guckte sich den weiteren Inhalt erst gar nicht an, stopfte das Kleid in die Tüte zurück und war schon samt der Tüte an der Tür und schrie mehr als sie sprach: »Ich werde dem Pfarrer helfen, wir sind keine Almosenempfänger!«
Oma und ich sahen uns entsetzt an. Ob ich zu Papa laufen sollte? Er saß vermutlich wie immer um diese Uhrzeit nach dem Abendessen in der ungeheizten Veranda – in Hut und Mantel – und las, wozu er oben in dem Küchendachkämmerchen keine Ruhe hatte. Die Veranda war abschließbar und nur über das Schlafzimmer, das meine Eltern im Parterre bei Alberts hatten, erreichbar. Es hätte wohl auch keinen Zweck gehabt, ihn dazu zu befragen.
Als Mutti nach einer Stunde wiederkam, war sie fröhlicher, als wir sie kannten. Sie hatte unterwegs eine Frau nach der Adresse des Pfarramts gefragt, und dann hatten sie sich als ehemalige Lyzeumsschülerinnen wieder erkannt. Sie habe eine Tochter Ursula in meinem Alter, die schon die Lotteschule besuche, berichtete Mutti von der Begegnung, ich könne mir morgen sicher ein paar Schulbücher und Schulhefte ausleihen. »Dann lungerst du hier nicht mit Puppenspiel und Malarbeiten rum, dann kannst du dich auf eine Aufnahmeprüfung zum Realgymnasium vorbereiten. Deine Idsteiner Kenntnisse werden nicht reichen.« Oma und ich merkten, dass Mutti in ihrem Element war, sie kommandierte schon wieder ...
Der Grund für die gute Laune war damit allerdings noch nicht ganz erklärt. Und dann erzählte Mutti, wen sie alles

kennen gelernt habe: Pfarrer Alvermann und seine Frau und einen Herrn Dr. Gottschewski, Universitätslehrer, aus dem Banat oder Siebenbürgen vertrieben oder geflüchtet oder beides, ihr war das nicht ganz klar geworden, er wohne bei der Pfarrersfamilie zur Untermiete, aber er habe schon einen Lehrauftrag zum Unterricht an der Lotteschule in Biologie und Mathematik. »Papas Fächer«, muss ich schnell gerufen haben, Mutti sagte aber dagegen, Papa brauche das nicht zu wissen. Papa braucht auch den Herrn Dr. Gottschewski nicht kennen zu lernen, sonst verrät er sich noch als Kollegen, der Berufsverbot hat, das brauchen die nicht zu wissen ... Der Pfarrer sei freundlich, sogar ganz witzig, leide aber an Herzasthma, das sei auch der Grund, dass er an Heiligabend habe vertreten werden müssen. Sie habe mich bei der Gelegenheit gleich zum Katechumenenunterricht angemeldet, der nach Ostern, wenn die diesjährigen Konfirmanden eingesegnet seien, beginne. Es wurde ein sehr schöner Katechumenen- und Konfirmandenunterricht mit vielen Ausflügen und Besichtigungen.

Mit der Dogmatik hatte ich meine Probleme, mit der christlichen Ethik eigentlich nicht. Zwei Jahre besuchte ich jeden Sonntag den Gottesdienst in verschiedenen Wetzlarer Kirchen. Besonders gern sang ich die vielen Kirchenlieder im Unterricht und im Kinderchor der Kirchengemeinde. Wir probten und sangen in der herrlichen Hospitalkirche, die fast so farbig ausgestaltet ist wie die Idsteiner Unionskirche.

Aber das ist jetzt schon der Zeit vorausgegriffen. An diesem Abend war Mutti wohl auch deshalb so gut gelaunt, weil sie die Akademiker- und besonders die Pfarrertradition ihrer Familie, und das war immer die Familie Mickel aus Oberhessen, seit 1604 Pfarrer in Gedern, eingewandert aus Schweden – wenn Muttis Geschichten stimmen –, wieder einmal ausbreiten konnte – so wie damals in Idstein bei dem gütigen Pfarrer Böker. Von ihm wird sie auch erzählt haben, wie ich sie kenne ...

Der Pfarrer und Herr Dr. Gottschewski hatten bei dem Abendbesuch auch schnell gelernt, wie meine Mutter mit ihrem Akademikerdünkel zu nehmen war. Als Herr Dr. Gottschewski dann sogar ein Jahr später für zwei Jahre mein Klassenlehrer wurde, hat mir das sehr geholfen. Er konnte den Erwartungsdruck durch meine Mutter gut einschätzen. Erst spät bekamen Oma und ich heraus, welche Bewandtnis es mit der großen Tüte hatte. Der Inhalt stammte aus einem großen CARE-Paket, das für eine Familie zu umfangreich gewesen wäre – und auch ungerecht, denn es gab ja viele Gemeindemitglieder, die etwas hätten gebrauchen können. Die Pfarrersfrau hatte sich dann die Amitüten besorgt und sich Gedanken gemacht, wem man mit welchen Sachen eine Freude machen könnte. Mutti war eine Brücke zur Annahme gebaut worden. Sie hat aber trotzdem abgelehnt. Ob mich die Pfarrhelferin, die an Heiligabend am Mittelausgang stand, doch in dem zu kleinen weinroten Mantel gesehen hatte? Woher hatten sie Namen und Adresse von uns gewusst? Das blieb dann doch ein Rätsel und Mutti sprach nicht mehr über diesen Besuch im Pfarrhaus.

Glücksinsel Spiekeroog

Es war ungefähr zwei Wochen vor den Sommerferien, als Fräulein Ullmer auf dem Schulhof auf mich zukam und mich, was sie noch nie getan hatte, ansprach: »Erika, schön dass ich dich hier antreffe; ihr habt ja leider kein Telefon, sonst hätte ich bei Luise, deiner Mutter, mal schnell angerufen.« – »Ich habe doch nichts angestellt«, fuhr es mir schnell durch den Kopf, »ich bin doch immer pünktlich, mache meine Schulaufgaben ordentlich, und seit ich hier auf der Lotteschule bin, seit Ende Februar, habe ich als schlechteste Note eine Drei geschrieben ...« Fräulein Ullmer mochte gemerkt haben, dass ich erschreckt war, deshalb sagte sie schnell: »Ich soll dir viele Grüße von Tante Irene und Onkel Walter ausrichten und natürlich auch von meinem Patenkind Heidi. Wir wollen doch alle zusammen mit einer evangelischen Jugendgruppe aus Neuß in den Sommerferien auf die Nordseeinsel Spiekeroog fahren. Nur deine Mutti hat auf Irenes Brief noch gar nicht geantwortet. Deshalb wollte ich mich bei dir erkundigen, ob ihr vielleicht schon etwas anderes vorhabt.« Wir und etwas anderes vorhaben? Wir wohnten zu viert, Papa, Mutti, Oma Mickel und ich, in zwei Dachkämmerchen und in einem beschlagnahmten Raum im Parterre bei Rektor Albert und seiner Tochter Erna im Bannviertel, verstanden uns mit unseren Vermietern seit dem Weihnachtsfest zwar besser, aber bei uns war immer eine gedrückte Stimmung, seit Papa arbeitslos war und wegen seiner Mitgliedschaft in der NSDAP, als Mitläufer eingestuft, auch für fünf Jahre Berufsverbot als Lehrer hatte. Wir lebten von Omas Beamtenwitwenpension, darüber durfte ich aber nicht sprechen. Ob Fräulein Ullmer das wusste? Ob Tante Irene ihr etwas über unsere kümmerlichen Verhältnisse verraten hatte? Fräulein Ullmer war Tante Irenes Schulfreundin, sie hatten zusammen bis zur Mittleren Reife das Wetzlarer Lyzeum besucht, das muss bis 1924 oder 1925 gewesen sein, dann war Tante Irene, Muttis jüngere Schwester, zum Fröbelseminar gegangen, um Kindergärtnerin zu werden, und Elfriede Ullmer hatte in Gießen Abitur gemacht, das ging damals für Mädchen in Wetzlar noch nicht, anschließend hatte sie Mathematik und Naturwissenschaften studiert und unterrichtete nun an der Lotteschule, dem früheren Lyzeum, das nach dem Krieg zu einem Realgymnasium für Mädchen aufgestockt worden war. Hier besuchte ich die Quinta, und gleich bei der Anmeldung, als Mutti mich bei ihrer früheren Schule vorstellte, war uns die Studienrätin Ullmer über den Weg gelaufen, hatte Mutti sofort als Luise, die ältere Schwester ihrer Freundin, erkannt, und beide hatte sich gleich über viele gemeinsame Bekannte, Schülerinnen und Lehrer und natürlich Lehrerinnen aus der Wetzlarer Schulzeit unterhalten. Gerade hatten sie über die frühere Englischlehrerin getratscht, da kam sie auch schon, um sich nach dem Neuzugang, sie meinte mich, zu erkundigen, denn sie war inzwischen – NS-unbelastet und als Lehrkraft patent – Direktorin und also für Aufnahmen zuständig. Zwar musste ich, weil ich von einer Realschule kam (in Idstein gab es damals direkt nach 1945 noch kein Gymnasium), eine Aufnahmeprüfung machen, aber sonst hatte ich bei den älteren Lehrerinnen, die Mutti, ihre frühere Luise Mickel, als fleißige Schülerin in Erinnerung hatten, gleich einen Bonus. Dass meine Mutti zu Hause, besonders gegen Papa und mich, oft sehr unduldsam, gelinde ausgedrückt, war, konnten sie ja nicht ahnen, denn in Geselligkeit oder wenn es um das

Schwelgen in Erinnerungen ging, war meine Mutter an Witz und Situationskomik unschlagbar. Tante Irene und Elfriede Ullmer hatten sich als Freundinnen die Treue gehalten, auch über den Krieg verloren sie sich nicht aus den Augen, und als meine Cousine Heidi 1941 auf die Welt kam, wurde Elfriede Ullmer, wie sie es sich in ihren Jungmädchenschwärmereien vorgestellt hatten, Patentante. Fräulein Ullmer weckte mich aus meinen Gedankengängen und traf mich seltsamerweise bei dem Punkt, an dem ich auch gerade angekommen war. »Weißt du, Erika«, sagte sie, »wenn wir auf Spiekeroog zusammen sind, dann nennst du mich wie deine Cousine Heidi auch ganz einfach Tante Fide. Jetzt musst du mir allerdings noch erzählen, was Mutti zu der Einladung nach Spiekeroog gesagt und welche Reisevorbereitungen sie schon getroffen hat. Tante Irene hat ja gemeint, dass Mutti besser bei Oma Mickel in Wetzlar bleibt, dass Papa aber mitkönnte, denn als Biologe und Pädagoge könnte er Onkel Walter auch die Riesengruppe von mindestens 50 Katechumenen und Konfirmanden mal abnehmen und die Kinder aus dem Rheinland in die Meeresbiologie einführen.« Ich muss ein ganz ungläubiges Gesicht gemacht haben, denn von so einer großartigen Einladung, mit an die Nordsee fahren zu dürfen, hatte ich noch gar nichts gehört – und Papa bestimmt auch nicht, denn wir erzählten uns immer alles und hätten statt Pilze bestimmt schon Vögel, Fische und Muscheln gezeichnet. Da muss ich denn auch ziemlich gestottert haben, dass ich davon gar nichts wüsste, und Fräulein Ullmer muss, ihrem Gesichtsausdruck nach, vermutlich richtig kombiniert haben, dass Mutti und Oma da quer geschossen hatten. »Ach«, sagte sie, »ich hätte es ja ahnen können. Die Luise war schon immer zu stolz, sich etwas schenken zu lassen. Aber ich habe eine Idee, wie du doch mitkannst. Ich frage mal deine Klassenlehrerin, ob du vielleicht viel gefehlt hast. Dann setzen wir auf die

Karte Gesundheit. Einverstanden?« Ich hatte ja bei Fräulein Ullmer keinen Unterricht. »Zum Glück«, sagte sie, »habe ich keinen Unterricht in deiner Klasse«, als hätte sie wieder meine Gedanken erraten, »da kann auch keiner denken, du würdest vorgezogen, du weißt, dass ein solcher Vorwurf für Schüler und Lehrer peinlich ist.« Ich dachte bei mir, dass sie viel freundlicher ist, als sie aussieht, und dass Sommerferien in ihrer Gesellschaft sicher gar nicht wie Schule wären, und eigentlich ging ich ja gern zur Schule, da war ich jedenfalls viel lieber als zu Hause bei Mutti und Oma, wenn Papa bei seinen Eltern im Laufdorferweg oder am Apfelbaumstück an der Brühlsbacherwarte war und erst abends zurückkam. An diesem Schulvormittag war ich sicher sehr zerstreut, ich wurde einmal sogar ermahnt, besser aufzupassen, was meiner Klassenlehrerin sehr seltsam vorkam, so dass sie dann fragte, wovon ich denn träume, und ich sagte: »Von Spiekeroog. Mein Onkel und meine Tante fahren da hin, und sie wollen mich mitnehmen, aber ich glaube, ich darf nicht.« Nun machte sie auch ein trauriges Gesicht, aber sie wollte mit meiner Mutter reden, in dieser Woche sei ja noch Elternabend. Ein Lichtblick. Auf dem Heimweg hatte ich die Idee, einen Umweg zu machen und erst bei Opa und Oma Gilbert und bei Tante Jo nachzufragen, wie ich diese Reise mitmachen könnte. Spiekeroog, das war für mich Sonne und Meer und weißer Strand und weit weg von Mutti und Oma. Und der Papa sollte ja mitkommen, hatte Fräulein Ullmer gesagt ...

Ich war den ganzen Weg über gerannt, erst die Haarbachstraße hinunter, dann durch die Hausertorstraße wieder bergauf, dann durch die Sylhöferstraße und wieder bergauf durch das Sylhöfertor am Leitzwerk vorbei zum Laufdorferweg 11, und die ganze Zeit über dachte ich: Hoffentlich sind sie zu Hause und nicht draußen auf dem Apfelbaumgrundstück zwischen Helgebach und Brühlsbacherwarte. Oma und Tante Jo waren sehr überrascht, wie ich da atemlos und abgeschwitzt ankam, holten schnell ein Glas Saft und fragten, ob ich schon etwas gegessen hätte. Das war mir alles gar nicht wichtig. Ich platzte nur heraus: »Ich darf in den Ferien nach Spiekeroog, an die Nordsee. Mit Tante Irene und Onkel Walter aus Neuß. Sie fahren mit einer Jugendgruppe, das sind Kinder, die bei Onkel Walter konfirmiert werden. Ich darf mit! Fräulein Ullmer hat mir es heute in der ersten großen Pause gesagt.« »Wieso Fräulein Ullmer? Ist das eine Lehrerin an der Lotteschule? Wieso hast du es nicht von Mutti?«, wollte Oma Gilbert wissen, und Tante Jo rief dazwischen: »Spiekeroog hast du gesagt? Dann müssen wir schnell Tante Anneliese rufen, ich glaube, ich habe sie vorhin im Garten bei ihrer Salatecke gesehen, Schnecken ablesen. Anneliese, komm schnell, die Erika ist da, sie ist nach Spiekeroog eingeladen!« So schnell konnte ich gar nicht erzählen, wie die drei mich ausfragten. Ob Papa das schon wüsste und warum er nichts gesagt hätte. »Ja, Papa darf mit, hat Fräulein Ullmer gesagt, und es wäre besser, wenn die Mutti zu Hause bei der Oma Mickel bliebe. Dass die Stimmung bei Mutti und Oma sehr angespannt war, hatten die Großeltern Gilbert, Tante Jo und Tante Anneliese schon bald gemerkt. Tante Jo hatte ja schon von Papa, als wir kaum eine Woche in Wetzlar im Haus des Rektors Albert im Bannviertel wohnten und dort Heiligabend feiern, zumindest begehen, wollten, erfahren, dass Mutti in der schäbigen Dachwohnung keinerlei Besuch duldete und dass, als sie den Kartoffelsalat und die Flasche Rotwein gewissermaßen nur abgeliefert hatte, während Mutti, Oma und ich in der Kirche waren, auch sofort die Zeit für den Heimweg gekommen war. Papa musste ihr auch kurz erzählt haben, wie schlecht er von Mutti und Oma behandelt wurde, seit er Berufsverbot hatte und arbeitslos war. Tante Jo hatte nichts vergessen und so reimte sie sich schnell zusammen, dass auch ich zu Hause einen schweren Stand hatte und deshalb nach der Schule, ohne etwas zu essen oder zu trinken zu bekommen, zu ihnen gerannt war. »Wie können wir dir nur helfen, dass du mit nach Spiekeroog darfst? Den ganzen Winter über hast du gehustet und immer wieder Ohrenschmerzen gehabt, für dich wäre das Nordseeklima doch ideal«, sagten Oma und Tante Jo wie aus einem Mund, und Tante Anneliese, die immer sehr langsam sprach, ergänzte: »Ich habe auf Spiekeroog meinen Keuchhusten losbekommen, das war lange vor dem Krieg, ich war damals dreizehn oder vierzehn, erinnert ihr euch noch? Jo, du hattest mir einen tollen Bademantel genäht, apfelsinenfarbig mit weißen Blumenmustern, der ist noch in einem Koffer auf dem Boden, den kann Erika doch mitnehmen.« So plante Tante Anneliese schon gleich die Kleidung. Tante Jo ergänzte, dass sicher auch noch ausgewachsene Kleider und Badesachen von Gisela Dumur vorhanden sein müssten, sie wollte gleich nachher bei Frau Dumur vorbeigehen, um nachzufragen. Ich malte mir schon alles aus, sah mich in bunten neuen Kleidern über den weißen Strand laufen, die vielen anderen Kinder, Heidi, das Bübchen, Tante Irene und Onkel Walter und natürlich Papa.

»Wo ist Papa«, fragte ich unvermittelt, »ich dachte, er wäre auch hier?« Mutti hatte, als ich öfters Papa zu Hause nicht antraf, wenn ich von der Schule kam, mehrmals gezischt: »Dem gefällt es hier nicht. Der nimmt jeden Morgen seine Aktentasche und geht aus dem Haus, kurz nachdem Du immer das Haus verlassen hast. Er tut so, als hätte er eine Beschäftigung, das ist ja auch ganz gut so, dass die Leute das denken, aber Geld heimgebracht hat er noch nie. Oder er verbraucht es für sich.« An dieser Stelle ihres Wutausbruchs angekommen, ging ihr Zischen jedes Mal in Fauchen über, und wenn ich lustiger aufgelegt war, was allerdings selten war, überlegte ich mir immer blitzschnell, ob Oma Mickel

Mutti wegen des Fauchens oder weil sie ihren Teller immer geradezu leer leckte, damit ja nichts umkam, Mieze genannt hatte. Wie die Gedanken so schnell durch den Kopf eilen, gerade war mir wieder eingefallen, dass Mutti Papa schon öfters »Niete« genannt hatte. Sollte ich das Oma, Tante Jo und Tante Anneliese erzählen, oder schadete ich meinem Papa damit? An diesem Tag schienen alle meine Gedanken lesen zu können, denn Oma sagte: »Weißt du, Papa hat es ohne Aufgabe nicht mehr ausgehalten. Nimm es mir nicht übel, dass ich das jetzt dir erzähle, aber nur dir, sag ja nichts bei Mutti und Oma Mickel, sonst kriegen wir auch noch die Beschimpfung zu hören, die Papa so beleidigt hat. Es waren ja die meisten Lehrer Parteimitglieder, besonders wenn sie noch eine Prüfung abzulegen hatten, und jetzt hat er Berufsverbot und einen Platz in einer privaten Schule, wo viele ehemalige Lehrer untergekommen sind, hat er nicht gefunden. Er ist ja auch zu ehrlich und leugnet es nicht, in der NSDAP gewesen zu sein. Andere haben auf dem Fragebogen der Spruchkammer gelogen und waren fein raus, Papa hat nicht gelogen, jetzt ist er draußen. Für fünf lange Jahre! Dann ist er fünfzig, wenn er wieder unterrichten darf. Ob sie ihn da überhaupt noch nehmen?« Tante Jo redete weiter, wo Oma ganz aufgelöst, wie ich sie noch nie erlebt hatte, aufgehört hatte: »Ich habe mit mir lange gekämpft, ob ich die Freundschaft mit Dumurs überstrapazieren kann; schließlich ist Herr Dumur kaufmännischer Direktor bei Leitz, und wir sind nur die Familie eines Werkmeisters, aber Nachbarn. Aber wie wir gemerkt haben, dass dein Papa lebensmüde war und eigentlich nur noch dir, Erika, zuliebe am Leben bleiben wollte, da haben wir alle Bedenken außer Acht gelassen, den Opa eingeweiht, auch dir, Anneliese, ein paar Andeutungen gemacht, und dann habe ich bei Frau Dumur das Gespräch darauf gebracht. Sie verstand alles und sie hat wirklich auch bei ihrem Mann wegen dem Hans vorgesprochen. Herr

Dumur konnte natürlich auch von sich aus nichts entscheiden, er wendete sich aber an die Familie Leitz, und da konnte sich der Seniorchef noch gut erinnern, welchem Druck die Familie und das Werk während der Nazizeit ausgesetzt gewesen seien und dass man manchmal habe spenden müssen, um ungeschoren davonzukommen. Wer da alles noch mitzureden hatte, wissen wir auch nicht, aber es waren noch viele ältere Mitarbeiter da, die Hans von einem Mikroskopierpraktikum her während seines Studiums kannten und lobten. Und nun hat dein Papa die Chance zu einer Schulung zum Umgang mit allen neuen Leitzentwicklungen bekommen. Erst war er in der Abteilung, wo die neuen Monokularmikroskope endmontiert werden, jetzt ist er bei den Binokularmikroskopen, und über kurz oder lang soll er zur Abteilung, wo die erste Kleinbildkamera, die Leica IIIc, entwickelt wird. Das darfst du aber niemand weitererzählen, hörst du, auch in der Schule nicht. Ich wollte dir nur klarmachen, dass dein Papa keine Niete ist, wie deine Mutti gesagt hat. Hoffentlich schafft er es nur mit den Augen. Seine alte Brille noch von vor dem Krieg ist für ihn nicht mehr scharf genug, und neue Gläser gibt es ja noch nicht; er ist als Arbeitsloser ja auch nicht versichert, und wovon sollte er eine Brille zu Schwarzmarktpreisen bezahlen? Ein Gehalt bekommt er natürlich nicht, es ist ja eine Art Praktikum, aber wenn er die Schulung schafft, ich meine wegen seiner schlechten Augen ist da ein Problem, dann werden die Dumurs schon weiterhelfen, dass er in Wetzlar etwas bekommt. Die optische Industrie ist im Krieg zum Glück kaum bombardiert worden.«
Jetzt schaltete sich Tante Anneliese ein und fragte, wie eilig denn die ganze Sache sei, und ich darauf: »Fräulein Ullmer hat gesagt, dass wir vom 23. Juli bis zum 12. August in Spiekeroog angemeldet seien. Wie die Züge gehen, das wollte sie noch herausbekommen und mir vor Ferienbeginn unbedingt mitteilen.«

»Ich weiß nicht«, sagte Tante Anneliese, »ob da überhaupt Züge fahren. Ich habe gehört, dass die für Vertriebenen- und Flüchtlingstransporte gebraucht werden.« Jetzt wurde ich ganz traurig und dachte, dass ich mich zu früh gefreut hätte, abgesehen davon, dass ich von Mutti nichts erfahren und also auch keine Erlaubnis hatte. Aber Tante Jo sagte schnell, dass die Einladung von Tante Irene und ihrem Mann, dem Pfarrer Walter Schmidt, komme, der sei zuverlässig, die Eltern seien doch Nachbarn am Helgebachweg, gerade an der Bebauungsgrenze zum Apfelbaumgrundstück. »Nein, nein, nein«, bekräftigte noch Tante Jo, »das Problem ist allein die Luise, die zu stolz ist, sich etwas schenken zu lassen, und wenn es nur der Erika und Papa zugute kommen sollte.«

»Kann ich auf Papa warten?«, fragte ich schnell, aber Oma, Tante Jo und Tante Anneliese bekamen doch Bedenken, dass ich dann zu Hause noch mehr Schelte bekomme. »Natürlich würden sich Opa und Papa freuen, wenn du sie auch am Werktor abholen würdest. Stell dir vor, Rolf und Gerd, Nati und Ulli spielen schon den ganzen Sommer auf dem Schützenhof, da sind viele Kinder, aber sobald die Feierabendsirene von Leitz ertönt, dann rennen sie zum Werkstor, Rolf und Gerd wollen von Onkel Hans, Nati und Ulli von Opa an die Hand genommen werden, und so kommen die sechs auf einmal zum Abendessen in die Küche und das Haus ist voll!« Tante Jo ergänzte noch: »Wir wollen dich ja nicht wegschicken, aber ich fürchte, die Luise tobt heftiger, wenn du noch später kommst, es ist ja jetzt schon drei Uhr.« Heute würde man schnell telefonieren, damals 1947, erst zwei Jahre nach Kriegsende, war ein Telefonanschluss ein Luxus, Gilberts im Laufdorferweg hatten keinen, meine Eltern in der halben Dachwohnung im Bannviertel erst recht nicht, wir wohnten dort noch kein halbes Jahr, das Geld für Anschluss und Gebühren hätten wir auch nicht gehabt, und die einzige

Frau im Haus, die ein Telefon hatte, hätte ich nie an rufen dürfen. »Du hast hier immer pünktlich zu erscheinen, und wenn die Schule eine Rückfrage haben sollte, dann sollen die das gefälligst schriftlich machen«, das hatte mir meine Mutter sofort nach der Anmeldung zur Lotteschule eingeschärft. Und die Frau im Haus, die ein Telefon hatte, nannte meine Mutter sowieso eine eingebildete Person und setzte noch drauf: »Untersteh dich, die je in ihrer Wohnung zu besuchen. Dann will die auch unsere Dachkammern sehen, das fehlte gerade noch ...«

Es führte kein Weg am Heimweg vorbei, aber ich trödelte, überlegte hin und her, wie ich eine plausible Ausrede finden und dann das Gespräch auf die Spiekeroogreise bringen könnte. Es war ja alles so schwer, und ich durfte nur etwas sagen, wenn ich gefragt wurde. Aber was würde sie mich denn fragen? Sie würde ja nur toben und vor Wut schnauben. Ich erinnere mich, dass ich dann doch noch einen Umweg über die Langgasse zur Gärtnerei Meier machte, um mir Mut bei meiner neuen Freundin Renate zu holen. Renate war nicht zu Hause, sie war unterwegs, um Blumen auszutragen, da wäre ich gern mitgegangen, aber zu Oma und den Tanten im Laufdorferweg zu gehen war heute wichtiger gewesen. Frau Meier war im Laden. »Gut, dass du kommst, Erika, deine Mutter war vorhin schon da, sie war außer sich. Zu Hause erwartet dich wieder mal nichts Gutes. Geh erst schnell in die Küche zu Tante Grete und lass dir den Rest vom Mittagessen aufwärmen! Dann gehst du wenigstens gestärkt nach Hause!«

Frau Meiers Einschätzung der kommenden häuslichen Katastrophe stimmte. »Wo kommst du denn jetzt erst her! Nachsitzen gehabt? Einen Freund gefunden? Fang bloß nicht so an, und denk bloß nicht, dass ich wegen dir noch mal den Gasherd anmache und dir Essen wärme! Die Oma hat sich auch so aufgeregt, jetzt ist sie im Sessel eingenickt, nachdem ich ihr wieder Herztropfen geben musste. Du bist doch ein blödes Kind! Wovon sollen wir denn leben, wenn meiner Mutter etwas passiert? Glaubst du, die im Laufdorferweg würden uns dann unterstützen? Also, lüg jetzt bloß nicht, dass du bei Meiers gewesen wärst. Ich war nämlich vorhin schon dort, und Frau Meier hatte dich auch nicht gesehen.« Wahrheitsgemäß konnte ich antworten, dass ich bei Meiers gewesen sei und bei Tante Grete in der Küche gegessen hätte, und dann gab ich zu, dass ich vorher bei Oma, Tante Jo und Tante Anneliese war, und sie wollten mir Badesachen und Strandkleider von Dumurs, also abgelegte Sachen von Gisela Dumur, besorgen, damit ich in Spiekeroog etwas anzuziehen hätte, und unvermittelt konnte ich loswerden, was mir den ganzen Tag schon Kopfzerbrechen gemacht hatte, so sprachlos war meine Mutter plötzlich. »Fräulein Ullmer hat gesagt, dass ich mit Tante Irene und Onkel Walter an die Nordsee darf, auf die Insel Spiekeroog, und sie fährt mit und passt im Zug auf mich auf. Ich darf dort auch Tante zu ihr sagen, so wie Heidi und das Bübchen.«

»Das hat die Irene gar nicht geschrieben, dass die Elfriede mitfährt«, entfuhr es Mutti, worüber sie sich im nächsten Augenblick allerdings schon wieder ärgerte.

Immerhin, da war also ein Brief von Tante Irene und Onkel Walter angekommen, Papa und mir hat sie nichts davon gesagt, und jetzt ärgert sie sich, dass sie sich verraten hat. Meine Mutter schien sogar jetzt der Sache mehr geneigt zu sein, weil Elfriede Ullmer, die sie ja auch von ihrer Schulzeit her kannte und die wir im Februar bei meiner Anmeldung in der Lotteschule gleich zufällig getroffen hatten, mitfuhr, aber die Erlaubnis zur Reise war es noch nicht, ich kannte meine Mutter, die immer irgendwo einen Haken an einer Sache fand. Jedenfalls weckte sie erst einmal Oma Mickel, die sofort wusste, wovon die Rede war, sie kannte also den Brief, den Mutti vor Papa und mir offenbar versteckt hatte.

»Den werde ich schon noch finden«, dachte ich bei mir, »denn Mutti schläft im Parterre, Oma mit mir in der kleinen Dachkammer, von ihr werde ich alles leichter erfahren als von Mutti.« Das stellte sich allerdings als absolut falsche Einschätzung heraus. »Das habe ich schon gesagt«, tobte Oma, wie ich sie noch nie hatte toben hören, »mit Irene und Walter fährt die Erika nicht mit! Und dann da dieses Bübchen, wie sie es nennen, diesen Hans-Walter, wie sie ihn genannt haben!« »Stimmt«, schrie Mutti, »keine anständige Frau hat 1945 oder 1946 ein Kind bekommen. Dieses Bübchen, wie sie ihn nennen, das ist doch«, und meine Mutter zischte und fauchte, so sträubte sie sich bei dem Wort, das sie nun dachte, aber nun war es heraus: »dieser Bankert, so eine Schande für die Familie, und der soll natürlich mit! Nein, Tante Irene ist kein Vorbild für Erika. Mutti, du hast Recht, Erika darf da nicht mitfahren.«
Meine Glücksinsel Spiekeroog, der weiße Strand und die weiten Wattwiesen mit Strandnelken und Strandflieder, alles rückte in weite Fernen, der Papa meistens auch nicht da, er war lieber am Laufdorferweg, wo ich auch nicht so oft hindurfte. Was sollte ich sagen, Mutti und Oma hatten mich nichts mehr gefragt, Onkel Walter und Tante Irene, die Heidi und das Bübchen: Da war Hass in der Familie wegen einer vermeintlichen Schande. Und Mutti setzte noch eine Beleidigung gegen Papa drauf: »Hans-Walter haben sie ihn genannt. Walter nach seinem Vater, der 1945 im Lazarett in Olmütz lag und vorher immer nur ganz kurze Heimaturlaube bekommen hatte, und die Irene war ihm noch ins Lazarett nachgefolgt, schamlos, so eine Schwester zu haben. Und Hans heißt er nach meinem Mann, weil der Hans so blöd war, seinen Namen für die Patenschaft eines Bankerts herzugeben.« Was ein Bankert ist, wusste ich nicht, ich wusste überhaupt nichts, beschloss aber, mir am nächsten Morgen den Mut zu nehmen, an die Lehrerzimmertür zu

klopfen und um ein kurzes Gespräch mit Fräulein Ullmer zu bitten. Sie sollte mir sagen, weshalb Bübchen ein Bankert sei, was das überhaupt sei und dass das auch der Grund sei, dass Mutti und Oma mir die Reise verbieten.
Das Schlimmste war noch nicht ausgestanden. Papa war immer noch nicht zu Hause, keiner da, der mir jetzt hätte helfen können. Vorsichtig getraute ich mich, das Gespräch auf die Kleider zu bringen. Tante Anneliese hätte einen Bademantel für mich, sonst bekäme ich doch abgelegte Sachen, die Kleiderkarte brauchten wir doch für Badezeug, was ich sonst weniger verwendete, nicht zu verplempern. Ich dachte, mit Muttis Lieblingswort für ›verschwenden‹ etwas gutzumachen. Vielleicht würde sie doch noch die Reise erlauben. Aber die Hölle kam erst. »Ich soll mir für dich alte Sachen schenken lassen? Und noch Dankeschön sagen? Du hast schon zu viel von Dumurs angenommen. Die Winterstiefel, den Wintermantel, das rot karierte Dirndl, das weiße Kleid mit der bunten Zackenlitze ... Das kommt nicht in Frage. Nein.« Oma konterte: »Aber wenn sie die Kleider anzieht, die ich ihr aus alten Sachen von uns genäht habe, und da habe ich hier in der Hitze an der Nähmaschine gesessen statt lieber Zeitung zu lesen, nein, die Kleider nimmt sie nicht mit, eher zerschneide ich alles, was ich genäht habe. Die Sachen braucht sie für die Schule. Soll die Sommerhitze am Meer alles verschießen? Nein. Und außerdem: Mit Irene und Walter soll Erika nichts zu tun haben.« Onkel Walter, Tante Irenes Mann, Omas Schwiegersohn – schon als Kind hatte ich mitbekommen, als Oma nach der Ausbombung in Köln zu Mutti und mir nach Frankfurt zog, während Papa schon in Idstein in einem Dienstzimmerchen neben dem Büro der Lehrerbildungsanstalt wohnte: Oma hasste beide Schwiegersöhne, aber Walter ganz besonders.
Und dann überschlugen sich die Stimmen, ich konnte nur einige Wortfetzen ausmachen, aber die kamen wutgeballt:

»Der Walter, so ein Rothaariger, so sah noch nie einer in der Familie aus, und die wasserblauen Augen, die weiße Haut, fast immer gerötet. Und wie viel der isst!« Jeden Abend habe der eine Schüssel Kartoffelsalat oder eine Pfanne Bratkartoffeln allein aufgegessen. Sie müsse es ja wissen, sie sei ja damals mit Irene nach der Heirat mit dem Walter nach Köln gezogen, Köln-Sülz, Emmastraße 17, sie habe den Haushalt geführt und gesehen, was der Walter alles für sich brauche. Immer ein großes Maul riskiert! Dann sei die Gestapo in der Wohnung gewesen, weil der Walter von der Kanzel in der Christuskirche in Sülz auch ein großes Maul riskiert habe. »Für sechs Wochen hatten die ihn sogar geholt. Die Irene und ich allein in der Wohnung, und die Nachbarn grüßten uns nicht mehr. Was uns da der Walter angetan hat. Was war, hat er auch nicht gesagt. War einfach nach ein paar Wochen wieder da, stieg wieder auf die Kanzel und sagte der Gemeinde, ohne uns vorher etwas zu sagen, er sei jetzt zur Ostfront abkommandiert. Und wir allein in Köln, wir allein im Luftschutzkeller. Und als das Haus den Volltreffer kriegte, half uns niemand. ›Na, Sie haben ja so einen sauberen Schwiegersohn‹, sagten die Leute im Haus, ›fragen Sie doch mal beim Ortsgruppenleiter nach, wo er ist, ob er überhaupt an der Ostfront ist und nicht vielleicht in einem KZ.‹ Der Walter. Und jetzt ist er fein raus, ist schon wieder Pfarrer, jetzt spielt er sich als Wohltäter auf, damit die Erika und der Hans Nordseeluft schnuppern dürfen. Und ich habe der Irene den Haushalt geführt und die kleine Heidi betreut, während die Irene sich im Sanitätsdienst ausbilden ließ. Die war schon immer reiselustig. Als Krankenschwester wollte sie an die Front zu den Soldaten. Und jetzt reist die schon wieder, während sonst keiner reisen kann. Jugenheim, Seeheim, Bickenbach, Heigenbrücken, die Sommerfrischen, die wir früher aufgesucht haben, nichts zu machen, alles beschlagnahmt und mit Flüchtlingen oder Ausgebombten

belegt oder die Amerikaner und Engländer wohnen drin ...«
Meine Mutter versuchte sogar einzulenken, dass Oma doch einiges falsch sehe, aber Oma war nicht mehr zu beruhigen. Was sie eben schon vorgebracht hatte, kam noch mehrmals, in anderer Reihenfolge, dann zog sie noch über Walters Familie her: »Briefträger war der Vater, und sechs Kinder in die Welt gesetzt, Briefträger, Postschaffner, mit solchen einfachen Leuten sind wir ja nie verkehrt, noch nicht einmal mit Sekretären, Obersekretären oder Inspektoren hätten wir uns an einen Tisch gesetzt, und dann heiratet die Irene diesen Briefträgerssohn, nur weil sie ihn in der Tanzstunde kennen gelernt hat und da durfte er nur hin, weil er das Gymnasium besuchte, mit Stipendium, das Schulgeld hätte der Briefträger Schmidt aus der Helgebachstraße nie aufbringen können ...«
Wie viel Zeit war schon vergangen? Würde Papa vielleicht heute früher kommen? Sogar Mutti wurde es zu bunt, wie sie ihre Einwände ausdrückte. »Aber alle sechs Schmidtkinder aus der Helgebach sind etwas Anständiges geworden, und der Walter hat doch evangelische Theologie studiert und hat alle Examina für das Pfarramt mit Auszeichnung bestanden. Also das musst du dem Walter doch lassen, eine Niete ist er nie gewesen«, so Muttis Erwiderung, so dass ich einen Hoffnungsschimmer für Spiekeroog sah. Sie fuhr fort: »Morgen gehe ich auf jeden Fall zur Elfriede Ullmer und erkundige mich genauer. Dann sehen wir weiter.«
»Wenn du das machst und die Erika doch noch mitfahren lässt«, schrie Oma, und ich kannte sie kaum wieder, so schrill war ihre Stimme geworden, »dann springe ich zum Fenster raus, jawohl, dann springe ich zum Fenster raus!«
»Das hast du uns schon immer angedroht, der Irene, dem Alfred und mir, solange ich mich erinnern kann, da hat der Vati noch gelebt, da hast du das schon bei jeder Kleinigkeit geschrien, wenn dir etwas nicht passte, und die Dienstmäd-

chen standen daneben und heulten, weil die gnädige Frau so ganz die Nerven verloren hatte. Also, wenn du das machst, wovon sollen wir dann leben? Dann drehe ich den Gashahn auf und nehme die Erika mit, denn der Hans kümmert sich ja auch nicht um uns. Hast du gehört: Dann drehe ich den Gashahn auf und ich fackele nicht lange ...«
Wie ich unter den Tisch, zur Tür und auf den Flur, dann zum Treppenhaus gekommen bin, weiß ich nicht mehr. Ich wollte zu Fräulein Albert, sie sollte den Haupthahn abstellen. Da kam Papa.
»Gott sei Dank, dass du da bist«, flüsterte ich schnell, und Papa antwortete ebenso schnell und leise, dass Jo ihn am Werkstor abgeholt, ihm kurz alles erzählt habe, auch dass ich solche Angst gehabt hätte, nach Hause zu gehen. »Es ist ja noch viel schlimmer, als du denkst, Papa, Oma will zum Fenster herausspringen und Mutti den Gashahn aufdrehen, wenn wir mit Tante Irene und Onkel Walter nach Spiekeroog fahren, ach, Papa.«
Ein kurzer Blick, dann rissen wir die Tür auf, es war sogar ruhig geworden, die Oma auf dem Sessel, die Mutti mit dem Herztropfenfläschchen neben ihr, das Fenster sperrangelweit auf, es war unerträglich heiß in der Mansarde, denn vorher während Omas Drohung hatte Mutti schnell das Fenster geschlossen, damit weder jemand mithören noch Oma tatsächlich ihre Drohung wahrmachen konnte. Ruhe bedeutete das allerdings noch nicht. Ich wurde, wie immer in solchen Fällen, und Streit war seit unserer Unterkunft im Dachkämmerchen an der Tagesordnung, in den Garten zu Alberts geschickt, einen Band der »Ahnen« hinterhergeschmissen, weil ich die Bücher immer noch nicht aus hätte, und »Wehe, du erzählst etwas bei Alberts«, auch das gehörte zum täglichen Leben wie bei anderen Leuten vielleicht ein Kuss oder ein Stück Kuchen.
Was gesprochen wurde, ob überhaupt gesprochen wurde

oder nur geschwiegen, in der gereizten Stimmung bei uns im Dachgeschoss gab es eigentlich entweder Streit oder Schweigen, wobei Papa sich mehr auf das Schweigen und Mutti sich auf das Streiten verlegt hatte. Es muss aber doch etwas gesprochen worden sein, denn als ich aus meinem Versteck in der Toilette auf dem gemeinsamen Flur mit den anderen Untermietern hervorkroch, um an der Küchen- und zugleich Wohnungstür, wenn man diese blaue Tür mit dem Schildchen »Dr. Gilbert« so nennen kann, zu horchen, da hörte ich gedämpfte Stimmen, konnte aber die Inhalte nicht ausmachen. Papa schlug dann einen gemeinsamen Spaziergang vor, das konnte ich heraushören, und Mutti rief, dass er dann aber das Fenster in der Küche, so nannten wir allmählich den Allzweckraum für Wohnen, Kochen, Waschen und auch für die Schulaufgaben anzufertigen, und das Fensterchen in der Schlafkammer mit Draht zumachen müsste, damit die Oma ja nicht ... Was kommen musste, kannte ich, Mutti hat es für Papa leise gezischt, sie wusste ja nicht, dass er es schon von mir gehört hatte.

Ich erinnere mich noch, dass wir den Spaziergang an den Häusern der Kantstraße entlang schweigend zurücklegten. Wenn Leute uns durch ihre Gardinen beobachteten, sollten sie die Neuen in der Straße für eine glückliche Familie halten. Die Lahnbrücke, von den Wetzlarern Bollerbrücke genannt, die auf den Lahnbergweg zuführte, konnten wir auch noch nach außen friedlich passieren. Mutti zeigte auf das Haus Bahnhofstraße 24, das den Krieg unbeschadet überstanden hatte und wo früher, bis zum Tod des Vaters im November 1921, ihre Dienstwohnung gewesen sei; dann wurde auch ein Blick auf das Haus Schleusenstraße 6 geworfen, wo Oma mit den drei Kindern zwischen 10 und 14 Jahren, mit Irene, Alfred und Luise, ihre Witwenwohnung genommen habe, immer noch herrschaftlich und in der gleichen Wohngegend, so dass sich keiner bei Schulfreunden und Geschäften umzugewöhnen hatte. Durch die Erinnerungen war Mutti abgelenkt, der Spaziergang über den Hauserberg löste zum Glück auch viele gute Erinnerungen aus, und so sagte Mutti plötzlich in die Stille des Betrachtens hinein: »Wir könnten in den Sommerferien hier öfters spazieren gehen. Eigentlich könnte die Erika hier bleiben, aber wenn die Elfriede Ullmer mitfährt, wäre die Erika auch auf Spiekeroog unter guter Aufsicht. Was meinst du, Hans?« Papa war natürlich dafür, zählte gleich die Buchtitel auf, die ich mitnehmen müsste, z.b. Kuckuck: »Der Strandwanderer« und ein anderes wichtiges Nachschlagebuch »Was finde ich am Strande?«. Ob Papa mitfahren dürfte, fragte ich lieber nicht, ich wollte Mutti nicht mit Fragen verärgern. Papa hatte bestimmt auch gleich verstanden, weshalb ich lieber nichts sagte. Mutti ergriff dann wieder das Wort und sagte, dass sie am nächsten Morgen Fräulein Ullmer in der großen Pause aufsuchen wolle, dann werde man weitersehen. Nach einer längeren Weile ohne zu sprechen hatten wir den Bismarckturm erreicht; seit meine Eltern wieder in Wetzlar wohnten, hatten wir diesen Spaziergang noch nicht gemacht, und so betrachtete man den Zustand des Turms, der Eisengeländer, ob die Wege noch die alten Wege waren, dass Richtung Vogelsang ein paar neue Häuser standen, die es vor dem Krieg noch nicht gegeben hatte. Papa beobachtete einige Bussarde. Es gab genug zu sehen, um unangenehme Themen zu vermeiden. Mutti kam dann doch darauf zu sprechen, wie sehr sie sich vorhin erschreckt habe, als Oma gedroht habe, aus dem Fenster zu springen. »Das hat sie schon immer angedroht, auch als Vati noch lebte, und Vati hat einmal sogar gesagt: ›Ich hätte die Maria Vollert nie geheiratet, wenn ich gewusst hätte, dass sie hysterisch ist‹. Stell dir das vor, Hans. Wenn sie es wirklich macht, wovon sollen wir dann leben? Ich glaube, wir müssen jetzt auch umkehren.« Zum ersten Mal tat mir Mutti irgendwie Leid,

Papa auf der Steinernen Lahnbrücke, der Wetzlarer Dom im Hintergrund (Sommer 1947)

Das Wetzlarer Bannviertel, wo wir in Alberts Haus wohnten

ich konnte es nicht genauer bestimmen, dieses ungewohnte Gefühl; ich hatte ja immer nur Angst vor ihr und hasste sie, weil sie nie ein liebes Wort für mich hatte, Blumensträuße zu Ostern oder Muttertag zurückwies und die Geschenke,

die wir im Handarbeitsunterricht für unsere Mütter anfertigen sollten, als unnötig und unbrauchbar, als Garn- und Stoffverschwendung abqualifizierte. Papa schienen ähnliche Gedanken durch den Kopf zu gehen. Sicher, um Mutti das Gefühl zu geben, dass es weitergehen würde, dass wir sozial wieder Fuß fassen könnten und dass wir nicht für alle Zeiten von Omas Pension leben müssten, machte er Andeutungen über die Schulung bei Leitz an neuen Geräten, die noch in der Entwicklung seien. Mutti war schon wieder ganz die Alte, praktisch, realistisch: »Verdienst du etwas dabei?« Und Papa vorsichtig: »Noch nicht, ich hoffe, dass Opa, Jo und die Dumurs mir weiterhelfen. Nächste Woche kann ich mich im Fotolabor des Freiherrn von Pechmann vorstellen.«
»Als Laborant? Aber Hans, sonst wird nichts?«

Ich sehe uns noch vor mir, als sei es erst gestern gewesen, und dabei sind schon mehr als fünfzig Jahre vergangen und alle beteiligten Personen außer mir tot – und wer von den Vettern und Cousinen noch lebt, weiß ich nicht, alle Kontakte sind spätestens nach Tante Irenes Tod abgerissen, sie war die Letzte, die von den Tanten starb –; vor meinem inneren Auge sehe ich noch die Szene vor mir. »Als Laborant«, zischte Mutti vor sich hin, »als Laborant? Ja, Hans, wie kann man denn nur so dumm sein? Als Laborant in einem Fotolabor, wo es gar keine Fotoapparate und keine Filme gibt. Unsere, und wir hatten viele, die schöne Rollei, wenn ich noch daran denke: Alle Apparate haben die Amerikaner bei unserer Wohnungsdurchsuchung, und sie kamen mehr als einmal, mitgenommen. ›Souvenir‹, haben sie gerufen, die Soldaten, und dann nahmen sie alles mit, und Filme gab es auch vorher schon nicht mehr, da wollte der Hitler wohl schon nicht mehr, dass wir die zerbombten Städte fotografieren ...« Und nach einer Weile des Schweigens brummelte sie weiter: »Und was soll man denn jetzt fotografieren? Zwei

Jahre nach dem Ende des Kriegs sind immer noch die Trümmer da. Und wem der Apparat von den Amerikanern nicht geklaut, sagen wir lieber: beschlagnahmt worden ist, der kriegt ja auch keine Filme zu kaufen, und auf dem Schwarzen Markt haben die Leute wirklich Wichtigeres zu tauschen als Schmuck gegen Filme. Und außerdem: In den gestopften oder irgendwie zurechtgemachten Vorkriegsklamotten wird sich doch kein Mensch fotografieren lassen, am besten noch mit seinem zerstörten Haus im Hintergrund ... Ach, Hans, was du da angeblich in Aussicht hast, ist auch nur wieder eine brotlose Kunst wie eure (sie meinte Papa und mich) Pilzbilder von Steinpilzen und Pfifferlingen, die hier auch nicht mehr wachsen.« Wir waren am Rande des Hauserbergs angekommen, von wo aus man einen weiten Blick über die Lahn, zur Bollerbrücke, zur Schleusenstraße, die jetzt Hensoldtstraße hieß, zum Bannviertel und im Hintergrund zu den Buderusschen Eisenwerken hatte, es war der nördliche Taunusrand und wir sahen jetzt am späteren Nachmittag in eine besonnte, weite Landschaft, flankiert vom Dünsberg Richtung Gießen und vom Kalsmunt, an dessen Fuß die Leitzwerke und das schöne Wohngebiet am Laufdorferweg lagen. Ich merkte, dass Papa diesen Blick liebte und dass sogar Mutti gebannt in die Weite schaute, auch mir gefiel dieses Panorama sofort. Mutti zeigte auf ein spitzgiebeliges Haus am oberen Ende des steilen Hauserbergwegs und sagte mit veränderter Stimme, dass dieses Haus 1916, als ihr Vati nach Wetzlar versetzt worden sei, zum Verkauf gestanden hätte, und Vati hätte es gern für die Familie gekauft, wenn ihre Mutter nicht so heftig protestiert und für die zentrale Lage der außerdem viel billigeren Dienstwohnung plädiert hätte; Vati habe damals schon eine schwache Lunge gehabt, das sei ja auch der Grund für seine Versetzung auf eigenen Wunsch in die Preußische Rheinprovinz Wetzlar gewesen, geographisch nicht weit weg von Gießen, wo sein Vater als

Pfarrer im Ruhestand lebte und Zeit gehabt hätte, sich um die Familie zu kümmern, falls dem Vati noch früher etwas zugestoßen wäre ...« Wieder Schweigen, Mutti in Erinnerungen versunken, so dass ich schon dachte, wir hätten das Schlimmste geschafft und einen Spaziergang ohne Streit ... Dann der Nachhauseweg über die Brücke, über den öden Bollerbrückenplatz, die noch ödere Gloelstraße und dann in die düstere Kantstraße, immer an den Montagehallen und Werkswohnungen vorbei bis zum oberen Ende, wo einige mehrstöckige Privathäuser standen, zu denen auch das Mietshaus von Rektor Albert gehörte. Als wir an dem Trümmergrundstück neben Alberts Haus angelangt waren und Mutti von hier aus einen Blick auf die eine sichtbare Dachgaube warf, hinter der unsere so genannte Küche lag, da muss Mutti damals eine Panik erfasst haben, denn was sie jetzt unter Wut ausstieß, übertraf alles, was ich bisher schon oft genug von ihr über meinen Papa gehört hatte: »Du bist schuld, dass wir hier in dieser fürchterlichen Straße und bei Rektor Albert in einem Loch von anderthalb Dachkammern wohnen müssen: Weil du ein Nazi warst, weil du erst in die SA und dann in die NSDAP eingetreten bist, jawohl, und sonntags bist du in der SA mitmarschiert, nur weil du etwas werden wolltest. So, das haben wir davon!«

Ob Papa jetzt vielleicht dachte, dass er die Luise Mickel, meine Mutter, die er vor der Heirat elf Jahre gekannt haben musste, wie ich nach alten Fotoalben ausrechnete, nie geheiratet hätte, wenn er gewusst hätte, wie stolz, hysterisch und ungerecht sie sein konnte? Papa hatte sich zu schweigen angewöhnt, sagte einfach nichts zu seiner Rechtfertigung und provozierte dadurch Mutti, nun noch nachzulegen. Mutti zischte und fauchte mit dem mir nur zu bekannten Kehllaut, und das umso mehr, weil wir inzwischen vor den beiden Fenstern von Alberts Wohnzimmer, die zur Straße gelegen waren, angekommen waren; hinter dem einen war der schöne Sessel, auf dem ich zum Schmökern in Herrn Alberts und seines gefallenen Sohnes Büchern Platz nehmen durfte; hinter dem anderen waren die Gardinen immer etwas zurückgerafft, damit es im Zimmer, das nach Norden lag, etwas heller wurde, Mutti meinte aber: damit ihnen auf der Straße nichts entgeht. Mutti bedeutete mit Blicken also, dass wir Eintracht zu mimen hätten. Das war uns allerdings längst bekannt, dieser neuerlichen Giftblicke hätte es also nicht bedurft. Während Mutti und ich sofort im Treppenhaus zum Dachgeschoss im dritten Stock hochstiegen, um nach Oma zu sehen, verschwand Papa noch schnell zum Parterrezimmer und vermutlich zur angrenzenden verglasten Veranda, wo Papas Schreibtisch und ein Teil seiner Bücherschränke stand und wo er immer mal etwas Essbares versteckte, das er von Oma Gilbert oder Tante Jo bekommen hatte. Zu dem gemeinsamen Tisch brachte er frische Tomaten aus dem Hausgarten am Laufdorferweg mit, heute eine Kleinigkeit, die es im Supermarkt für ein paar Cent gibt, damals eine Kostbarkeit, die das karge Abendbrot, das wirklich immer nur aus Graubrot, etwas Margarine und ein paar dünnen Scheiben Blockwurst, alles nur für Lebensmittelmarken erhältlich, bestand, bereicherte und sogar Muttis und Omas Mienen erhellte. Das war überhaupt Papas Chance, sich jeden Abend wieder nach Hause zu getrauen und auch noch im gemeinsamen Schlafzimmer schlafen zu dürfen. Papas Schweigen war nicht einmal so auffällig, weil nach Muttis Tischgebet, das sie, solange ich mich erinnern kann, immer sprach, ohnehin nicht mehr gesprochen werden durfte. Inzwischen hatte sich auch so ein modus vivendi etabliert, das Schlussgebet »Herr, habe Dank für Speis und Trank, Amen« solange herauszuzögern, bis die Zeit zum Schlafengehen gekommen war. Ich hatte dann allerdings noch eine andere Möglichkeit des streitfreien Miteinanders herausbekommen, und das war entweder die Bitte an Papa, mit mir Biologie oder Mathematik zu vertiefen, oder die Bitte an Mutti, mich englische Vokabeln abzuhören, und das machte sie mit Begeisterung, da konnte sie sich zeigen. Später konnte ich Muttis Erfolgserlebnisse beim Abhören lateinischer Vokabeln geradezu steigern; sie hatte zwar im Lyzeum nicht Latein gelernt, sondern Französisch, womit sie dann allerdings erst prahlen konnte, als ich in Klasse 9, das hieß damals Obertertia, war, aber Latein glaubte sie allein vom Vokabelabhören ihres Bruders zu können. Diese Einbildung ließ ich ihr gern, wenn damit der sonst übliche Streit außerhalb der Tischgebetszeiten zu verhindern ging. An diesem Tag gelang die Schlichtung allein durch die paar roten Tomaten; heute kann man sich so eine einfache Lösung nach der Ungeheuerlichkeit der vorangegangenen Beschimpfung kaum noch vorstellen, und niemand würde dies heute im Gedächtnis behalten.

Die nächsten Tage müssen ungewohnt friedlich verlaufen sein, auch der Besuch bei Fräulein Ullmer konnte zumindest einen Teil der Vorbehalte gegen Tante Irene und Onkel Walter abbauen. Das Bübchen sei jetzt im Juni ein Jahr alt geworden, und Irene habe geschrieben, er fange schon an zu laufen, habe rote Haarbüschel, ganz weiße, eigentlich zartrosa Haut und wasserblaue Augen, Papa und ich könnten ihn auf Spiekeroog schon mal an der Hand laufen lassen, und sie habe sich gewundert, dass Luise nicht zum Geburtstag gratuliert habe. Zu Hause hörte ich Mutti Oma zuflüstern: »Stell dir vor, Oktober 1945, der Walter kaum aus der Gefangenschaft zurück ...«

Und dann durfte ich doch mit nach Spiekeroog. Die Besuche bei Fräulein Ullmer und bei meiner Klassenlehrerin, Frau Rosenthal, hatten Wunder bewirkt. Und es wurde noch schöner, als ich mir es vorgestellt hatte: der weiße, lange Strand, der Meeressaum mit Tang- und Muschelanspülun-

*Spiekeroog: Ausflugsschifffahrt nach Baltrum,
neben mir Guido, ich in der Mitte*

gen, das Muster der Wellen im harten Sand, das bei Ebbe freigelegt wurde; die Wege durch die Dünen über den geziegelten Slurpad, die weiten Blicke von der höchsten Düne auf das Meer. Der Sommer 1947 war ein heißer Sommer, und so konnte ich die luftigen Strandsachen tragen, die mir Oma Gilbert noch aus guten Stoffresten genäht hatte, und mich von der Sonne und der Seeluft verwöhnen lassen.
Ob Papa auch noch kommen würde? Tante Irene blickte bedeutungsvoll, beschäftigte mich aber erst einmal. Ich nahm die kleine Heidi an die Hand, sie war erst sechs Jahre alt, das Bübchen lief an Tante Irenes Hand, musste aber auf dem welligen Sand lieber auch noch von mir an der anderen Hand gehalten werden, so liefen wir, schauten auf Sand und Meer, und ich nahm mir allmählich den Mut, meiner Tante zu erzählen, wie viel Streit es zu Hause bei Mutti und Oma Mickel gab: die endlosen Beschimpfungen Papas, ob er nun bei uns in der Kantstraße oder abwesend war. Tante Irene hatte sich das schon denken können, Fräulein Ullmer

Spiekeroog: mit Tante Irene und der kleinen Heidi (Sommer 1947)

musste schon Andeutungen gemacht haben. Aber einmal sagte Tante Irene dann doch: »Es ist ja noch schlimmer, als ich dachte. Wie kann ich dir nur helfen? Ich will mal mit Onkel Walter darüber sprechen.«

Nun wurden die Tage auf Spiekeroog noch schöner, ich hatte mir alle Angst von der Seele geredet. Ich hatte viel Zeit, ich zählte gar nicht mehr, dass ich für drei Wochen auf Spiekeroog sein würde, ich dachte, die Zeit steht still oder sie hört nicht mehr auf. Onkel Walter hatte mich von den Bibelstunden bei seinen Katechumenen und Konfirmanden beurlaubt, als ich ihm erzählte, dass ich im Katechumenenunterricht bei Pfarrer Alvermann bin. »Da hast du schon mindestens

zwölf Kirchenlieder gelernt, da brauchst du auch nicht zu den Singstunden zu kommen. Aber wenn du zur Morgenandacht kommst und am abendlichen Singen teilnimmst, das wäre schön. Und jetzt erhole dich, dass der Husten vergeht!« Das wusste er auch schon, wie schön zu wissen, dass mir Onkel Walter und Tante Irene helfen wollten ...
Meine Strandspaziergänge wurden immer länger. Im Erdkundeunterricht hatten wir gelernt, dass der Sand vor den Ostfriesischen Inseln mit der Strömung von Westen nach Osten verlagert wird. Die Häuser seien windgeschützt in der Mitte der Inseln errichtet worden, jetzt lägen die meisten sogar schon am westlichen Rand. Man müsste nur weit auf dem Strand nach Osten laufen, dann würde ich von der Nachbarinsel Wangerooge den ehemaligen Kirchturm sehen, der jetzt allein weit im Westen der Insel sei. Ich hatte vorher noch meiner Erdkundelehrerin erzählt, dass ich nun doch nach Spiekeroog dürfe, sie freute sich mit mir und empfahl mir diese Wanderung. Ich lief, suchte Muscheln und kam dabei meinem Ziel, den Wangerooger Westturm zu sehen, immer ein Stück näher. Erst ging ich allein, dann ging ein Junge aus der Gruppe mit, weil Tante Irene doch Angst um mich hatte, und sie konnte mit den beiden Kindern nicht so schnell laufen wie ich. Dann fiel mir ein, dass wir Muscheln sammeln und bestimmen sollten, wenn möglich, auch einige zeichnen, das hatte mir Papa aufgetragen.
Und dann kam Papa doch noch. Aber er war nicht allein. Bei ihm war ein Fräulein Zöller oder Zöllner, sie war etwas pummelig, was mir in dieser Zeit, als alle Leute ziemlich dünn waren, schon auffiel; sie trug ein Dirndlkleid und darüber ein schafwollenes Spenzerchen im Schnitt der so genannten Berchtesgadener Jäckchen, wie ich immer eins haben wollte, wie es Mutti auf die Kleiderkarte aber nie bekam. War sie mir sympathisch? Vermutlich war ich eifersüchtig, dass Papa, wie es schien, nun nicht mehr allein für

mich da war. An Mutti dachte ich nicht, erzählte auch nie etwas. Wir hatten Papa vom Schiffsanleger auf der Wattseite abgeholt, und da traf es sich gut, dass auch Guido, so hieß der etwas jüngere Junge aus Onkel Walters Gruppe, mitgekommen war. Papa hatte einen Koffer, Fräulein Zöllner, bleiben wir mal bei diesem Namen, hatte auch einen Koffer und einen Rucksack. Und da war noch eine schwere Kiste, die zwei Tragschlaufen aus Leder hatte, die einer allein gar nicht tragen konnte. Das war auch der Grund, wie sich dann herausstellte, dass Fräulein Zöllner mitkommen musste. Fräulein Zöllner arbeitete bei Leitz in der gleichen Abteilung, in der Papa als Praktikant mit der Erprobung der neuen Kleinbildkamera beschäftigt war. In der Kiste, die Opa Gilbert als Werkmeister der Schreinerei entworfen und selbst getischlert hatte, lag stoßgeschützt die Leica IIIc, eingebettet in Samt, und in dem gleichen Innenraum, durch gepolsterte Fächer abgeteilt, waren verschiedene Wechselobjektive untergebracht, alle staub- und stoßgeschützt; dazu auch noch Bücher zur Bedienung und leere Hefte, in denen über die Aufnahmen mit der Kamera, zu Belichtungszeiten, Filtern, Problemen mit der Tiefenschärfeneinstellung über den Sucher und natürlich über positive Erfahrungen berichtet werden sollte. Platz war in der Kiste natürlich auch für diverse Filme, in unterschiedlicher Körnung und Empfindlichkeit. Als wir das Innenleben der Kiste erforscht hatten, wussten wir, warum sie so schwer war und warum in dieser Nachkriegszeit, als es noch keine Kameras wieder zu kaufen gab, mindestens zwei Leute auf einen solchen Schatz bei der Reise in überfüllten Zügen, wo manche Leute oder das Gepäck durch die Abteilfenster gereicht wurden, weil alle Waggontüren verstopft waren, auf ihn aufpassen mussten. Tante Irene und Onkel Walter fanden, nachdem sie den Sachverhalt gehört hatten, also nichts dabei, dass Papa nicht allein gekommen war.

Und dann begann geradezu eine neue Epoche. Ich hatte jeden Sinn für Zeit verloren, und wenn wir nicht an bestimmte Essens- und Andachtszeiten gebunden gewesen wären, hätten wir alle Tage nur nach den Lichtverhältnissen eingeteilt, sie gaben uns den Rhythmus vor, wann wir welche Aufnahmen machten. In der Firma hatten sie zu Papa und Fräulein Zöllner gesagt: »Sie können so viel Filmmaterial verwenden, wie Sie zur Verfügung haben. Fotografieren Sie zu jeder Tageszeit, auch bei Nacht, Sturm oder Regen, Landschaften und Personen, Wellen und Schiffe. Nutzen Sie den Idealfall, Nordseemotive einzufangen. Wir sind Ihnen ja dankbar, dass Sie, lieber Herr Doktor, diese Reisemöglichkeit durch Ihren Schwager haben. Die Gelegenheit, unsere Kamera und die Agfa-Filme bei Seeluft zu testen, hätten wir sonst vielleicht erst in ein paar Jahren gehabt.« Fräulein Zöllner erzählte mir das, ich hörte von ihr zum ersten Mal den Ausdruck »Erfolgsdruck«; ich dachte an die Lernanspannung vor manchen Klassenarbeiten, sie müssen dagegen aber ein Spiel gewesen sein. Papa wies mich auch in die neue Kamera ein, Guido schien ihm doch zu klein, um ihm die Kamera in die Hand zu geben, aber er war begeistert, beim Tragen der Kiste mit anzufassen, denn es war klar, dass die Kamera nach jeder Benutzung wieder sandfrei und ohne Luftfeuchtigkeit verstaut werden musste. So zogen wir zu viert los. Die Kamera machte nicht nur mir Mühe. Der Sucher war so eingerichtet, dass man zwei Halbkreise, in denen jeweils noch konzentrische Halbkreise untergebracht waren, so zur Deckung bringen musste, dass ein totaler Kreis entstand, in dessen Mitte ein schwarzes Loch zu sehen war, das war die Stelle mit der größten Tiefenschärfe. Bedient wurde der Sucher durch einen der Ringe rund um das Objektiv. Ich zitterte zu sehr, um den exakten Schluss zum Kreis einzustellen; Papa hatte Schwierigkeiten beim Sehen, seine Brillengläser stimmten nicht mehr, und bei der

Gelegenheit hat er mir auch verraten, weshalb er nach dem Ende des Frankreichfeldzugs die Chance zur Rückkehr in einen zivilen Beruf erhalten hatte. Er brauchte stärkere Brillengläser, als damals erhältlich waren. Mehr als -6 Dioptrien konnte man damals noch nicht mit einer Brille ausgleichen. Mir fiel auch gleich wieder ein, dass Oma Gilbert von dieser Angst, Papa schaffe es nicht mit den Augen, gesprochen hatte. Jetzt versuchten wir alles. Zum Glück hatte Fräulein Zöllner eine ruhige Hand und gute Augen. So kamen wir zur Arbeitsteilung, die uns allen viel Freude gemacht hat. Papa und ich sahen die Motive, Guido half beim Auspacken und reichte die Objektive zu, Papa maß noch die Belichtung, und Fräulein Zöllner machte die Suchereinstellung und drückte ab. Später durfte ich von den doppelten Muschelfotos einige behalten, die ich dann in mein Spiekeroog-Fotoalbum klebte. Die größte Anstrengung verursachten die Personenaufnahmen. Papa war auf die Idee gekommen, dass man die Tiefenschärfe für Gesichtszüge am besten an den Zähnen einstellen könnte. Wir lächeln also mit geöffnetem Mund auf allen Fotos, und das war eigentlich auch nicht gestellt, denn ich hatte mich noch nie so wohl gefühlt, seit wir in Wetzlar wohnten, wie auf Spiekeroog in den drei Wochen mit Tante Irene und Onkel Walter, mit Heidi und dem Bübchen, mit Guido und der ganzen Gruppe und in den zwei Wochen zusammen mit Papa und Fräulein Zöllner. Einmal hat Papa allerdings mit mir die Geduld verloren. Es lag an meinem Kleid, das auf blauem Grund lauter gelbe, orangefarbene und rote und auch noch ineinander verschobene Kreise zeigte. Die Einstellung wollte und wollte nicht gelingen, denn es sollten ja nicht nur meine Zähne scharf zu sehen sein, sondern auch das Kleidmuster. Zum Glück hatte mir Mutti dann doch noch einen Badeanzug aus ihrer Jungmädchenzeit mitgegeben (denn ihre Sachen hat sie nie gespendet, sondern nur die von Papa und mir!); dieser Badeanzug mit angeschnittenem Röckchen war schwarz und hatte eine kleine karierte Blende. Er ließ sich gut fotografieren. Das beste Foto, das je von Papa aufgenommen wurde, ist Fräulein Zöllner gelungen. Papa trägt auf dem Bild ein weißes Polohemd zu weißer, langer Wollhose (wer weiß, in welchem Koffer sie gelagert war oder warum sie Muttis Spendenwut nicht tauglich erschien), und er ist braun gebrannt und lacht, dass die Zähne blitzen. Er sitzt allein in den Dünen. So glücklich habe ich ihn auch nie wieder auf einem Bild gesehen, in der täglichen Wirklichkeit erst recht nicht. Zu dem Zeitpunkt, als das Foto aufgenommen wurde, war ich schon wieder mit Fräulein Ullmer nach Wetzlar zurückgefahren, denn die hessischen Schulferien lagen anders als die in Nordrhein-Westfalen, wozu sowohl Neuß als auch Bergisch-Gladbach, woher ein Teil der evangelischen Pfarrgruppe stammte, gehörten. Papa und Fräulein Zöllner konnten damals noch länger bleiben. Papa hatte sich mit Onkel Walter und Tante Irene schon immer gut verstanden, er war ja auch der Patenonkel des kleinen Hans-Walter.

Papa in den Dünen von Spiekeroog,
Leica-Aufnahme von Fräulein Zöllner (1947)

Und dann kam der letzte Abend. Plötzlich hatte mich die Zeit wieder eingeholt. Dass die Schule nach den Ferien wieder anfing, war nicht schlimm, auf die Schule hätte ich mich sogar gefreut, auch weil ich meiner Erdkundelehrerin erzählen konnte, wie dicht ich an das Ostende der Insel bei meinen Sandwanderungen gekommen war, aber zurückfahren nach Wetzlar hieß auch, wieder zu Mutti und Oma Mickel zu müssen. Ich muss den ganzen Abend geweint haben. Wir saßen in einer geselligen Abschiedsrunde: Onkel Walter, Tante Irene, Papa, Fräulein Zöllner, einige Eltern, welche die Gruppe begleitet hatten, und neben Tante Irene ich.

Neben mir auf der anderen Seite saß Tante Elfriede, zu der ich in Wetzlar wieder Fräulein Ullmer sagen muss, wenn ich ihr in der Schule begegnen würde. Es würde nichts mehr so schön sein wie jetzt auf Spiekeroog.

Am späten Abend kam auch noch Pastor Sauerbrey vorbei. Sie müssen sich alle gekannt haben, denn die Begrüßung ging ohne Vorstellung vonstatten, nur ich musste in dieser Runde vorgestellt werden, aber es war sicher schon über mich gesprochen worden. »Das ist meine Nichte Erika«, sagte Onkel Walter, »das ist das Mädchen, das nicht mehr nach Hause will. Jetzt weint sie schon den ganzen Abend. Wie können wir ihr nur helfen?« Pastor Sauerbreys schöne Gottesdienste hatten wir zweimal in der schönen Friesenkirche besucht. Eine Kirche, die niedrig geduckt in die Dünen zwischen die weit gestreuten Häuser gebaut war, windgeschützt zwischen hohen Bäumen, und der Innenraum anheimelnd unter vielen Schiffsmodellen, in denen die Lampen verborgen waren, und dann hatte uns der Pastor noch eine Besonderheit gerade dieser Kirche gezeigt: alte Heiligenbilder, die einst die Kapelle eines Flaggschiffes der spanischen Armada geschmückt haben sollen und nach dem Untergang der Armada hier auf Spiekeroog angespült worden sein sollen. Der Pastor hatte mir gleich gefallen, er war schon etwas älter, sicher älter als Onkel Walter und Tante Irene, die beide 36 waren, aber Onkel Walter muss ihn aus dem Krieg gekannt haben, entweder von der Ostfront oder vom Lazarett her, sie müssen jedenfalls viele gemeinsame Bekannte gehabt haben, von denen im Laufe des Abends immer wieder mal die Rede war. Aber meistens beschäftigten sie sich mit mir oder sprachen über mich, wenn ich vor Weinen nicht sprechen konnte. Sicher hatte Onkel Walter auch nur der Bekanntschaft mit Pastor Sauerbrey zu verdanken, dass in diesen immer noch schlimmen Nachkriegszeiten schon eine Jugendgruppe zu einer Nordseefreizeit fahren durfte.

»Weißt du, mein lieber Sauerbrey«, hörte ich Onkel Walter sagen, »ich habe schon hin und her überlegt, wie ich der Erika helfen könnte, und ich habe auch schon lange mit meinem Schwager Hans darüber gesprochen. Mitnehmen zu uns können wir sie nicht, Elfriede Ullmer hat ihrer Mutter, der Luise, in die Hand versprochen, die Erika ja wieder in Wetzlar abzuliefern. Abliefern, du hast richtig gehört. Der Luise muss doch bewusst gewesen sein, wie unglücklich sich Erika zu Hause fühlt. Jeden Tag Streit. Die Oma, meine Schwiegermutter, droht, sich aus dem Fenster zu stürzen, und die Erika hat unter Tränen mehr gestottert als erzählt, dass meine Schwägerin, die Luise, gedroht habe, dann den Gashahn aufzudrehen und die Erika mitzunehmen – in den Tod. Es ist also sehr ernst.«

Auch Tante Irene schaltete sich in das Gespräch ein. »Meine Schwester Luise«, sagte sie, »war schon immer in gewisser Weise unberechenbar – so wie meine Mutter auch. Sie haben schon immer mit dem Tod gedroht, wenn etwas nicht nach ihrem Kopf ging. Hysterisch sind beide. Diese Hysterie fing bei meiner Mutter an, als unser Vati so früh starb, ich war damals – 1921 – zehn Jahre alt und die Luise 14. Meine Mutter schrie damals: ›Ich bringe mich um, wenn der Hein-

rich stirbt!‹ Aber nicht etwa aus Liebe, sondern aus Angst, die Pension würde dann nicht zum Leben reichen. Als dann der Hausarzt eine Kur in Davos vorschlug, damit Vati dort seine offene Tbc behandeln lassen sollte, verhinderte meine Mutter dies mit dem Argument, das sei nicht zu bezahlen, und eine Beihilfe zu beantragen, dazu sei sie zu stolz gewesen. Sie habe dann, als der Vater gestorben sei, er war noch nicht einmal 47 Jahre alt, in Wetzlar in Umlauf gebracht, er sei an einer Lungenentzündung gestorben. Die Luise erzählt dieses Märchen weiter, bis heute, und wie meine Mutter ist sie zu stolz, sich helfen zu lassen oder wenigstens der Erika Hilfe zukommen zu lassen. Sie wollte sie noch nicht einmal mit uns an die Nordsee fahren lassen. Sie muss doch ihren Husten loswerden. Eine Kur würde sie ja auch nie für das Kind beantragen, der gleiche Stolz, der gleiche Starrsinn. Wenn mir damals nicht unser Hausarzt in Wetzlar eine Kur in der Schweiz beantragt hätte, weil die ganze Familie nach Vaters frühem Tod auf die Lunge hin geprüft wurde, wer weiß, vielleicht wäre ich schon lange tot. Und jetzt freue ich mich über meine zwei gesunden Kinder und wünsche mir auch noch ein paar Kinder. Aber was ich da erzähle, löst Erikas Probleme nicht. Was können wir nur machen?«
Der Abend war noch lange nicht zu Ende. Irgendwann muss ich erzählt haben, dass mein Husten gar nicht das Schlimmste sei, er sei ja schon viel besser geworden, das Schlimmste sei, dass Mutti immer auf den Papa schimpfe. Papa saß dabei und sagte kein Wort. Er blickte vor sich ins Leere. Dass er zusammen mit Fräulein Zöllner eine neue Kamera testete, wussten alle, dass seine berufliche Zukunft unsicher war, wussten die Erwachsenen der Runde auch, aber dass er zu Hause gar keine Unterstützung hatte, das konnten sich die anderen Leute aus Onkel Walters Gruppe und Pastor Sauerbrey gar nicht vorstellen. Ich muss dann ausgeplaudert haben, dass Mutti Papa schon oft eine Niete

genannt habe und gesagt habe, dass er am Berufsverbot selber schuld sei. Er sei ein Nazi gewesen, sei in der SA und in der NSDAP gewesen, weil er zu ehrgeizig gewesen sei, nun habe er die Familie ins Unglück gestürzt. »Wovon sollen wir denn leben, wenn der Oma etwas passiert? Wir haben doch nur ihre kleine Regierungsratspension.« Das durfte ich niemandem sagen, aber jetzt konnten sich alle Anwesenden den Druck vorstellen, dem ich ausgesetzt war. Und dann muss ich auch noch verraten haben, dass Papa auf fünf Jahre Berufsverbot hatte und dass sein Konto gesperrt war, weil er im Spruchkammerverfahren als Mitläufer eingestuft worden sei.

Es muss eine ganze Weile still gewesen sein, auch Onkel Walter, der so gern erzählte, war leise geworden, aber dann packte er aus, und das werde ich nie vergessen. »Es ist ja noch schlimmer, als ich dachte, was du zu Hause ertragen musst. Aber erst muss ich doch mal den Hans fragen. Erika sagte, du seiest als Mitläufer eingestuft. Sagt das die Luise so? Oder stimmt das. Mir scheinen dann fünf Jahre Berufsverbot, Streichung aller Bezüge und Sperrung des Kontos als zu hohe Strafe.« Papa räumte mit leiser Stimme ein, dass er als minderbelastet eingestuft worden sei, für Luise sei das nicht hinnehmbar gewesen, sie habe dann überall verbreitet, er sei bloß Mitläufer gewesen. Es wurde wieder sehr still und ich machte mir Vorwürfe, meinem geliebten Papa geschadet zu haben. Ich wagte gar nicht mehr, ihn anzusehen. Wieder diese Stille. Jetzt dachte auch Tante Irene nicht mehr daran, mich zu Bett zu schicken. An Onkel Walters Mienenspiel erkannte ich, dass ihm Zusammenhänge aufgegangen waren.

»Jetzt begreife ich etwas! Die Luise ist noch immer die Luise von damals, als euer Vater starb. Damals hat sie die tödliche Lungenentzündung erfunden, weil Tuberkulose zuzugeben nach ihrer Meinung als ehrenrührig gegolten hätte. Jetzt hat sie aus dem gleichen Grund den Mitläufer erfunden; ich hatte mich doch schon gewundert, denn Beamte an leitender Stelle galten meist als irgendwie belastet. Aber jetzt will ich euch erzählen, was ich über die Luise in meiner Erinnerung habe. Wir kennen uns schon so lange, Irene, erinnerst du dich noch, wie der Hans zusammen mit Luise bei euch in der Schleusenstraße musizierte? Luise am Klavier, Hans begleitete auf der Geige. Erst die Nachhilfestunde für deinen Bruder Alfred, dann das Musizieren. Hans kam von seinem Unterricht in der Dorfschule von Werdorf, paukte dann noch mit Alfred Latein und Mathematik, und wenn die Frau Mickel anschließend einen winzigen Imbiss mit ein paar Gürkchen und etwas Wurstbrot hinstellte, begann die Luise zu spotten: ›Die letzte Wurst steckt er sich ein, das arme Dorfschulmeisterlein.‹ Erinnerst du dich noch? Aber der Hans hat das einfach überhört, so gut gefiel ihm die Luise. Die Luise ging dann nach der Schule zu Berkenhoff und Drewes nach Asslar aufs Büro und später nach Düsseldorf zum Drahtverband und nannte sich nun stolz Auslandskorrespondentin. Wir haben uns manchmal am Rhein, in Andernach oder in Neuwied, zu viert getroffen. Die Luise war immer sehr ehrgeizig. Ich habe das noch genau im Ohr. Erst sagte sie immer bloß: ›In unserer Familie waren alle Akademiker. Ein Volksschullehrer kam da noch nicht vor.‹ Statt die Luise stehen zu lassen, sie hatte ja ihr Auskommen und gab mit ihrer Unabhängigkeit an, hat der Hans dann noch studiert, Naturwissenschaften, darin promoviert, und also war er jetzt etwas. Dann habt ihr geheiratet. Aber jetzt kommt es. Das will ich euch allen doch verraten. Ihr denkt, dass der Hans hier als Nazi in unserer Runde sitzt und hier nichts zu suchen habe. Ich kenne meinen Schwager besser, und deshalb habe ich ihm auch die Patenschaft für meinen Sohn angeboten. Er heißt nach dem Hans und mir Hans-Walter. Das habt ihr nur nicht so gemerkt, weil er von uns, der Lütte, noch Bübchen genannt wird. Und jetzt kommt es, und jetzt hört gut zu (und im Stillen dachte ich, dass Onkel Walter so ähnlich auf der Kanzel wettern müsste): Die Luise war es, die immer gesagt hat: Hans, aus dir wird nichts, wenn du nicht in die Partei oder wenigstens in die SA eintrittst ...«

Wieder war es eine Weile still. Dann sagte Frau Neuhaus, die Mutter der kleinen Gisela, mit der ich mich beim Singen und bei den Mahlzeiten etwas angefreundet hatte: Lieber Herr Doktor, Sie haben ja die Hölle zu Hause. Ich will sofort, wenn wir wieder in Köln sind, bei meinem Mann nachfragen, ob wir in unserem mikrotechnischen Institut eine Stelle für Sie einrichten können. Wir machen mikroskopische Präparate für den Biologieunterricht an Schulen.« Papa hat tatsächlich eine Beschäftigung in diesem Institut gefunden. Er konnte dort bis zur Wiedereinstellung in den Hessischen Schuldienst 1950 arbeiten und kam dann nur alle vierzehn Tage sonntags zu uns nach Wetzlar.

Fräulein Ullmer und ich mussten am nächsten Tag abreisen. Es war eine lange Fahrt, die Züge waren überfüllt, wir mussten oft umsteigen und auf Bahnsteigen warten, das verlängerte die Zeit bis zur Rückkehr in die Kantstraße in die Dachkämmerchen zu Mutti und Oma – in die Hölle, wie Frau Neuhaus gesagt hatte ...

Und dann war das Einleben noch schlimmer, als ich es mir vorgestellt hatte. Herr Rektor Albert war gestorben und bereits beerdigt. Schon war das Zimmer mit den vielen Büchern und dem schönen Lesesessel am Fenster beschlagnahmt worden. Eine dreiköpfige Familie war einquartiert, es hatte schon Streit gegeben. Fräulein Albert hatte sich für das kleine Südzimmer neben ihrer Küche entschieden und lieber das so geschmackvoll mit dunklen Möbeln eingerichtete und relativ geräumige Nordzimmer abgegeben. Die weinroten Plüschgardinen und die Portiere hatte sie abgenommen und daraus über ein gespanntes Seil einen Vorhang quer durch die Diele gezogen. Das schöne Lesezimmer. Die schönen Bücher. Der liebe alte Rektor, ich wollte es nicht wahrhaben, dass er nicht mehr lebte. Aber die aufgeteilte Wohnung hatte sich durch das Gezeter, das die neuen Untermieter durchhören ließen, so verändert, dass es keinen Zweifel mehr gab. Dass für Papa die Hoffnung auf ein erfüllteres Leben als hier bei uns in Wetzlar bestand, war ein Trost. Mutti hatte sich jetzt enger an Fräulein Albert angeschlossen, denn dass die neuen Mieter immer ihren Wurzelnussbaumholzesstisch und die vier Stühle, die sie in der Diele, damals, als wir im Dezember 1946 eingezogen waren, abstellen durfte, anrempelten, das ärgerte sie sehr, und Fräulein Albert ärgerte sich auch, wie sich die Neuen ungeniert breit machten. Ein Trost war auch, dass ich nun bei Opa und Oma Gilbert, bei Tante Jo und Tante Anneliese von Spiekeroog erzählen konnte. Auf die Schule und den Erdkundeunterricht freute ich mich sehr und zeigte mein Fotoalbum, in das ich Prospekte, Zeichnungen, Aufnahmen von Muscheln und Dünen und natürlich Personenbilder einklebte. Papa schenkte mir Bilder, auf denen die Gruppe, Onkel Walter und Tante Irene, Heidi und das Bübchen und natürlich ich zu sehen waren. Er schenkte mir auch das schöne Foto, das Fräulein Zöllner von ihm gemacht hatte: den lachenden Papa in den Dünen. Oma und Opa vom Laufdorferweg und die Tanten betrachteten das Album gern und ich erzählte Geschichten zu den Bildern. Mutti und Oma Mickel haben sich geweigert, auch nur von Ferne einen Blick in mein Spiekeroog-Album zu werfen. Ich habe das Album heute noch.

Allein gelassen

Seit Spiekeroog war das Verhältnis zu meiner Mutter noch mehr angespannt, während sich das zu Oma Mickel wieder eingerenkt hatte. Mit Oma musste ich in dem kleinen Kämmerchen schlafen; es lag nach Süden, hatte nur eine gerade Wand und wurde im Sommer sehr heiß. Mein Bett lag unter zwei Schrägen, ich konnte noch nicht einmal gerade davor stehen, sondern konnte mich nur seitlich hineinschieben. Omas Bett stand an einem ganz schmalen Gang, der höchstens Körperbreite maß, daneben. Eine Lichtquelle hatten wir nicht, und so getraute sich Oma nachts, wenn sie das Bedürfnis zu einem Toilettengang hatte, nicht durch die dunkle Kammer bis zur Küche, das heißt: zu unserem Koch-, Wohn- und Waschraum, sondern nur bis zu ihrem Nachttopf, der unter ihrem Bett an dem erwähnten schmalen Gang stand. Der Uringeruch war unerträglich. Hier musste ich schlafen und für den nächsten Schulmorgen und den zuvor zu absolvierenden langen Fußmarsch zur Lotteschule – ich brauchte ungefähr eine Dreiviertelstunde meistens bergauf – ausgeschlafen und aufnahmefähig sein. In dieser Enge konnten Oma und ich uns einfach nicht aus dem Weg gehen, und wenn wir nicht einschlafen konnten, mussten wir uns unterhalten. Natürlich erzählte ich von Spiekeroog und der frischen Seeluft, die vielleicht keiner sonst aus der großen Gruppe so intensiv eingeatmet haben dürfte wie ich. Oma erzählte dann gern von einer Überfahrt nach Helgoland, von Hamburg aus, also von der längst möglichen Seestrecke, von dem Wind, in den sie damals geraten waren, nein, ein Sturm sei es noch lange nicht gewesen, hätten damals ihre Wirtsleute gesagt, aber für sie als Darmstädterin sei es ungeheuerlich gewesen: Die Stoffblumen auf dem riesigen Hutrand färbten in roten und grünen Strömen ab auf ihr weißes Voilekleid, und dann habe sie auf das kostbare Kleid auch noch brechen müssen. Es war Omas Hochzeitsreise 1903, und es war das erste Mal, dass sie weiter als nach Oberhessen und in den Odenwald gereist war. Von ihrem Mann Heinrich, meinem Großvater, dem früh verstorbenen, erzählte sie eigentlich wenig, fast nichts. Von Onkel Walter und Tante Irene hatte ich von ›Vatis‹ Tod und der in Umlauf gesetzten Geschichte gehört, und so hatte ich eine gewisse Scheu, Oma selbst nach ihrem Mann und meinem Großvater zu fragen. Vielleicht war diese Zurückhaltung instinktiv richtig.

Oma erzählte immer viel von ihrer Familie, das war die Familie ihres auch ziemlich früh verstorbenen Vaters, des Alfred Vollert, Maschinenfabrikant in Darmstadt. Kaffeemahlmaschinen hätten sie hergestellt für Kathreiners Malzkaffee, Vollert und Stern habe die Firma geheißen; die Brüder, die sie hätten übernehmen sollen, seien im Weltkrieg gefallen, zwischen 1917 und 1918 in Flandern. Oma, Maria Katharina genannt, war das einzige Mädchen, sie war die Älteste aus der ersten Ehe, und sie habe dann die später geborenen Brüder mit großgezogen. Sie hatte die Höhere Töchterschule besucht, Französisch, Haushaltslehre und Handarbeiten, auch Weißnähen, gelernt und natürlich Tanzen und Benehmen. »Unsere Familie wurde immer zum Hofball beim Großherzog eingeladen«, dann erzählte Oma nicht mehr weiter und träumte vor sich hin. Der Unterschied zu damals war zu groß. Ihren Mann hatte sie auf einem Ball der Studentenverbindung kennen gelernt, zu der auch ihr Vater als alter Herr und Förderer Zugang hatte.

Manchmal konnte Oma gar nicht begreifen, wie schäbig wir wohnten und welche schwierigen Hausarbeiten, für die sie früher mehrere Dienstmädchen gehabt hätten, sie jetzt selbst, fast 70 Jahre alt, erledigen musste. Oft versank sie in Erinnerungen. Dann erzählte sie manchmal auch von den drei Brüdern, die den Weltkrieg überlebt hatten und dann nach Südamerika ausgewandert waren. Die Kontakte waren spätestens durch den letzten Krieg abgebrochen.
Doch Oma sprach wenigstens, auch wenn sich die Geschichten wiederholten. Eine Zeit lang sprach sie nur noch vom Tod. Nicht vom Tod ihres Mannes, vom Tod ihrer Mutter, die mit 28 Jahren an einer Erkrankung des Rückenmarks gestorben war, sie sei unheilbar krank gewesen. Der Vater war mit fünfzig Jahren tot auf der Straße zusammengebrochen. Schlaganfall. Der Tod von drei Brüdern in Flandern. Alfred bekam einen Bauchschuss. Er verblutete. An dieser Stelle der Erzählung wurde Oma immer ganz still. Nach einer Weile sagte sie meistens: »Wir waren sieben Kinder, drei Brüder sind tot, wer weiß, ob die nach Südamerika ausgewanderten noch leben.« Erst wenn Oma bis dahin erzählt hatte, konnte die Nachtruhe beginnen. Manchmal konnte Oma auch gar nicht einschlafen. Schlimm war es, wenn sie die ganze Nacht hustete. Es war ein Ziehen wie bei Keuchhusten. Die Hustenattacken nahmen sie so mit, dass ihre Herzbeschwerden Erstickungsanfälle auslösten. Ich musste ihr dann die Herztropfen geben und abwarten, ob sich die Krämpfe lösen. Mutti konnte ich nicht rufen, sie schlief allein in dem großen Schlafzimmer im Parterre und hatte sich auch eingeschlossen. Sie wollte ihre Ruhe haben. Wenn ich am Morgen erzählte, dass ich kaum geschlafen hätte, sagte sie nur: »Stell dich nicht so an!« Wenn ich Tante Jo oder Tante Anneliese bat, sie möchten doch mit Mutti sprechen, winkten beide inzwischen ab. »Wie sollen wir dir helfen? Mit der Luise kann man ja nicht reden.«

Ach, schöne Insel Spiekeroog! Schöne Freizeit mit Tante Irene und Onkel Walter! Sie wussten auch nicht, wie sie mir helfen könnten. »Schreib mir«, hatte Tante Irene zum Abschied gesagt, »dann will ich Elfriede Ullmer bitten, mit der Luise zu reden.« So hat es Tante Irene wohl auch ein paar Mal versucht, aber jedes Mal wurde es nur noch schlimmer für mich, wenn meine Mutter aus der Schule zurück war. Der Ton wurde immer schärfer. »Untersteh dich, dich noch einmal über mich zu beschweren! Was glaubst du denn, wem sie mehr glauben, dir oder mir? Wenn ich noch einmal etwas höre, aber dann ...« In der düstersten Angst stellte ich mir vor, dass sie mich totschlagen würde ... Ich hatte nur noch Angst vor ihr, aber mir glaubte keiner diese Angst, auch Frau Petry nicht, zu der ich einmal nach der Schule gegangen war, statt nach Hause zu gehen. »Wie ihr einmal an Weihnachten bei uns wart, hat deine Mutti doch immer Mäuschen zu dir gesagt. Ich fand das ganz goldig. Ich kann gar nicht glauben, was du jetzt erzählt hast.« Wo ich auch hin schrieb, nach Idstein zu Inge und zu Frau Uthe, es kam keine Antwort. Nach den Erfahrungen mit Tante Irenes Brief an Mutti – wegen Spiekeroog – konnte ich davon ausgehen, dass Mutti die Post an mich nicht nur öffnete, sondern auch verschwinden ließ. Manchmal schickte mir die Idsteiner Klasse einen Gruß auf offener Ansichtskarte. Die konnte sie lesen. Dann durfte ich sie sogar auch lesen.
Auf Spiekeroog war ich in den nur drei Wochen gewachsen und auch breiter geworden. Ich ging sogar gerade und ich aß mit Appetit, wenigstens für kurze Zeit, bis mir Muttis Übermacht wieder alle gewonnene Lebensfreude und Selbstständigkeit zunichte machte. Als Mutti mich sah und begutachtete, dass die Kleider spannten, tobte sie: »Jetzt geht das los! Das fehlt ja noch gerade! Jetzt geht das schon los!« Sie erklärte nicht, was sie meinte. Oma umschrieb offenbar die Situation, indem sie vorschlug, die kindlichen Zöpfe

abschneiden zu lassen. Aus dem Alter sei doch die Erika bald heraus. Man einigte sich, dass nach der Konfirmation die Zöpfe fallen könnten. Vielleicht. Mutti strickte mir nun ganz weite Pullover und suchte Schnitte für Hängerchen heraus. Als ich damit in meine Klasse mehr schlich als ging, wurde ich wieder einmal gehänselt. »Affenschaukeln und Babykleider, wie die Gilbert angezogen ist ...« Meine Freundin Renate brachte mir dann Gürtel mit, um die Kleidung wenigstens etwas auf Figur zu bringen. Sie erzählte den Mitschülerinnen auch, wie furchtbar meine Mutter zu mir sei. Die Lehrkräfte konnten sich das nicht so ganz vorstellen, denn an Elternabenden oder auf Schulfesten strotzte meine Mutter vor Freundlichkeit, ihre Wut ließ sie nur zu Hause aus.

Ein Lichtblick in dieser Zeit war der Katechumenen- und dann der Konfirmandenunterricht bei Pfarrer Alvermann. Er hatte meine Mutter ja als Furie kennen gelernt, als sie das CARE-Paket zurückgebracht hatte. Zu einem Hausbesuch mochte er nicht kommen. Vielleicht hatte sich das Mutti auch an dem besagten Abend gleich verbeten. Dieser nette Pfarrer setzte dann aber durch, dass ich beim Kinderkirchenchor der Gemeinde in der Hospitalkirche mitsingen durfte. Es muss Weihnachten 1948 gewesen sein, als wir die Quempas-Lieder aufführten. Quem pastores laudavere in mittelalterlichem Kirchenlatein, Teile des Liedes dann in althochdeutscher Version, es klang aus unseren vier Chören, die auf je einer Seite der Empore postiert waren, durch den ganzen Kirchenraum, es war ein herrlicher Klang. Manche Weihnachtslieder wurden von der Orgel begleitet. Wir durften bei »Stille Nacht, heilige Nacht« neben den beiden hohen Weihnachtsbäumen stehen, die immer rechts und links vom Altar in der Hospitalkirche aufgebaut waren. Als wir vor zwei Jahren nach Wetzlar gekommen waren und hier unseren ersten Gottesdienst besuchten, sah ich die Weihnachtsbäume nur von der letzten Reihe aus, und jetzt durfte ich hier stehen und im Chor mitsingen! »Es ist mein letztes Weihnachtsfest«, so muss ich immer wieder empfunden haben, »es ist mein letztes Weihnachtsfest, denn sicher muss ich sterben.« Wenn ich nicht fest an den Text dachte, wenn ich sang, dann schweiften meine Gedanken ab zu Omas Erzählungen, wie der älteste Bruder verblutet sei. Ich blutete seit ein paar Tagen, es war kalt und unangenehm. Ich wusste mir keinen Rat, an frische Wäsche kam

Spaziergang mit den Eltern am Tag nach der Konfirmation, Leica-Aufnahme von Papa (11.4.1949)

ich nicht, weil Mutti alle Schrankschlüssel bei sich versteckt hatte, und sie gab nur einmal am Montagmorgen für alle die frische Wäsche heraus. Ich getraute mich nicht, jemanden zu fragen, auch Renate nicht, vielleicht hätten alle Angst, ich sei ansteckend krank. In unserer Familie waren sie oft früh gestorben, und Oma hatte in letzter Zeit so viel vom Tod gesprochen. Zu Tante Jo konnte ich auch nicht gehen, Tante Anneliese war mir in letzter Zeit fremder geworden, seit sie und Onkel Hans-Georg das Auto hatten. Zu Oma Gilbert getraute ich mich auch nicht. Wen sollte ich fragen? Ich genierte mich auch so. Schmerzen hatte ich auch.
Dann fiel meiner Mutter etwas auf. Sie ließ sich die Wäsche zeigen und tobte, sie tobte noch schlimmer, als ich es gewohnt war. Ich konnte mich noch nicht einmal frisch machen und etwas Trockenes, Sauberes anziehen. Es war nach Weihnachten und wie immer in Wetzlar sehr kalt. Sie

Aufnahme am Tag der Konfirmation (10.4.1949)

zog mich an der Hand zur Tür, über die Treppe, durch die obere Kantstraße, durch die Sophienstraße, durch die Langgasse an dem Blumengeschäft von Renates Eltern vorbei, wortlos, tonlos, sie zog mich einfach hinter sich her und drehte sich kein einziges Mal um. Ich fror entsetzlich. Dann zog sie mich bis zur Mitte der Lahnbrücke, der Steinernen Brücke, zur Bastei oberhalb des einen hohen Pfeilers, das ist eine Stelle, die in Wetzlar als Selbstmörderecke berüchtigt war, und sie schrie in einem fort: »Wehe, du kriegst ein Kind, dann ersäuf ich dich hier in der Lahn! Wehe, wehe, dann ersäuf ich dich hier in der Lahn! Hast du mich verstanden!« Ich habe jetzt erst nach fast sechzig Jahren die Kraft, diese Bedrohung niederzuschreiben. Bedrohung nur? Todesandrohung. Ich war nicht aufgeklärt, weder in der Schule, noch von den Mitschülerinnen, noch von meinen Eltern. Meine Oma hat dann andeutungsweise eine Aufklärung versucht, meine Mutter hatte getobt, dann nur noch geschwiegen und mich dabei mit verachtenden Blicken gestreift. Wem hätte ich diese seelische Misshandlung erzählen können? Es hätte mir niemand geglaubt. Ich habe keine Kinder bekommen. Ich gebe meiner Mutter die Schuld. Mit ihr hätte ich selbst Jahrzehnte später nicht darüber sprechen können, wie sehr sie mich damals erniedrigt hat. Papa wohnte damals schon lange nicht mehr in Wetzlar. Ich sah ihn nur sehr selten.

Die Währungsreform im Juni 1948

Bei uns zu Hause, wenn man die beiden Dachkämmerchen so nennen kann, in denen wir dann sogar fast sieben Jahre wohnten, wurde über nichts gesprochen, außer über das, was es zu kaufen oder eben nicht zu kaufen gibt. Es gab noch Lebensmittelkarten, aber die angegebenen Rationen bekam man auch nicht immer. Mit der Kleidung konnten wir uns gut behelfen, manchmal bekam ich von Frau Dumur abgelegte Sachen ihrer Tochter Gisela, sie waren aus edler Schweizer Stoffqualität. Tante Jo legte die Kleidungsstücke für mich bereit, und Oma Gilbert, die in ihrer Jugend den Beruf der Damenschneiderin gelernt hatte, freute sich, wenn sie wieder etwas Näharbeit vor sich hatte. Als Beruf durfte sie das Schneidern seit ihrer Heirat, und das war schon am Ende des 19. Jahrhunderts, nicht ausüben. Aber für mich etwas herzurichten, da hatte sie die tollsten Ideen. Über diese Kleider lachten auch meine Mitschülerinnen nicht. Mutti hatte auch noch genug Kleidung, die sich ändern ließ, denn von ihren Sachen hat sie nie etwas gespendet, weder früher an das Winterhilfswerk noch später an die Sammlungen vom Roten Kreuz. Oma passte wieder in ihre Sachen, so schnell sie während der Luftschutzkellerzeit abgenommen hatte, so schnell hat sie bald auch wieder zugenommen. Die Kleidung war also für Mutti, Oma und mich nicht das Problem, eher für Papa, aber das schien Mutti weniger zu interessieren. Er wohnte nicht mehr bei uns, und im Institut in Köln werden die Mitarbeiter ohnehin weiße Kittel getragen haben.

Vor der Währungsreform ging es uns, als wir uns an den Mangel gewöhnt hatten, noch verhältnismäßig zufrieden stellend. Oma hatte ein Bankkonto, auf dem ein echter Kaufkraftüberhang angewachsen war, weil es während des Krieges auch nichts Nennenswertes zu kaufen gab. Auch Mutti hatte ein solches Sparbuch, sogar ich hatte eins, auf das die Wetzlarer Großeltern regelmäßig zu Weihnachten und zum Geburtstag eingezahlt hatten, als es keine Geschenke mehr zu kaufen gab. Außerdem hatte ich genug Puppen, zeitweilig achtzehn (und den Römerstadt-Nachbarn soll ich einmal erzählt haben, dass ich später so viele Kinder haben wollte ...). Für Oma gab es nur einen Esswunsch: wieder einmal ein Hühnchen ... Die Marktfrau auf dem Buttermarkt wollte uns ein Hühnchen liefern, wenn sie von mir eine Puppe bekäme. Nun hatte Mutti die meisten intakten Puppen schon gespendet, die allzu sehr bemutterten und farblos gewordenen eigneten sich nicht mehr für ein Tauschgeschäft, da fiel Muttis Blick auf die Ingrid-Puppe. Ich wurde immerhin in diesem Jahr dreizehn, war eigentlich längst aus dem Puppenspielalter heraus, aber da erinnerte sich Oma, dass wir die Ingrid im Luftschutzkeller und bei der Eisenbahnfahrt durch das zerstörte Frankfurt nach Idstein bei uns hatten, und sie rief entschieden: »Nein!« Dabei blieb es. Auch Mutti teilte sogar diese Ablehnung. »Wir haben keine Zigaretten und geben auch die wenigen erhaltenen Schmuckstücke aus Gold nicht her, auch nicht die wertvolle große Schildkrötpuppe, nein, mit einem Schwarzen Markt wollen wir nichts zu tun haben.«
Immerhin konnten wir von dem sonst wertlosen Geld Sammelbriefmarken kaufen, ich legte damals zusammen mit meiner neuen Freundin Renate ein Briefmarkenalbum an, und in der Bahnhofstraße hatten wir ein Geschäft gefunden, wo man Briefmarken seit der Kaiserzeit bis zur ersten Nachkriegs-Militärpost kaufen und auch tauschen konnte.

Es war ein schönes Hobby, meine Freundin, mit der ich immer noch in Kontakt stehe, sammelt heute noch. Von dem Geld konnte man auch Kinokarten kaufen. Da Oma nicht allein gehen wollte, nahm sie mich immer mit; zu sehen waren alle Filme, die sie auch schon während des Kriegs gesehen hatte, all die Klamaukfilme mit Hans Moser, Theo Lingen und Heinz Rühmann, die Oma so sehr mochte, und die Tanzfilme mit Marika Rökk. Ich habe sie auch öfters zum Friseur begleitet, dort war Oma regelmäßige Kundin bis zu ihrem Wegzug nach Köln zu Onkel Walter und Tante Irene. Das waren übrigens die einzigen Namen, die ich nicht nennen durfte, das hatte ich schnell – Stichwort: Spiekeroog – herausgefunden, sonst verstanden Oma und ich uns jetzt gut. Sie war es denn auch, die mich bei ihrem Friseursalon anmeldete. »Ich bezahle dir das Zöpfeabschneiden und eine Dauerwelle.« Das war dann sogar schon mit neuem Geld.

Die Währungsreform im Juni 1948: sie kam fast plötzlich. »Über Geld zu sprechen, ist nicht fein«, das war Muttis Devise. Und schon gar nicht bei Tisch! Onkel Walter und Tante Irene hatten mir in dieser Hinsicht die Augen geöffnet. »Das kennen wir«, sagte der Pfarrer, »nicht vom Geld reden, aber dauernd daran denken! Es gibt viele christliche Heuchler ...« Mutti hatte ihre Sprüche, jetzt kamen sie sogar bei Tisch. »Wovon sollen wir denn leben? Die Pension hat doch nicht ganz ausgereicht, wir haben ja immer von den Sparbüchern dazugenommen. Erikas Sparbuch ist schon leer, von meinem haben wir auch schon geholt, meistens haben wir von Omas Sparbuch genommen, ja und vom Hans ist nichts zu erwarten, sein Sparbuch ist immer noch gesperrt. Das bisschen, was er in Köln verdient, wird für die Miete draufgehen. Wovon sollen wir nur leben ...« Es war ja nicht alles verloren. Vierzig Deutsche Mark gab es pro Kopf zu einer Umstellung im Verhältnis 1:1, Altgeldbestände, die man anmelden musste, wurden zur Hälfte im Verhältnis

10:1 umgetauscht, der erst einmal auf ein Festkonto überschriebene Rest wurde nach und nach freigegeben. Für 100 Reichsmark gab es dann noch 6,50 Deutsche Mark. Mutti war außer sich. Als Erstes verbot sie Oma und mir die Kinogänge und den Friseur, und die Briefmarkenkäufe waren erst einmal auch vorbei.

Oma und ich gingen nun traurig so durch die Langgasse, die Schillerstraße, die Sylhöferstraße und die Schwarzadlergasse spazieren, von Geschäft zu Geschäft und beobachteten, wie schnell sich die Schaufenster füllten. Einmal schrie Oma über die Straßenbreite der Langgasse hinweg, als gegenüber im Textilgeschäft Ruhe gerade ein Faltenrock in Schottenmuster in die Auslage drapiert wurde: »Das ist ja die Mode von 1939! Das kenne ich ja noch aus ›Mode und Heim‹!« Das war eine Modezeitschrift, die Oma abonniert hatte und aus deren Schnittmusterbögen mir Oma alle Schnitte ausgerädelt hatte, nach denen sie Kleidung für Mutti und mich nähte oder veränderte. Sie rief das ein paar Mal, und als eine Verkäuferin herauseilte und Oma aufforderte, still zu sein, rief meine Oma noch lauter: »Ich denke ja nicht dran, meinen Mund zu halten, gerade bei Ihnen habe ich nie etwas auf meine Kleidermarken bekommen. Sie hätten keine Ware! Und was sehe ich hier! Ich zeige sie an!« Wo denn? Oma bekam einen solchen Hustenanfall, dass die Leute auf der Straße stehen blieben. Geholfen hat ihr keiner.

Auch im Haus meiner Großeltern hat sich schnell einiges verändert. Tante Jo hatte von Frau Dumur die Information bekommen, dass jetzt der Export angekurbelt würde. »Das neue Geld wird international als Zahlungsmittel akzeptiert. Willst du, liebe Jo, wieder nach Japan? In absehbarer Zeit wird Leitz wieder in Tokio eine Agentur eröffnen.« Tante Jo muss eine Weile unschlüssig gewesen sein, was sie tun sollte. Die beiden Söhne waren neun und fünf Jahre alt, Tante Jo selbst schon fünfundvierzig. Sie war sehr vital, aber die

Kinder brauchten sie, der Jüngere würde bald überhaupt erst eingeschult, und Onkel Clemens war noch nicht zurückgekehrt. »Nein, ich will auf den Clemens hier warten. Wenn er noch kommt, dann meldet er sich am ehesten in meinem Elternhaus in Wetzlar.« Onkel Clemens galt seit Mai 1945 als vermisst; es war einmal ein Pfarrer mit der Nachricht in den Laufdorferweg gekommen, er habe gesehen, wie Clemens von einer Granate getroffen worden sei. An der Stelle habe er später nur noch einen Einschlagtrichter gesehen. Wenn sie ihn für tot erklären lassen wolle, werde er als Zeuge zur Verfügung stehen. Oma Gilbert hat mir das, immer noch erschüttert, erzählt, aber Tante Jo habe abgewinkt. »Auch wenn ich keine Hinterbliebenenrente bekomme, ich gebe die Hoffnung nicht auf, dass Clemens noch kommt.« Tante Jo hat sich dann aber entschlossen, jetzt wieder zu arbeiten, wo es Arbeit gibt. Sie arbeitete auf dem Patentbüro von Leitz und konnte ihre Englisch- und Japanisch-Kenntnisse einsetzen. Onkel Clemens ist nicht zurückgekommen. Tante Jo hat bis zu ihrem Tod auf ihn gewartet. Sie starb 1975 mit 73 Jahren. Eine noch größere Veränderung kündigte sich an, als Onkel Hans-Georg, inzwischen aus der Internierung zurückgekehrt und nicht NS-belastet, schnell wieder in der Firma Leitz Fuß fassen konnte. »Der hat noch nicht einmal seine Ersparnisse verloren, die hat er wohl auf einer Bank in Shanghai oder in der Schweiz gehabt«, zischte Mutti, als sie den blauen Volkswagen sah, den Onkel und Tante Marcus direkt nach der Währungsreform gekauft haben. Eine Leitz-Außenstelle wieder wie vor dem Krieg in Shanghai war wegen der politischen Situation in China nicht möglich, so übernahm Onkel Hans-Georg die Generalvertretung für Leitz für den großen Bezirk Frankfurt und Offenbach. Onkel Hans-Georg war nun viel mit dem Auto unterwegs. Bald hatten sie in der Mörfelder Landstraße im Süden Frankfurts einen Bauplatz gefunden und bauten sich ganz schnell auch ein Haus.

»Bis der Hans wieder richtig verdient, sind es immer noch mindestens zwei Jahre«, jammerte Mutti. Es herrschte damals noch Lehrermangel. Jedenfalls hatte sie nicht mehr die Angst, dass er mit dann fast fünfzig Jahren überhaupt nicht mehr genommen würde. »Noch zwei Jahre, die Anneliese baut schon, sie haben ein Auto, und wir immer noch in der halben Dachwohnung – ohne Wasseranschluss in der so genannten Küche, ohne Bad, ohne eigene Toilette, und immer schleppe ich im Winter Holz und Kohlen drei Treppen hoch, lange halte ich das nicht mehr aus«, und da tat mir Mutti doch so Leid, dass ich bei Oma Gilbert vorsichtig nachfragte, ob wir nicht in die Dachwohnung bei ihr ziehen könnten, die doch frei werde, sobald Onkel Hans-Georg, Tante Anneliese, Renate und Ulrike in Frankfurt in das eigene Haus einziehen. Oma meinte zurückhaltend, dass sie mich gern hier wohnen hätte, aber die Luise und die Oma Mickel ... Sie hätte Angst vor Streit im Haus und der Opa sei auch nicht mehr so gesund, er dürfe sich nicht aufregen. Der Opa. Er saß, wenn er vom Arbeitstag in der Werksschreinerei bei Leitz heimgekommen war, still auf seinem Sessel in der Wohnküche, beobachtete alles, aber sprach kein Wort. Er brauchte nur noch Ruhe um seinen Kopf, die Maschinen waren tagsüber an seinem Arbeitsplatz laut genug. Er wollte weder Lachen noch Streiten hören, auch Rolf und Gerd mussten sich leise beschäftigen, bis sich Opa etwas erholt hatte. Ich habe nachgerechnet, dass Opa, 1878 geboren, fast bis zu seinem 70. Lebensjahr gearbeitet haben muss. Ich habe ihn nie klagen, aber auch nie etwas erzählen hören, weder von früher noch von der Arbeit in der Firma.

Später, als Onkel und Tante bereits ausgezogen waren, habe ich noch einmal vorgefühlt. Die Wohnung war leer, schon wurde einiges renoviert. Wieder fragte ich zuerst bei Oma, aber Tante Jo hatte mich gehört und rief von der Dachwohnung durchs Treppenhaus: »Mutter, denke an den

Lastenausgleich! Ich glaube, der Hans kann die Miete nicht bezahlen ...«

Mutti war nicht so sehr daran gelegen gewesen, auf Tuchfühlung zu ihren Schwiegereltern und ihrer Schwägerin zu ziehen. Sie war aber trotzdem so verstimmt, dass sie mir befahl, nicht mehr so oft hinzugehen. Ich hatte bald aber auch so viel an Schularbeiten zu machen und die Schule bot auch so viele Arbeitsgemeinschaften an, dass meine Nachmittage ausgefüllt waren. Außerdem war ich oft in der Gärtnerei und dem Blumengeschäft der Eltern meiner Freundin Renate, wir spielten, badeten vom Grundstück aus in der Lahn, trugen auch Blumensträuße aus, seitdem die meisten Leute wieder mehr Geld ausgeben konnten, dann hatte ich, angeregt durch meine Musiklehrerin, auch das Blockflötenspiel für mich entdeckt: Es gab so viel an Abwechslung, dass ich die früher häufigen Besuche im Laufdorferweg nicht mehr vermisste.

Als Papa seit dem Schuljahr 1950/51 wieder unterrichten durfte, wieder in Frankfurt, hat ihm Onkel Hans-Georg sehr geholfen, ein Zimmer zu finden. Zeitweilig hat er sogar bei Onkel Hans-Georg gewohnt. In Wetzlar hatte schon langsam der Wiederaufbau begonnen, in Frankfurt gab es immer noch große Ruinenlandschaften und die Wohnungsnot war entsprechend groß. Papa hat erst im Herbst 1953 für uns vier eine bezahlbare Wohnung mit Hilfe des Schulamtes gefunden. Das bedeutete für mich aber auch den Abschied von Wetzlar.

Der Abschied von Opa war früher. Er starb 1952.

Die Feiern zur 200. Wiederkehr von Goethes Geburtstag in Wetzlar

Wetzlar fühlte sich schon immer als Goethe-Stadt, und so war es nur natürlich, dass die Wiederkehr des 200. Geburtstags schon lange vorbereitet wurde. Von weitem sah Wetzlar fast noch wie zu Goethes Zeiten aus. Die blaugrauen Schieferdächer türmten sich über drei- bis vierstöckigen, oft noch verputzten Fachwerkhäusern den Taunushang hinauf zum Dom aus weißem und rotem Sandstein, und den schönsten Blick hatte man damals wie heute von einem Aussichtsplatz hinter der Hospitalkirche, der in Staffelung die Lahn mit dem großen Wehr, die alte steinerne Brücke, die aufgetürmte Altstadt und auf der höchsten Stelle und geradezu im Bildmittelpunkt den Dom mit dem einen hochgotisch ausgebauten Westturm vor dem Betrachter ausbreitet.

Goethe war am 10. Mai 1772 nach Wetzlar gereist, um hier am Reichskammergericht als Rechtspraktikant weitere Erfahrungen zu sammeln, es war der Wunsch seines Vaters gewesen, der hier selbst auch ein juristisches Praktikum abgeleistet hatte. Der Sohn war allerdings schon erfolgreich gewesen, er war nach der Promotion zum Lizenziaten der Jurisprudenz in Straßburg zum Rechtsanwalt in Frankfurt zugelassen worden und hatte schon 28 Prozesse geführt oder ihnen zumindest beigewohnt. Was sollte er in Wetzlar? Er hatte den Pindar und den Homer bei sich, er wollte lesen und übersetzen; auch den »Götz von Berlichingen« hatte er als Manuskript im Gepäck. Immerhin ließ er sich am

25. Mai an der Neuen Kammer immatrikulieren, die Arbeit konnte beginnen. Goethes Wetzlarer Aufenthalt ließ sich an verschiedenen Gebäuden lokalisieren: Die juristische Arbeit, wenn er denn überhaupt hinging, am Reichskammergericht in der Neuen Kammer, in der Alten Kammer tagte schon seit 1767 die »Große Visitation« dieses höchsten deutschen Zivilgerichts, das nach dem Wegzug aus Speyer von 1693 an bis zur Auflösung des Römischen Reiches 1806 in der Freien Reichsstadt Wetzlar arbeitete und unter dem besonderen Schutz des Kaisers stand. Goethe muss vor Ehrfurcht nicht erstarrt sein, sein Platz an der »Wetzlarer Rittertafel« im Gasthaus »Zum Kronprinzen« muss ihm lieber gewesen sein, denn als »Götz der Redliche« gab er hier den Ton an – vor den jungen Kollegen und Legationssekretären, die am Reichskammergericht akkreditiert waren oder wie er als Praktikanten zumindest eingeschrieben waren. Der wichtigste Ort für ihn war zweifellos der Deutschordenshof, der dem Amtmann Heinrich Adam Buff unterstand, und dessen Wohnhaus, das als Lottehaus in die Literaturgeschichte und in die Geschichte Wetzlars eingegangen ist. Dann war da auch noch die Wohnung Kestners in einem verschieferten Fachwerkhaus am Reformierten Treppchen und ein Haus gegenüber der Franziskanerkirche, wo der Philosoph und Sekretär Karl Wilhelm Jerusalem wohnte, der durch seinen Selbstmord aus unglücklicher Liebe zur Frau seines Vorgesetzten Goethe zu seiner Gestalt des Werther mitinspiriert hat. Goethe hatte auch noch Verwandtschaft in Wetzlar, hier am Kornmarkt wohnte eine Hofrätin Lange, eine Schwester von Goethes in Wetzlar geborenen Großmutter, geborene Lindheimer, und nun sind wir auch schon bei den Personen aus Goethes Bekannten- und Verwandtenkreis. Die Großtante mit einer Tochter, die wiederum mit Charlotte Buff befreundet war, der Hannoversche Legationsrat Johann Christian Kestner, der Verlobte der Charlotte, deren zwölf

Geschwister, die sie nach dem frühen Tod der Mutter betreute und den Haushalt des Amtmannes und Vaters Buff führte. Es sind die Schauplätze und Personen zu Goethes Briefroman »Die Leiden des jungen Werthers«, dessen erster Teil 1774 anonym in der Weygandschen Buchhandlung zu Leipzig erschien und ein Welterfolg, übersetzt in 29 Sprachen und vielleicht inzwischen in noch mehr, wurde und den Schauplatz Wetzlar zum Wallfahrtsziel von Goetheenthusiasten aus aller Welt gemacht hat.

Goethe selbst schreibt im ersten Buch seines Briefromans unter dem fiktiven Datum des 4. Mai 1771 (die Daten stimmen nicht mit den Aufenthaltsdaten Goethes, 10.5. bis 10.9.1772, überein): »Die Stadt selbst ist unangenehm, dagegen rings umher eine unaussprechliche Schönheit der Natur.« Im 12. Buch von »Dichtung und Wahrheit« nennt er die Stadt und das Leben in ihr »eine echt deutsche Idylle«. Aber das schrieb Goethe sehr viel später, in Wetzlar war er ein junger Mann von 23 Jahren, zwar schon gelehrt, aber wie in seinem ganzen Leben vielseitig an Literatur und Natur interessiert und verliebt, so verliebt, und doch so spontan einsichtig, dass er Wetzlar und die Familie Buff durch Flucht ohne Abschied verließ, in Vorahnung eines Schicksals, das der junge Jerusalem nur wenige Monate später erlitt.

Was hätte Goethe gesagt, hätte er die Stadt und die Lebensverhältnisse im Jahr 1949 erlebt? Die Schönheit der Natur war geblieben, die Ausflugsziele, die Goethe so geliebt hatte, waren auch noch da: Der Lindenplatz an der Kirche in Garbenheim, allerdings die Kirche durch Umbauten im 19. Jahrhundert verändert und die Bäume größer geworden; der Brunnen auf dem Weg nach Garbenheim, das bei Goethe Wahlheim heißt, ist noch da, er ist sogar besser eingefasst worden, aber durch Straßenbaumaßnahmen ist die Quelle versiegt; das Forsthaus in Volpertshausen, als Goethe mit

Charlotte tanzte und darüber seine Cousine vergaß, deretwegen er zu dem Ball überhaupt eingeladen worden war, es stand noch, wurde nur anders genutzt. Hätte Goethe sich in der Stadt selbst umsehen können, es hätte ihn das pure Grausen erfasst. Die Neue Kammer des Reichskammergerichts am Buttermarkt war bis auf die Grundmauern durch Brandbomben zerstört worden, das so genannte »Herzogliche Haus« war durch Bomben zerstört, der Deutschordenshof war schwer beschädigt worden, von der Wohnung des Amtmanns, bekannt als das Lottehaus, standen nur noch Mauerreste des Parterres, der Giebel war vollständig ausgebrannt. Die Altstadt, die Goethe hässlich erschienen war, hatte genauso lichterloh gebrannt wie die Frankfurter Altstadt, beide Opfer der Luftangriffe zwischen März 1944 und März 1945.

Von unserer Schule, der Lotteschule, die damals noch in dem roten Backsteingebäude an der Pariser Gasse untergebracht war, konnte man bis zum Dom sehen; die Gassen dazwischen, auch die Pfaffengasse und die Gasse zum Wölbacher Tor waren leer geräumte Schuttwüsten mit Löwenzahn und Beifußstauden. Der Dom war stark beschädigt worden, besonders der ältere noch romanische bis frühgotische Teil, während der ganz alte Heidenturm aus Basaltsteinen noch stand. An der Westseite war der Dom Bauruine geblieben, weil der Reichstadt Wetzlar im späten Mittelalter das Geld ausgegangen war, die geplante große hochgotische Zweiturm-Westfassade hochzuziehen. Der große Turm war stehen geblieben, aber wer sollte nach dem Krieg das Geld für einen Wiederaufbau haben, für die Stadt, ihren Dom und für die Goethe-Stätten. Ich habe damals mitbekommen, dass die Firma Leitz viel für den Wiederaufbau des Doms gespendet hat, so dass wir das Bachjahr 1950 mit Konzerten im Dom feiern konnten. Aber auch für die Goethe-Stätten, die zu Goethes 200. Geburtstag schon 1949 wieder aufgebaut sein sollten, muss die Stadt tief in den Säckel gegriffen haben. Weite Flächen der zerbombten Altstadt wurden erst in den siebziger Jahren bebaut, aber das Lottehaus war zum Geburtstag Goethes wieder aufgebaut. Kritiker sagten bloß, das Dach sei bei der Rekonstruktion zu spitz geraten, im Innenausbau stellte sich die Atmosphäre von einst allmählich wieder ein.

In Wetzlar gab es damals zwei Gymnasien: die Goetheschule für Jungen und die Lotteschule für Mädchen. Wie hätten die Schulen auch anders heißen sollen? Bei den Vorbereitungen für die große Geburtstagsfeier hatte die Stadt auch die Schulen einbezogen. Wir lernten viele der Balladen Goethes, die zwar später als zur Wetzlarer Zeit geschrieben worden sind, viele auch im Wettbewerb mit Schiller im so genannten Balladenjahr 1794, aber viele Texte konnten wir auch in Quarta (heute: Klasse 7) und in Untertertia (heute: Klasse 8) verstehen und auswendig lernen: Der Zauberlehrling, der Erlkönig, die wandelnde Glocke, der Fischer; außerdem viele Balladen von Schiller. Sogar »Die Glocke« haben wir noch auswendig gelernt und vorgetragen. Dann kam der Werther-Film mit Oskar Werner und Heidemarie Hatheyer ins Kino, die ganze Schule ging hin, wir weinten und lebten nur noch als Goethe, Lotte und Kestner, wir spielten die Szenen nach und beschafften uns heimlich »Die Leiden des jungen Werthers«, während man im Deutschunterricht die Lektüre als verfrüht betrachtet haben dürfte. Die Stadtgeschichte Wetzlars haben wir im Geschichtsunterricht einbezogen, das wiedererrichtete Lottehaus haben wir im Kunstunterricht bei Herrn Reimitz, dem ich heute noch viel verdanke, von den planierten Ruinengrundstücken aus perspektivisch gezeichnet und anschließend mit Deckfarben angelegt, auch andere, sogar noch erhaltene Gebäude aus dem Mittelalter, deren Fachwerk bei der Renovierung freigelegt worden war. Unsere Bilder wurden auch ausgestellt, die Goethefeier, die für eine ganze Woche angesetzt war, hat uns einen großen Impuls gegeben. Auch die Goetheschule beteiligte sich, sehr zur Neugier für uns von der Lotteschule. Es gab ein gemischtes Lehrer-Kammer-Orchester, der Chor beteiligte sich (dazu reichte meine Stimme und musikalische Schulung nicht), Wetzlarer Gesangvereine und Vereinigungen aus der Umgebung, es gab ein offenes Volksliedersingen auf dem Domplatz, und im Sportunterricht übten wir Volkstänze ein, die am 28. August, an Goethes 200. Geburtstag und an meinem 14. Geburtstag, im Stadion aufgeführt wurden.

Es war damals ein ungeheurer Aufbruch in Wetzlar, der Goethe-Stadt mit der langen Tradition von Goethe-Feiern. Man sprach auch nicht mehr vom Bombenkrieg, man sah nach vorne und wusste damals schon, dass die Zukunft europäisch sein wird. Es gab erstmals ein »Europäisches Jugendlager« in Wetzlar, die Stadt war von vielen Sprachen erfüllt, und wir durften die Gäste zu den erhalten gebliebenen Goethe-Stätten und zum wieder aufgebauten Lottehaus führen. Unser Englisch war ziemlich literaturbezogen, aber wir schafften das schon, unsere Stadt zu zeigen. Dann tagte auch ein »Europäisches Gespräch«, dessen Teilnehmer wir am Bahnhof abholen durften. Ich habe nie den Namen des alten spanischen Philosophen Salvador de Madariaga vergessen. Da waren wir beim Abholen und der notwendig gewesenen Konversation hoffnungslos überfordert, bis wir auf die Idee kamen, von dem Werther-Film zu erzählen und Szenen vorzuspielen. So kamen wir dann über das Rosengärtchen zum Dom, und ab da hatten wir wieder Kenntnisse, die wir ausbreiten konnten. Den Festvortrag hat damals Rudolf Alexander Schröder gehalten. Verstanden haben wir auch nicht alles, aber es war festlich. Die Eröffnung durch unseren Bürgermeister, Herrn Dr. Hager, den wir auch noch nicht gesehen hatten, der Festvortrag, die Umrahmung durch das Köckert-Quartett; auch unsere begleitenden Lehr-

kräfte saßen entspannt und interessiert. Irgendwie hatte die Nachkriegszeit verloren, erst hatten wir die neue Währung, nun wehte ein europäischer Geist um uns, der an die Tradition der deutschen Klassik anknüpfte. Es war eine Weite gegenüber der Enge, in der es immer nur ums Überleben und ums Geld für das Nötigste ging.
Am meisten haben uns die vielen Theaterstücke fasziniert. Es gab »Doktor Faust« als Aufführung des Braunschweiger Marionettentheaters Harro Siegel, es gab »Iphigenie« durch das Hessische Theater der Jugend im Rosengärtchen und es gab den »Egmont« mit Paul Hartmann, sogar zu Pferd, auf dem Kornmarkt vor dem Hintergrund der beiden wiederhergestellten Fachwerkhäuser. Es war eine Abendaufführung, und man sah von allen Plätzen gut, da der Kornmarkt von der Lotteschule zu den besagten zwei Häusern hin abfällt. Tante Jo hatte mir diesen Aufführungsbesuch zu meinem Geburtstag geschenkt. Mutti konnte nichts dagegen haben, und so saßen Tante Jo und ich, sie hatte mir zu dieser Gelegenheit ein neues Kleid geschenkt, es war mittelblau mit weißen Streublümchen und Spitze und ich kam mir ganz besonders schön vor, so saßen wir und lauschten und sahen, während es allmählich in die blaue Stunde und dann in die Nachtdunkelheit überging. Es war ein wunderbares Erlebnis und der Beginn meines literarischen Interesses besonders am »Egmont« und an der Gestalt des Klärchens. Als ich eineinhalb Jahrzehnte später Deutsch unterrichtete, habe ich keine Gelegenheit ausgelassen, den »Egmont« durchzunehmen. Nur fand ich kein Theater in der Nähe, das ihn aufführte.
Die Wetzlarer Goethewoche war zu Ende. Am Sonntag, dem 28. August 1949, war mein 14. Geburtstag am Tag des 200. Geburtstags Goethes. Das war im Deutschunterricht bekannt, und immer, wenn es um Goethes Lebenslauf ging – als Einführung in ein Gedicht oder zu »Götz von Berlichin-

gen«, den wir natürlich nach der Goethewoche lasen, war ich dran. Mutti war in dieser Feierwoche aufgeräumt gewesen. Sie nahm mich sogar mit zum Festkonzert im Kasernensaal an der Silhöfer Aue. Beethovens Neunte Symphonie hörte ich zum ersten Mal. Überwältigend. Mutti traf vorher und anschließend eine Reihe von Bekannten, auf dem Heimweg sang sie noch immer »Freude, schöner Götterfunken«, sie fragte mich sogar nach der Aufführung des »Egmont« durch das Marburger Schauspiel, und das wollte schon etwas heißen, denn Schauspiele interessierten sie nicht besonders. Sie nahm mich auch noch mit zu einem Liederabend im Hof des Lottehauses, und als ich noch aus Papas Goethe-Bibliothek das Buch »Charlotte Kestner – ein Lebensbild« aus

Warten auf das Startzeichen zu den Volkstänzen zu Goethes 200. Geburtstag am 28. August 1949; das ist zugleich mein 14. Geburtstag, den ich mit der ganzen Schule im Rahmen eines Europäischen Jugendlagers in Wetzlar feiern kann

dem Jahr 1921 (zur 150. Wiederkehr von Goethes Aufenthalt in Wetzlar / in dem renommierten Velhagen- und- Klasing-Verlag erschienen) als Geburtstagsgeschenk erhielt, dachte ich, dass mich Mutti nun besser versteht. In Papas Handschrift enthielt die erste Umschlagseite eine persönliche Widmung: »Unserer lieben Erika zum Geburtstag am 28.8.1949. Wetzlar, im Goethejahr 1949 an Goethes 200. Geburtstag 28.8.1749 – 28.8.1949. Deine Eltern.« Ich war darüber so glücklich, denn ich dachte, dass sich nun auch meine Eltern wieder besser verstehen. Und sie hatten mir versprochen, bevor Papa am Sonntagabend wieder zurück nach Köln zum Institut fuhr, dass wir im Herbst oder im nächsten Frühjahr, wenn sich Papa beim Schulamt der Stadt Frankfurt für eine Wiedereinstellung – nach dem Ende von fünf Jahren Berufsverbot – melden würde, einen Spaziergang durch die Innenstadt – oder was davon übrig geblieben oder aufgebaut sei – und zum wieder aufgebauten Goethehaus am Großen

Meine Klasse UIIIb der Lotteschule vor den Herbstferien im September 1949; ganz links in der ersten Reihe meine Freundin Renate und ich

Hirschgraben unternehmen würden, das sei dann noch ein nachträgliches Geburtstagsgeschenk für mich. Das habe ich dann auch gleich in der Schule meiner Deutschlehrerin, Fräulein Decken, erzählt, und sie freute sich mit mir, und mein Englischlehrer, Herr Dr. Küppersbusch, bei dem ich so gern Unterricht hatte, freute sich auch. Die Lotteschule war für mich nämlich mein Zuhause, hier konnte ich mein Leid ausbreiten, wenn es zu Hause in den beiden Dachkämmerchen wieder einmal Streit oder, was noch schlimmer war, Schweigen gegeben hatte.

Der lange Schatten des früh verstorbenen Großvaters

Dann die vielen Sonntage, an denen Papa nicht da war, er kam nur höchstens alle vierzehn Tage, und das war Mutti recht, denn es sei zu teuer, so oft die Fahrkarten von Köln nach Wetzlar zu kaufen. Aber auch, wenn Papa da war, setzte Mutti ihren Sonntagsspaziergang durch. Und der führte immer zum Friedhof zum Grab ihres früh verstorbenen Vaters. Da stand sie und weinte: »Mein Vati, mein Vati, warum bist du nur so früh gestorben?« Wenn andere Friedhofsbesucher vorbeikamen und die erst später belegten Gräber besuchten und Blumen niederlegten, kamen sie auf Mutti zu und wollten noch kondolieren, aber konnten es gar nicht fassen, wenn sie auf dem Grabstein das Sterbedatum 7.11.1921 lasen. Mutti hatte die gekaufte Ruhezeit sicher schon verlängert. Später - Ende August 1955 – wurde Oma Mickel in der gleichen Grabstelle beigesetzt, auch dann muss Mutti die Ruhezeit wieder verlängert haben. Mein Mann und ich fuhren noch bis 1988 einmal im Jahr zum Grab nach Wetzlar, dann haben wir den Vertrag auflösen können. Aber warum hing Mutti so am Grab? Erst sehr viel später habe ich den Verdacht bekommen, dass dieses Grab des Großvaters mit der Inschrift »Hier ruht in Frieden Heinrich Mickel, Regierungsbaurat« für Mutti ein Statussymbol gewesen sein muss. Damals, als wir in Wetzlar wohnten, kannte ich den Begriff noch nicht, vielleicht war er noch nicht einmal geprägt. Aber das muss es gewesen sein, denn sie beendete ihre Andacht oder zumindest ihr Verweilen am Grab erst, wenn andere Friedhofsbesucher dazu gekommen waren. Anschließend besuchten wir noch die Grabstätte der Familie Funke, das waren die Eltern meiner Oma Gilbert; hier war keine Berufsbezeichnung angegeben, und Mutti blieb auch nicht lange stehen. Der Weg durch den alten und neuen Teil des Friedhofs war von Mutti so geplant, dass wir an Gräbern Wetzlarer Honoratioren vorbeikamen, zu jedem Namen konnte Mutti eine Geschichte erzählen. Zum Schluss standen wir immer vor dem Grab der Else Schnitzler, aber nur an den Tagen, wenn uns Papa nicht begleitete. Der Grabstein bestand aus einer schwarzen, in der Mitte geknickten Säule. Und Mutti erzählte dazu die Geschichte: »Ich habe sie vom Lyzeum her gekannt, sie war aber ein paar Klassen unter mir. Sie ging nach Berlin, um Künstlerin zu werden. Als sie das erste Kind bekam«, und Mutti brauchte lange, um das Wort »unehelich« überhaupt herauszubringen, »dann wurden ihr von der Familie die Unterhaltskosten gesperrt. Als sie dann noch ein zweites uneheliches Kind bekam, hat sie sich und die Kinder erschossen.« Und dann setzte sie noch eins drauf: »Es ist eine Schande, dass sie hier auf dem Friedhof bestattet worden ist. Aber die Familie war einflussreich – bis heute.« Schon beim Weggehen, denn ich mochte hier nicht gern stehen, rief sie mir jedes Mal zu: »Merk dir das! Wehe, du bekommst ein Kind, dann ersäufe ich dich in der Lahn! Denk dran! So, und jetzt gehen wir zu Oma Gilbert Kaffee trinken!« Diesen Teil des Sonntagsspaziergangs konnte ich noch nicht einmal Papa erzählen und auch nicht meinen Lehrern, sie hätten es für unglaublich oder frei erfunden gehalten. Auch keiner Freundin konnte ich es erzählen.

Als Mutti 1984 starb und ich die Wohnung auflösen musste, fand ich eine Liste mit Sterbedaten. Ihre Schulfreundin Liesel, die in Bonn verheiratet war, war kurz nach dem

Krieg gestorben – an Tuberkulose; ihre Freundin Mariechen Petry, die in Wetzlar in Büblingshausen gebaut hatten, war auch schon tot – an Erschöpfung hatte Mutti dazu notiert. Es war eine lange Reihe von Personen, die ich gar nicht alle gekannt hatte, Reisebekanntschaften, Schülereltern, ganz entfernte Bekannte und Verwandte, mit denen Mutti Weihnachts- und Urlaubsgrüße ausgetauscht hatte, und hinter allen Namen und Krankheiten hatte Mutti alle Altersangaben nach Jahren, Monaten und Tagen vermerkt. Für mich war es erst nur eine makabre Liste, aber dann konnte ich begreifen, was mich seit meinem Alter von 14 Jahren und 8 Monaten so sehr bedrückt hatte: »Als ich in deinem Alter war, war mein Vati gerade gestorben.« Das war die Begründung, mit der sie mir den Besuch der Tanzstunde und die Reisen, welche wir am Ende der Untersekunda (Klasse 10) und am Ende der Obersekunda (Klasse 11) mit unserer Klassenlehrerin, Frau Dr. Boguth, unternehmen wollten, verbot. Der Satz wurde dann entsprechend ausgeweitet: »Als ich in deinem Alter war, war mein Vati schon gestorben, da durfte ich auch nicht die Tanzstunde besuchen« oder: »Als ich in deinem Alter war, war der Vati schon lange tot und ich konnte in diesem Alter auch nicht nach England fahren ...« Nun nahm ich mir aber doch den Mut und erzählte meiner Klassenlehrerin, dass mir Mutti die Mitreise nicht erlaubte. Es musste ja ohnehin ein Elternabend stattfinden, Mutti ging hin und hatte zu Hause noch gezischt: »Der werde ich es zeigen, wer hier für die Erziehung verantwortlich ist ...« Ich hatte den Eindruck, dass Mutti am anderen Tag ziemlich kleinlaut war. Alle anderen Eltern hatten keine Einwände, im Gegenteil, sie waren froh, dass die Schule ein solches Angebot macht. Es war 1952, Auslandsreisen waren längst keine Routine, sie mussten sorgfältig, auch was die Reiseunterlagen betraf, beantragt und genehmigt werden. Mutti wollte wiederum nicht zugeben, dass es bei uns am

Geld fehle, das wäre ihr zu peinlich vor allen Leuten gewesen, und so durfte ich mitfahren. Meine Klassenlehrerin hat dann auch die Idee gehabt, dass jeder durch Nachhilfestunden etwas dazu verdienen musste, um die Kosten, die den Eltern entstehen, zu entlasten. Für die Stunde durften wir zwei Mark nehmen, aber es war auch eine gute Schulung für Selbstständigkeit. Geplant haben wir unseren Aufenthalt im Englisch-, Geschichts- und Kunstunterricht, fächerübergreifend würde man heute sagen, und es wurde die erste Auslandsreise überhaupt mit interessanten Besichtigungen und Gesprächen. Schon die Fahrt mit Zug und Schiff bis Dover, die englische Kreideküste im Blick, die Rundfahrt durch London, Besuch des Parlaments mit Ober- und Unterhaus und wie uns ein Uniformierter die pipes zeigte, die englische Verfassung, die aus einzelnen Rollen besteht, angefangen von der Magna Carta (1215), die wir im Unterricht durch-

Meine Klasse Untersekunda (Klasse 10) mit unserer Klassenlehrerin, Frau Dr. Boguth, auf Studienreise in London (Ostern 1952)

genommen hatten, bis in die neueste Zeit ... Wir staunten über die Freundlichkeit, mit der wir im Heilsarmee-Hotel betreut wurden, aber auch über die Aufmerksamkeit der Londoner Underground-Benutzer, wenn wir mit den Schaltern und Rolltreppen nicht zurechtkamen, wir Provinzler. Buckingham-Palast, Wachablösung der Horse Guard in Whitehall, British Museum und der Stein von Rosetta, an dem durch Textvergleich dreier Schriften Champollions die Hieroglyphen entziffern konnte; Tate-Gallery, Victoria und

Mit Frau Dr. Boguth und der Klasse unterwegs in London (Ostern 1952)

Albert-Museum, der Tower, wo wir nach dem Schmuck von Maria Stuart fragten und auch die schwarzen Perlen und die Krone, überhaupt auch die englischen Kronjuwelen zu sehen bekamen, auch das Hinrichtungsschwert, das noch schwarz von Blut war, wie uns der rot-befrakte Towerwärter erklärte; Speakers Corner, Trafalgar-Square, Picadilly-Circus, und dann die Kathedralen Westminster Abbey, Canterbury und eine Fahrt auf der Themse nach Windsor mit Besichtigung, ein Tag im College Eton, und die Stimmprobe in der Flüstergalerie von St. Paul's wollten wir natürlich auch nicht verpassen, und den Londoner Zoo und Kewgardens ließen wir auch nicht aus. Bei uns waren drei Lehrkräfte und wir sechzehn Schülerinnen aus Untersekunda, dann die vielen englischen Lehrkräfte, die uns begleitet und uns viel erklärt haben. Herr Dr. Küppersbusch hatte uns aufgetragen, ja das Shakespeare-Theater Old Vic zu besuchen, auch das haben wir zu einer Abendaufführung geschafft. Die Klasse hatte vorher schon gut zusammengehalten, jetzt verstanden wir uns noch besser. Meine Angst galt nur der Ankunft zu Hause. Am liebsten wäre ich dort geblieben! Einmal sagte eine ältere Frau zu mir dem Sinne nach: »Wie habt ihr den Krieg erlebt?« Das Kriegsende war erst – oder schon – sieben Jahre her. Ich sagte: »Wir saßen viel im Keller und haben gehustet.« Und sie sagte: »Wir auch, wir warteten noch auf die schlimme Rakete, aber sie kam nicht mehr über die Stadt.« Dann umarmte sie mich und sagte nur noch: »Peace, all we need is peace.«

Zu Hause hätte ich gern von der Reise erzählt. Mutti wollte nichts hören. »Als ich in deinem Alter war, war Vati schon ein paar Jahre tot. In deinem Alter habe ich das Lyzeum beendet und bei Berkenhof und Drewes in Asslar angefangen und schon eigenes Geld verdient.« Da wusste ich, dass sich nichts verändert hatte, nur ich war selbstständiger geworden und hatte neue Erfahrungen gesammelt. Tante

Unterwegs in Rom auf Klassenfahrt; ich wie immer mit Kunstreiseführer (Ostern 1953)

Vor dem Senatorenpalast in Rom – zum ersten Mal in der damaligenErwachsenenkleidung (1953)

Jo konnte ich von der Reise erzählen, und sie erzählte mir dann zum ersten Mal, wie sie vor dem Krieg das Leben in Tokio erfahren hatte.

Übrigens haben die meisten von uns auch weiterhin Nachhilfestunden gegeben, um die nächste Reise anzusparen. Dann wollten wir nach Rom. In den Osterferien 1953 sind wir wieder mit Frau Dr. Boguth zur Klassen- und Studienreise unterwegs gewesen – in Rom und Florenz. Bei dieser Reise habe ich während der ganzen Heimfahrt geweint und von den furchtbaren Friedhofsbesuchen und den Todesandrohungen erzählt. Jetzt wollten mir alle helfen, aber keiner wusste, wie man meine Mutter ansprechen sollte, die Verbote im Namen des lange verstorbenen Großvaters erschienen einfach unheimlich.

Schmerzliche Abschiede von Wetzlar und schwierige Anfänge in Frankfurt

Zum Schuljahr 1950/51 hatte Papa eine Wiedereinstellung in den Schuldienst der Stadt Frankfurt erhalten, er wurde als Mittelschullehrer der Brüder-Grimm-Schule zugewiesen. Die Schule liegt an der Habsburger Allee, und deshalb muss sich seine Wohnungssuche auch hauptsächlich auf Bornheim und das Nordend erstreckt haben. Jedenfalls fand er dann für uns vier Personen eine Vierzimmerwohnung im Riederwald in der Straße Am Erlenbruch, in einer der May-Siedlungen, die wie die Römerstadt inzwischen zur Aktienbaugesellschaft für kleine Wohnungen gehörte. Bei den Mieten hatte die Stadt Frankfurt ein Wörtchen mitzureden, und Papa sagte, dass auch das Schulamt ein Wort eingelegt hätte. Mutti war vorher öfters nach Frankfurt gefahren, muss sich dort mit Papa getroffen haben, um sich erst einmal nach Wohnungen umzusehen. Die Bewirtschaftung durch das Wohnungsamt war gefallen, die Mietpreisbindung auch, und die Siedlungswohnungen sehr begehrt, weil hier die Mieten nicht in dem Maße auf Angebot und Nachfrage am Markt reagierten wie die wenigen privaten Neubauten. Ganz glücklich dürfte Mutti von Anfang an nicht mit dieser Wahl gewesen sein, wenn man damals überhaupt von Auswählen bei der Suche nach einer Wohnung sprechen konnte, sollte sie noch bezahlbar sein. Die Wohnung hatte zwei dicke Haken: das Hauptzimmer lag nach Norden, davor eine zwar wunderschöne Kastanienallee, aber dadurch war es dort auch im Sommer dunkel; außerdem hatte die Wohnung Ofenheizung, für jeden Raum ein Extra-Ofen. Der Grundriss war fast wie in der Römerstadt, wie dort auch die Einbauküche, die als »Frankfurter Küche« in die Geschichte der Innenarchitektur eingegangen ist. Die Riederwald-Siedlung war vor der Römerstadt-Siedlung gebaut worden, 1926/27 von dem berühmten Architektenteam des »Neuen Frankfurt«, gewissermaßen zur Übung im Umgang mit Fertigelementen aus Beton und mit Flachdachkonstruktionen. Es gab auch noch keine Linoleumbeläge, sondern Holzbohlen, die von den Vorbesitzern häufig geölt oder gestrichen wurden, sie waren eigentlich kein schöner Anblick. Mutti sah schnell die Nachteile, aber die Wohnung war allemal besser als das Wetzlarer Provisorium. Nur noch aus den elenden Dachkämmerchen im Wetzlarer Bannviertel raus, muss sich Mutti gesagt haben.

Oma Mickel und ich bekamen die Wohnung erst am Umzugstag zu Gesicht. Wir bewohnten wieder zusammen ein Zimmer, dasselbe Elend mit Omas Hustenanfällen war absehbar, aber wir hatten mehr Platz. Einen eigenen Stuhl neben dem Bett zu haben, ein Tischchen für eigene Sachen. Endlich eine Toilette nur gegenüber unserer Zimmertür, endlich ein eigenes Bad, Selbstverständlichkeiten, die ich nicht erwähnen würde, hätte ich sie in den vergangenen fast sieben Jahren gehabt. Wir zogen Mitte Oktober 1953 um, es war schon kalt, und Mutti dämpfte auch gleich unsere Vorfreude. Sie würde nur den Hauptraum, den sie wieder Esszimmer nannte, heizen, wir sollten bloß nicht denken, dass sie mehr als einen Ofen befeuert und auskehrt. Die Dunkelheit des Esszimmers war Oma natürlich auch gleich aufgefallen, aber da hatte Mutti Recht, dass man große Ansprüche jetzt noch nicht stellen könnte, wo große, nur planierte Trümmerflächen noch das Stadtbild beherrschten. »Ihr werdet euch schon eingewöhnen!«, sagte Mutti,

Papa sagte nichts, er hatte sich schon lange angewöhnt zu schweigen, seit er gemerkt hatte, wie wenig Mutti an seiner Meinung lag. Aber dann ließen sich Muttis geliebte und lange vermisste Wurzelholzfurnier-auf-Kirsch-Möbel wieder aufstellen, sie waren von der Lagerung noch nicht einmal verzogen; auch das Klavier war wieder da, bekam seinen Platz allerdings im Nebenraum, denn während der Lagerung in einem zugigen Flur bei Zöllners in der Kalsmuntstraße (erst damals hat mir Papa verraten, dass das Klavier auf Vermittlung von Opa Gilbert bei der Familie Zöllner ausgelagert war, das waren die Eltern von Papas Begleiterin nach Spiekeroog) waren die Filzbeläge abhanden gekommen, vermutlich von Mäusen gefressen, das Klavier gab also keinen Ton mehr von sich und Mutti hat es während der dreißig Jahre, die sie in dieser Wohnung lebte, auch nicht restaurieren lassen; der Raum, in dem es stand, war immer kalt, auch im Sommer, Mutti benutzte es zur Lagerung von Obst und Gemüse, es sei praktisch, die Lagerung erspare Stromkosten für einen Kühlschrank ... Verdunkelungsrollos brauchten wir nicht mehr, trotzdem wollte Mutti ganz dicke, undurchsichtige Vorhänge und Gardinen haben, und was die nicht an nächtlicher Verdunkelung schafften, das musste noch durch Sonnenstores aus dichter Baumwolle bewerkstelligt werden. Der Tischbein-Goethe kam erst einmal wieder auf seinen Platz über dem Büffet wie in der Römerstadt, bei der ersten Renovierung nach zehn oder mehr Jahren verschwand er irgendwo in der Versenkung, dann kam da ein Kaufhausölbild hin, das einen italienischen Markt zeigte, im Hintergrund der Gardasee oder die Adria – zur Erinnerung an Italienreisen, die nun zum Standard gehörten. Man schrieb die fünfziger Jahre!

Papa bekam wieder ein Herrenzimmer, in dem alle seine Bücherschränke Platz fanden, auch sein Schreibtisch und der geschnitzte Sessel, beide Stücke von Opa handgearbeitet, und ich habe sie heute noch. Dieses Zimmer wurde nicht beheizt, es ging auch nicht, denn mit den Schränken war auch der Ofen zugebaut worden. Wie in Wetzlar in Alberts verglaster Veranda saß hier Papa in Hut und Mantel am Schreibtisch, korrigierte, las und lutschte dabei Bonbons, um den Husten zu unterdrücken.

Das gemeinsame Zimmer von Oma und mir wurde auch nicht beheizt, im Winter husteten wir wie seinerzeit im Luftschutzkeller oder wie im Kämmerchen in Wetzlar. Was die Küche anbetraf, so war Mutti wieder ganz die alte. Sie ging zum Flur hin abzuschließen, das machte sie auch und steckte den Schlüssel ein. Wer bei Tisch nicht genug aß, durfte jedenfalls nichts naschen. Und sie kochte immer noch so scheußlich wie früher, indem sie das Gemüse ohne Fett einfach in kochendes Wasser schmiss, als müssten wir noch auf Lebensmittelkarten essen. Mit den schönen Schweinelendchen, die es jetzt beim Metzger gab, machte sie es genauso, nach der dritten oder vierten Wärmung schmeckten sie nur noch nach Stroh. Dann nahm Oma das Kochen in ihre Hand. Es schmeckte besser. Und nun kam ein neuer Spruch Muttis, den wir in dieser Form vorher in der Mangelzeit nicht gehört hatten, der aber jetzt, als die Mängel mehr und mehr schwanden, bei ihr gerade zur Manie wurde. Sie war in ihren Gedanken beim Ersten Weltkrieg, beim Steckrübenwinter 1917 und bei dem früh verstorbenen Vater, der immer gesagt haben soll, sobald jemand überhaupt über das Essen, ob es schmeckte oder nicht, sprach: »Ihr werdet noch Backsteine essen lernen!« Das haben wir oft gehört. Der lange Schatten des früh verstorbenen Vati war mit umgezogen.

Jetzt hätte ich eine verständnisvolle Mutter gebraucht, aber was heißt »jetzt«, und was heißt »verständnisvoll«? Ich war 18 Jahre alt und hatte niemanden mehr, mit dem ich sprechen – meine Situation besprechen – konnte. Wir hatten kein Radio, aus dem ich Informationen hätte bekommen können, da stand nur unser ausgehöhltes Telefunkengerät aus dem Jahr 1939 als Attrappe; wir hatten kein Telefon, mit dem ich nach Wetzlar hätte anrufen können; wir hatten zuerst auch keine Tageszeitung. Aber alle diese Medien wären auch nur Notbehelfe gewesen. Ich hätte immer eine Mutter gebraucht, die mich nicht nur zur Welt gebracht hat, sondern die mich ins Leben eingeführt und mich mein Leben lang, jedenfalls wenigstens solange, wie ich zu Hause lebte, mit Anteilnahme, Bereitschaft zum Zuhören, mit Tröstungen, mit Ratschlägen und ganz einfach mit Liebe begleitet hätte. Das konnte sie nicht, und sie gab sich auch keine Mühe, es zu wollen. Ich hätte sie im Luftschutzkeller in meiner Angst gebraucht, aber da waren Frau Wilhelms, die liebe Nachbarin, und Oma Mickel, die meine Mutter ersetzten. Ich hätte sie in der Pubertät gebraucht, aber das Wort konnte sie noch nicht einmal aussprechen, geschweige sich in die Stimmungsschwankungen einfühlen, und dabei war sie doch selbst einmal ein Kind und dann eine Jugendliche gewesen. Bei der ersten Menstruation, ein Wort, das sie nie verwenden konnte und das ich aus Papas Biologiebüchern, die in der verglasten Veranda bei Alberts im Parterre untergebracht waren, für meine neue Körperlichkeit übernommen hatte, hatte sie mir den Tod angedroht, falls so etwas Schändliches passieren würde wie der armen Else Schnitzler, an deren Grab auf dem Wetzlarer Friedhof jeder Sonntagsspaziergang vorbeiführte, jedenfalls an den Sonntagen, an denen Papa nicht bei uns war, und das waren die meisten Sonntage. Meine Mutter hat mir mehr als sechzig Jahre meines Lebens Rätsel über ihr Verhalten aufgegeben. Auch die vielen Selbstmitleidsbekundungen und damit verbunden die Einschränkungen für mich: »Mein Vati ist so früh gestorben, ich war damals vierzehn Jahre und acht

Monate. Als ich so alt war wie du jetzt, war mein Vati schon tot. Mit achtzehn war ich schon selbstständig. Mit achtzehn hätte mir niemand mehr eine weiterführende Schule bis zum Abitur bezahlt ...« Ja wünschte sie, dass Papa nicht vom Frankreichfeldzug heimgekehrt wäre? Seine Anzüge und Mäntel, eigentlich fast die gesamte neuere Kleidung hatte sie schon weggegeben. Wünschte sie, dass ich abgehen sollte, um eine Berufsausbildung anzufangen, obwohl sie doch anhand meiner Schulzeugnisse wissen musste, dass ich gern zur Schule ging und gern lernte? Meine Mutter war bei Kriegsende 38 und jetzt, 1953, war sie 46. Aber hatte sie vielleicht nur die Reife eines Kindes, eines jähzornigen und unwirschen Kindes? War sie vielleicht vom frühen Tod des Vaters immer noch traumatisiert? Oder gibt es das, dass eine Mutter überhaupt nicht zur Liebe fähig ist? Später legte ich mir die Erklärung zurecht, dass sie sich immer in der Opferrolle gesehen haben muss. Einmal sagte sie: »Als der Erste Weltkrieg begann, war ich sieben, als er endete, war ich elf; als der Zweite Weltkrieg begann, war ich 32, als er endete, war ich 38. Was habe ich denn vom Leben gehabt?« Aber warum sollte ich dann auch nichts vom Leben haben? Kann eine Mutter nicht mehr an ihr Kind und ihre Familie denken als an sich? Wenn sie doch nur hätte sprechen können, wir hätten uns sicher gegenseitig helfen können. Zwischen uns hat es nie ein existentiell bedeutsames Gespräch gegeben, auch nicht im Alter.

Papa war auch nicht viel zu Hause. Er ging ganz in seinem Unterricht auf. Er blieb zum Korrigieren der Hefte im Lehrerzimmer, machte auch dort seine Vorbereitungen, und das war mit den Fächern Biologie, Physik und Mathematik auch gut zu begründen. Außerdem unterrichtete er fachfremd Deutsch, Religion, Chemie und Sport. Er machte alles, und die Kollegen hatten bald gemerkt, dass er auch für Zusatzaufgaben zur Verfügung stand, so machte er bald

auch alle Vertretungspläne, und nur diesem Umstand war es zu verdanken, dass für unsere Wohnung ein Telefonanschluss installiert wurde, nun konnte er die Krankmeldungen morgens um sieben Uhr entgegennehmen und sich auf dem halbstündigen Fußweg vom Erlenbruch über den Ostpark zur Habsburger Allee schon die Vertretungen überlegen. Er hatte alle Pläne im Kopf. Ich freute mich für Papa, wenn ich auch bedauerte, dass ich mit ihm nicht mehr so viel besprechen konnte wie früher. Ich genierte mich auch, über manches zu sprechen.
Oma war meine eigentliche Hilfe, wenn sie nur nicht so krank gewesen wäre. Mutti hielt es für Bronchialasthma, ein Heilpraktiker, den sie noch in Wetzlar aufgesucht hatte, hielt es für Herzasthma und verordnete Herztropfen auf Digitalis- und Maiglöckchenbasis; ich weiß nicht, ob das richtig war, Mutti weigerte sich jedenfalls, einen Arzt kommen zu lassen. »Wir sind noch nicht fertig eingerichtet, mir kommt keiner in die Wohnung.« Auch in dieser Hinsicht hatte Mutti nichts dazugelernt. Oma und ich schliefen wieder im selben Zimmer, ich versorgte sie wieder mit Herztropfen bei jedem Anfall. Mutti tat, als höre sie nichts, dabei schlief sie doch im Zimmer nebenan, die Wände waren hellhörig, ich hörte Papas unterdrücktes Husten. Oma konnte ich wenigstens meinen Kummer erzählen, dass ich alle Freundinnen verloren hatte und auch Günther. Sie versprach mir, auf die Post zu achten, denn dass Mutti Briefe an mich verschwinden ließ, das hatte Oma auch schon gemerkt.
Mit dem Umzug nach Frankfurt hatte für mich also eine düstere Zeit begonnen. Ich wusste nicht, was ich tun sollte. Sollte ich überhaupt jetzt in der zweiten Hälfte der Unterprima, heute: Klasse 12, weitermachen, um das Abitur abzulegen? Sollte ich eine Lehre anfangen oder irgendwie ein Berufsziel ansteuern? Meine Neigungen und Interessen waren vielfältig. Ich las gern, zeichnete und malte gern,

ich schrieb Geschichten und Berichte. In Wetzlar hatte ich mich ausgekannt und neben der Schule auch schon bei der »Wetzlarer Neuen Zeitung« Fuß gefasst. Unsere Nachbarin neben den beiden Dachkämmerchen, Frau Lemp-Bolongaro, die nach der wieder weggezogenen ausgebombten Familie aus Hamburg die beiden anderen Dachkämmerchen gemietet hatte, arbeitete bei der Zeitung und konnte immer mal wieder Texte von mir unterbringen, sogar für ein kleines Zeilenhonorar. Aber das war in Wetzlar. Unser Zeichen- und Kunstunterricht hatte mir auch schon Kontakte eröffnet. Meine Freundin Ingeborg Hofmann und ich konnten öfters unsere Bilder, Aquarelle und Deckfarbenbilder, ausstellen; ich hatte auch ein Geschäft an der Hand, das mir die Rahmung übernahm. Wenn Tante Jo für Dumurs oder für die eigene Familie ein Geschenk brauchte, bestellte sie ein Bild bei mir, übernahm die Rahmungskosten und besorgte mir weitere Interessenten. Ich wurde dann in Wohnungen eingeladen und durfte den Platz für das Bild aussuchen, manchmal malte ich auch nach Farbewünschen, die zur Einrichtung passten. Das hat mir ungeheuer Spaß gemacht. Alles vorbei.

Vorbei waren die Besuche bei Familie Kaul. Ursula ging in meine Klasse. Seitdem meine Freundin Renate die Schule gewechselt hatte, auch bei ihren Eltern fand ich immer Verständnis, seitdem meine Mal-, Schreib- und Busenfreundin Inge die Lotteschule verlassen und zum Wirtschaftsgymnasium nach Gießen gewechselt war, hatte ich mich enger an Ursula angeschlossen. Wir schrieben uns noch Briefe, dann schlief das ein oder meine Mutter hatte Ursulas Briefe nach bewährter Manier verschwinden lassen. Oma Gilbert und Tante Jo waren auch weit weg. Oma schrieb nicht gern, Tante Jo war voll berufstätig und hatte noch die Hausaufgabenüberwachung bei Rolf und Gerd. Alles vorbei.

Beim Abschied von den Hausbewohnern in Fräulein Alberts

Mietshaus in der Eduard-Kaiser-Straße 33 (nach dem Krieg hieß die Straße nach Kant, der als Namensgeber aber im Bannviertel deplatziert war; nach der erfolgreichen posthumen Entnazifizierung durfte die Straße wieder nach einem früheren Direktor der Buderus-Werke benannt werden) hatte Mutti aufgetrumpft: »Wir haben jetzt eine Vier-Zimmer-Stadtwohnung mit zwei Balkons in einer Grünanlage, die von Gärtnern gepflegt wird.« Dass ich hier keinen mehr ansprechen konnte, war auch klar. Ich wäre ja Mutti in den Rücken gefallen. Das konnte ich ihr nicht antun. Fräulein Albert hatte mit einem Erbschaftsstreit zu tun, die Schwägerin, die Witwe des gefallenen Bruders, beanspruchte die Hälfte des Hauses, und so konnte ich mich auch nur verabschieden, alles Gute wünschen, für mehr hätte sie auch keine Zeit gehabt. Zu den anderen Hausbewohnern waren die Kontakte ohnehin sehr gering, da war niemand, den ich hätte anrufen können und dürfen schon gar nicht.
Günther, auch von ihm wohl der endgültige und sehr schmerzliche Abschied. Wir hatten uns auf einem Frühlingsball, den Yvonne Leitz aus meiner Klasse im Schützenhof organisiert hatte, kennen gelernt und am meisten miteinander getanzt. Das war auch so ein Fest, dessen Besuch mir Mutti verbieten wollte, aber dann hatte ich Tante Jo eingeschaltet, die dann versprochen hatte, vom Laufdorferweg aus immer mal auf einen Katzensprung im Schützenhof vorbeizukommen, ob auch noch alles geordnet zuginge ... Tante Jo war keine Spielverderberin wie Mutti. Es war ein wunderbares Fest und ich tanzte, obwohl ich gar nicht tanzen konnte oder nur die wenigen Schritte, die mir Renate beigebracht hatte. Mutti hatte mir auch die Tanzstunde verboten, da sie auch keine hätte besuchen dürfen. Das alte Lied: »Mein Vati ist so früh gestorben ...« Seltsamerweise machte dann Günther einen ganz guten Eindruck auf Mutti, wie er so dastand im Nadelstreifenanzug mit Krawatte. Jedenfalls

durfte er nach der Vorstellung, das war damals für die Tanzstundenherren vor Beginn des Tanzkurses üblich, mit mir einen Tanzkurs besuchen. Das Vorstellungsgespräch fand natürlich nicht in unseren Dachkämmerchen statt, sondern im Lokal Kirschenwäldchen, einem Wetzlarer Traditionsausflugsziel, an einem Sonntag, als auch Papa zugegen sein konnte. Wir verabredeten uns zwei Jahre lang zum gemeinsamen Schulweg und zum gemeinsamen Heimweg und erfanden auch öfters Arbeitsgemeinschaften, um uns nachmittags treffen zu können. Er besuchte die gleiche Klassenstufe auf der Goetheschule, die damals noch an der Bergstraße / Ecke Friedensstraße beheimatet war, auf dem Hinweg führte sein Schulweg ohnehin an der Lotteschule vorbei, auf dem Rückweg konnte er mich an der Schule abholen. Er war ein sehr guter Schüler, und da sie an der Goetheschule immer etwas schneller im Stoff vorangingen, konnte ich oft Latein-Übersetzungen oder Gliederungen für die ungeliebten Besinnungsaufsätze im Deutschunterricht (diese Themenstellung gibt es nicht mehr; Spötter sprachen auch von Gesinnungsaufsätzen!) abstauben. Gern gingen wir über den Lahnberg zur Bollerbrücke und dann erst nach Hause. Er lebte bei seinen Großeltern im Bahnhofsviertel, die Wohnung habe ich nie gesehen, noch nicht einmal von außen, er machte da ein Geheimnis draus. Vermutlich war es eine ebenso wenig vorzeigbare Notwohnung wie unsere in den Dachkämmerchen in Fräulein Alberts Haus. Vielleicht wäre es gekommen, wie es manchmal kommt, wenn nicht bei jeder Annäherung das Bild der Steinernen Brücke und Muttis Todesandrohung vor meinem inneren Auge aufgetaucht wäre ... Seine Eltern waren aus der SBZ geflüchtet, und der Vater, von Beruf Ingenieur, hatte etwas im Rheinland gefunden, in der damals Französischen Zone, 1945 oder 1946 muss das gewesen sein. Günther begründete jedenfalls seinen Verbleib bei den Großeltern damit, dass ihm zwei Jahre Französisch-Unterricht gefehlt hätten, wäre er mit nach Mönchengladbach umgezogen. Auch seine jüngere Schwester war bei den Großeltern in Wetzlar geblieben, sie besuchte auch die Lotteschule. Einmal kam sein Vater zu Besuch, holte ihn an der Goetheschule und dann mich an der Lotteschule ab. Ich muss beim Gespräch sehr unbeholfen, zumindest zurückhaltend gewesen sein. Es war mir ein unangenehmes Ausgefragtwerden über meine Eltern. Papas Promotion war ein Plus, dass er Lehrer war – ein Minus. Ich trug einen umgearbeiteten schwarzen Mantel, den mir Tante Anneliese gegeben hatte. Da sah ich wohl auch unvorteilhaft aus. Die Rede war dann von einer Familie, in der es aufs Repräsentieren ankomme. Ich merkte, dass das nichts für mich war. Ich liebte die Literatur, die Pflanzen und die Tiere, ich wollte malen, liebte meine Flöte. Damals ging mir schon schlagartig auf, dass unsere Lebenswege nicht zusammenpassen würden. Aber ihn aufgeben? Es war ja auch ein Statussymbol, einen gut aussehenden und intelligenten Freund zu haben. Und so zog sich unsere Beziehung noch eine Weile hin, die Schule bot genug Gesprächsstoff, die Schulveranstaltungen beider Schulen besuchten wir auch immer zusammen. Es war mir sogar gelungen, ihn für Kunst zu interessieren, für die Reisevorbereitungen nach Rom. Er schenkte mir ein wunderschönes Italienfotobuch des berühmten Peter Karfeld und den Roman von Mereschkowski über Michelangelo; die Bücher habe ich verschlungen, Postkarten habe ich später – Osterferien 1953 – aus Rom geschickt. Die Bücher habe ich heute noch, trotzdem war damals ein Ende unserer – sagen wir – Freundschaft absehbar. Ich war sehr traurig und weinte viel. Wir hatten es aber so etwas offen gelassen. »Vielleicht schreibe ich dir« – »Bestimmt schreibe ich dir, wenn ich das Abitur habe.« Sein Vater wollte unbedingt, dass er ein Ingenieur-Studium aufnimmt, er schickte ihm sogar schon die bedruckten Briefbögen und Umschläge. Ob er sich da durchsetzen würde? Was mich anbetrifft, war nicht zu erwarten, dass er sich zu Hause durchsetzen würde. Hätten wir wirklich zusammengepasst? Auch diese in der Schwebe belassene Freundschaft belastete mich, mehr als ich mir eingestehen wollte. Nach seinem Abitur kam tatsächlich ein Brief, den mir Oma abfing und für mich versteckte. Wir trafen uns noch einmal in Frankfurt. Auch ich war gerade im Abitur, aber wir hatten uns nichts mehr zu sagen.

Ruth Kroeber, Muttis Schulfreundin, war inzwischen mit ihrer Familie auch nach Frankfurt zurückgekehrt, wieder in das »Häuschen« in der Römerstadt in der Straße »Am Burgfeld«, wo wir auch bis Februar / März 1944 gewohnt hatten. Ich weiß nicht, wie schnell Mutti Ruth nach all den Jahren wieder ausfindig gemacht hatte. Die ehemalige Klasse des Wetzlarer Lyzeums hatte nach dem Schulabschluss 1923 einen so genannten Klassenbrief angelegt, in den jede ehemalige Mitschülerin Berufsausbildung, Heirat, Kinder, Lebensumstände und jeweilige Adresse eintrug, über die Zeit zwischen 1933 bis 1945 hatten alle nur Belangloses geschrieben, ein Phänomen, das mir auch später bei Lebensläufen in der Zeitung unter Rubrik »Würdigungen« oder »In den Ruhestand getreten« aufgefallen ist, aber die Adressen waren in dem Klassenbrief immer auf dem neuesten Stand. Nun sollte Mutti die Verwaltung übernehmen, was sie natürlich gern machte, und vielleicht war sie so auf Ruths neue und alte Adresse gekommen. Mutti mochte aber nicht in die Römerstadt fahren, obwohl unsere alte Straßenbahnlinie 18 jetzt wieder unsere wichtigste Stadtverbindung war, diesmal nur wenige Stationen von der Endstation Gegenrichtung entfernt. Nein, Mutti sträubte sich geradezu, in die Römerstadt zu fahren, und ich glaube auch, dass Ruth erleichtert war, dass wir uns zur ersten Wiederbegegnung in der Innenstadt, diesmal im »Café der Tierfreunde«, weil es die »Kakaostube« nicht mehr gab, treffen wollten. Ich sollte mit, denn Mutti mochte nicht allein fahren, sie brauchte mich schon immer als schweigende Begleiterin, sie war dann sogar immer besonders freundlich zu mir, so dass mir ja auch niemand geglaubt hätte, wenn ich über das deprimierende häusliche Klima erzählt hätte. Außerdem mochte ich Ruth und mich interessierte auch, wie sie die »schlimme Zeit« – so umschrieb Mutti ungenau die Zeit bis zu Papas Rückkehr in seinen Beruf – überlebt hatte. Sie hat mit ihren drei Buben in Weilburg überlebt, die Mutter war ebenfalls dort, vom Mann war auch früher kaum die Rede, auch jetzt nicht, und sie hatten von einer Champignonzucht gelebt, die sie im Keller ihres Hauses angelegt hatten. Bis zur Währungsreform sei es sehr gut gelaufen. Das war ein Stichwort, das mich hellhörig machte, und ich erfuhr etwas, das ich gar nicht wusste: Papa war die ganze Zeit über gar nicht mehr in Köln gewesen, sondern in einem möblierten Zimmer in Frankfurt. Das wissenschaftliche Institut, bei dem er als Mikrotechniker gearbeitet habe, sei nach der Währungsreform aufgelöst worden. Die Schulen, die sie beliefert hätten, wären dann an neuen Möbeln, aber nicht mehr an Präparaten für den Unterricht mit Mikroskopen interessiert gewesen. Sie, Mutti, habe aber nicht gewollt, dass Papas erneute Arbeitslosigkeit in Wetzlar bekannt würde ... Und ich hatte mich die ganze Zeit gewundert, dass Papa aus Köln keine Ansichtskarten mehr schickte ... Von Tante Irene und Onkel Walter hatte ich auch keine Karten mehr bekommen, ich musste doch staunen, wie kalkuliert Mutti Lebensläufe zurechtbog; ich hätte es ja ahnen können, wenn ich an den letzten Abend auf Spiekeroog gedacht hätte, als mir von Onkel Walter die Augen geöffnet worden waren. Als ich noch vor mich hin träumte, hörte ich aus dem umgebenden Stimmengewirr von Kaffeetrinkern und schreienden Äffchen, wir saßen ja im »Café der Tierfreunde«, das ich übrigens sehr liebte, ziemlich laut und emphatisch Ruths Stimme: »Die Erika ist so etwas von lieb und anpassungsfähig, die hätte ich gern als Schwiegertochter für meinen Eberhard. Er lernt Bierbrauer und ist bald fertig.« Tante Ruth hätte ich gern als Mutter gehabt. Aber einen Bierbrauer als Mann? In diesem Moment schaltete ich mich laut und deutlich ein: »Nein, ich will das Abitur machen und dann studieren.« Der Entschluss war durch diesen Anstoß gefasst.

Ich erinnere mich noch, dass ich am nächsten Morgen Papa in seiner Schule aufsuchte und ihn bat, für mich eine geeignete Schule zu finden. Er hatte ganz vergessen, dass ich seit dem Umzug Mitte Oktober noch keinen Unterricht besucht hatte, jetzt war schon Mitte November. Ich hatte noch nicht einmal ein Attest. Die Herderschule nahm mich nicht, ein Schulwechsel so spät – noch nicht einmal eineinhalb Jahre vor dem Abitur sei ein zu großes Risiko, sie hätten auch nur einen Zug, und der sei schon überbelegt. Nach vielem Telefonieren fand Papa für mich die Schillerschule in Sachsenhausen, wieder ein reines Mädchengymnasium wie die Lotteschule in Wetzlar, aber doch mit einem weiten Schulweg, und das im morgendlichen Verkehrchaos. Mit der Linie 18 bis zum Theaterplatz, umsteigen in die Linie 4, eventuell nochmals umsteigen in die Linie 11 bis zur Morgensternstraße, aber ich war so froh, wieder ein Zuhause zu haben: endlich wieder zu wissen, wo ich hingehöre und wie ich meinen Lebensweg planen will. Der Abschied von der Lotteschule war mir sehr schwer gefallen, aber die Direktorin der Schillerschule, Frau Dr. Schöpp, und eine zweite Lehrkraft, die mich beäugen sollte, Fräulein Disselnkötter, waren sehr nett zu mir und übersahen geflissentlich, dass da in der Schulpräsens bei mir eine Lücke von sechs Wochen klaffte.

»Wenn Sie es schaffen, dann haben Sie in eineinviertel Jahren ihr Abitur, aber Sie sind jetzt wirklich zum letztmöglichen Termin gekommen. Wenn Sie es nicht schaffen, dann wiederholen Sie einfach die Unterprima. Von einer Wiederholung ist noch nie einer gestorben.« Und dann begleitete mich Frau Dr.Schöpp persönlich zu einer der beiden Unterprimen und stellte mich vor.

Als Papa und ich von der Anmeldung und was die Direktorin gesagt hatte, erzählten, schnaubte meine Mutter. »Wenn sie es nicht schafft, dann geht sie eben ohne Zeugnis ab, dann soll sie wie ich Auslandskorrespondentin werden. Ein bisschen Englisch und ein bisschen Französisch wird sie doch wohl noch können.« Wütend war sie, wütend wie immer, wenn es sich abzeichnete, dass ich mehr Chancen eingeräumt erhielte als sie, weil doch der Vati so früh starb ... Papa hatte sich gleich nach dieser Szene wieder auf den Weg zu seiner Schule gemacht, ich glaube, er hat viele Konferenzen dazuerfunden und auch sonstige Schulveranstaltungen oder Vorbereitungen dazu. Das würde ich mir merken ... Als Papa schon aus dem Haus war, legte Mutti erst richtig los. Oma schnarchte bereits ihren Mittagsschlaf sitzend in einem der beiden Sessel, es war kein Zeuge da, und niemand hätte mir diese Ungeheuerlichkeit geglaubt, auch Ruth nicht, die ich nach der deutlichen Absage als Bezugsperson kurz wieder gefunden und sicher auf Dauer verloren hatte. »Eine Klasse eventuell wiederholen! Habe ich richtig gehört? Wehe, du musst die Unterprima wiederholen! Wenn du nicht auf Anhieb das Abitur schaffst, dann brauchst du nicht mehr nach Hause zu kommen. Hörst du! Dann springst du von der Untermainbrücke runter! Hast du mich verstanden? Oder soll ich dich noch dahin bringen? Untersteh dich! Wehe, du willst eine Wiederholung!« Und dann kam, was kommen musste: »Mein Vati ist so früh gestorben, ich durfte auch kein Abitur machen«, und dann schluchzte sie und rief nur immer: »Diese Schande! Wehe du schaffst das Abitur nicht! Ich muss dich wohl selbst von der Brücke stoßen.«

Ich hätte es nie jemandem erzählen können, und hier in meinem Buch, dem ich mich anvertraue, schreibe ich es zum ersten Mal nieder und befreie mich dabei von diesem Alptraum, den ich seit über sechzig Jahren in manchen Träumen wiederkehren sehe. Ich habe das Abitur ohne Wiederholung geschafft, aber auch das hat meine Mutter nicht gewürdigt. »Jetzt willst du auch noch studieren, das ist ja noch schöner, mein Vati ist so früh gestorben, wer hätte denn mir ein Studium bezahlt.« Das kannte ich, es waren immer dieselben Ausbrüche, trotzdem war ich jedes Mal wieder verunsichert.

Die Schillerschule erschien mir schwerer als die Lotteschule, das lag vielleicht aber auch nur daran, dass mich dort die Lehrer über viele Jahre kannten. Sie hatten mich wachsen sehen, konnten auf mich zugehen und viele hatten auch eine Ahnung, in welcher Hölle ich zu Hause lebte. Mein neuer Klassenlehrer war Herr Riester, wir hatten Englisch bei ihm. Er war grundgütig und hilfsbereit; ich hatte sofort Vertrauen zu ihn, aber was zu Hause nach der Anmeldung vorgefallen war, hätte ich ihm nie erzählen können. Aber dann kam ein Elternabend, meine Eltern gingen hin, informierten mich noch nicht einmal, was dort gesprochen worden war. Meine Mutter tobte und fauchte am anderen Tag, und es war nichts anderes gewesen, als dass Herr Riester gesagte hatte, dass ich Lücken in modernem Umgangsenglisch hätte. Und meine Mutter setzte noch drauf: »Wenn die Erika noch nicht einmal das bisschen Englisch kann, was soll dann aus ihr werden. Soll sie gleich abgehen, entweder in einen Beruf oder in den Main springen.« Das war dann sogar Oma Mickel zu viel, sie verteidigte mich: »Sie ist nie sitzen geblieben, und jetzt wird sie die Lücken schon nachholen.« Die eineinviertel Jahre auf der Schillerschule wurden eine schwierige, aber auch eine sehr anregende Zeit. Zwar hatte ich mit Englisch meine Mühe, denn in Wetzlar bei Herrn Dr. Küppersbusch hatten wir Sprachgeschichte und Wortetymologie gemacht, was mich bis heute fasziniert, denn sobald ich ein neues Wort höre oder lese, suche ich nach der sprachlichen Herkunft und der Bedeutung des Wortes. Wir hatten auch viel Shakespeare gelesen, Julius Cäsar, Romeo und Julia, Macbeth, wir hatten ganze Reden auswendig gelernt und deklamiert, aber es war in einer Wirtschafts- und Bankenstadt wie Frankfurt im Aufbruch des Wirtschaftswunders und des Wiederaufbaus doch verständlich, dass man im Unterricht die Sprache der Zeitung analysieren und in modernen Sachtexten anwenden können sollte. Nein, die Schillerschule war kein Glashaus, hinter dem schwerpunktmäßig kulturelles Erbe gepflegt wird, sie war eine moderne Schule in einer modernen Stadt. Am ehesten fand ich die Pflege im Französischunterricht bei Frau Dr. Schweizer; wir hatten in Wetzlar von Saint-Exupéry »Der kleine Prinz« gelesen. »Oh, Gott«, rief sie, »das haben wir vor zwei Jahren gelesen«, aber dann gab sie mir ihre Aufzeichnungen, also ihre eigenen Unterrichtsvorbereitungen, zu dem »Cid« von Corneille und zur »Phädra« von Racine, das fand ich unheimlich anständig, sogar mehr als das. Ich sollte in sechs Wochen alles nacharbeiten, dann wollte sie mich prüfen. Ich kaufte mir die Übersetzungen in Reclam-Ausgaben, arbeitete die Aufzeichnungen durch und schaffte es! Im Deutschunterricht bei Frau Dr. Lüdecke hatte ich auch meine Probleme. Besinnungsaufsätze hatten mir noch nie gelegen, da musste ich also durch. Der Umgang mit Literatur war weit fortgeschritten. Die Reihenfolge hatte sich aus der Literaturgeschichte ergeben, die Klasse war schon bei Hölderlin. Meine Stärke in der Wetzlarer Schule war die Goethezeit, speziell auch viel Biographisches, das ergab sich aus dem Selbstverständnis Wetzlars als Goethestadt. Eigentlich hat mir der Unterricht in Deutsch an der Schillerschule sehr viel Freude bereitet, mir fehlten nur bestimmte Kenntnisse. Hier fand ich durch ein Referat meiner Mitschülerin Johanna den Zugang zu Fontanes »Effi Briest«, das eines der Bücher wurde, die ich am meisten gelesen habe, und jedes Mal fand ich eine neue Dimension. Später habe ich im eigenen Deutschunterricht gerade diesen Roman oft durchgenommen. Die wunderbaren Gespräche der Eltern Briest mit ihrer Tochter und nach dem Scheitern von Effis Ehe über ihre Tochter. Dass Eltern sich darüber Gedanken machen, selbst etwas in der Erziehung falsch gemacht zu haben: Es war für mich eine Offenbarung, die Diskrepanz zu meinem Leben war nur zu deutlich. Auch die Naturwissenschaften wurden gut geboten, der neue Forschungsstand einbezogen. Frau Dr. Schaer und ihr Physikunterricht. Jetzt verstand ich sogar ansatzweise die Atomphysik. Am allerschönsten der Musikunterricht bei Herrn Riehm. Die Epochen der Musikgeschichte an Beispielen, er selbst auf dem Klavier und meistens eine Refe-

Klassenfoto meiner neuen Klasse der Frankfurter Schillerschule am Tag der Versetzung in Oberprima (Klasse 13); mit dabei unser Klassenlehrer, Herr Riester

rendarin mit der Geige. Ich holte nach, was mir zu Hause fehlte. Jetzt merkte ich noch bedrückender die Öde in dem von meiner Mutter dominierten Haushalt. Wir hatten immer noch kein Radio. In Sozialkunde mussten wir über aktuelle Politik berichten. Wie sollte ich das ohne Zeitung und ohne Radio. Papa hatte dann ein Einsehen und setzte sich gegenüber Mutti durch, und so kam, nachdem unser Politiklehrer, Herr Dr. Lehr, auf einem Elternabend Dampf gemacht hatte, endlich ein Radio ins Haus, und die Frankfurter Allgemeine Zeitung wurde auch abonniert. An dieser Lektüre schulte ich meinen Wortschatz, ich lese sie heute noch täglich. Wunderbar waren die vielen Kunstbetrachtungsstunden im »Städel«

Auf Klassenfahrt mit der OIb ins Kleinwalsertal – die Besteigung des Walmendinger Horns (25.6.1954)

mit Herrn Meyer, die Schillerschule lag da ideal in Städel-Nähe. Ich hatte so viel zu lernen, aber es machte Freude. In Wetzlar hatten wir in Mathematik zuerst die Sphärische Trigonometrie durchgenommen, Kreis und Ellipse sollten folgen. Hier war die Reihenfolge umgekehrt gewesen, aber Frau Dr. Sander gab mir auch etwas Zeit. Nun hatte ich sogar wieder ein gemeinsames Arbeitsthema mit Papa. Wir beide hatten gewissermaßen große Lernerfolge. Wir arbeiteten so intensiv, dass wir in diesem ersten Jahr an der Schillerschule an Heiligabend noch Mathematik zusammen machten. Auf diese Weise retteten wir sogar noch das immer konfliktanfällige Weihnachtsfest. Später haben wir auch Differential- und Integralrechnung zusammen durchgearbeitet: Mathematik konnte ich sogar mit »sehr gut« abschließen. Im Rückblick hat mich die Zeit an der Schillerschule sehr gefördert. Ich möchte sie nicht missen. Es war anstrengend, aber ich war auch selbstbewusster geworden. Von meiner Mutter ließ ich mich nicht mehr bedrohen.

Und so begann ich ein Studium an der Johann-Wolfgang-Goethe-Universität. Mein Lieblingsfach aus der Wetzlarer Zeit, Biologie, musste ich allerdings abschreiben, denn bei der Vivisektion an Fröschen bin ich einfach davongelaufen. Ich konnte die Frösche nicht leiden sehen, und ich konnte ahnen, dass das auch nicht die letzte Sektion von Lebewesen während des Studiums gewesen sei. Ich blieb dann lieber bei Literaturwissenschaft und Geschichte, wozu mich der Unterricht bei Fräulein Disselnkötter ganz emotional motiviert hatte. Außerdem Erdkunde, da hatte mich Frau Dr. Egersdorf im Unterricht begeistert.

Der lange Schatten des früh verstorbenen Großvaters war abgelegt. Die Abschiede waren schmerzlich gewesen, die Anfänge in Frankfurt schwierig, aber ich hatte jetzt meinen Weg gefunden. Der Schillerschule bin ich für ihre Hilfe zu mehr Selbstbewusstsein bis heute dankbar.

Meine Oma Mickel war im Sommer 1955 gestorben, nach meinem ersten Semester an der Universität. Sie hat mir in der allerschwierigsten Zeit seelisch geholfen, denn in der einen Tageshälfte war ich in der menschlichen Atmosphäre der Schule und später in der Universität, wo ich auch Gesprächspartner fand, aber die bedrückende Atmosphäre zu Hause hätte ich damals ohne die Zuwendung meiner Oma nicht ertragen.

Fast normale Verhältnisse

Ich vermisste meine Oma sehr, trotzdem hatte ich eine Ahnung davon, dass jetzt in der Beziehung meiner Eltern zueinander normale oder fast normale Verhältnisse einkehren würden. Durch die dünnen Wände hatte ich mitbekommen, dass Mutti wohl oft zwischen Papa und Oma hatte vermitteln müssen, dass Papas häufige Abwesenheit wohl auch darin begründet gewesen sein mag, den häuslichen Konflikten aus dem Weg zu gehen. Einmal hörte ich, wie Mutti zischte: »Natürlich fährt sie mit uns an die Nordsee; wovon hätten wir denn leben sollen, wenn wir ihre Pension nicht gehabt hätten?« Oma war nur einmal mit uns nach Horumersiel an die Nordsee gefahren, ich hatte keinen besonderen Streit bemerkt, aber im Jahr darauf wollte sie mit einer Cousine, die sie wieder gefunden hatte, als sie aus der Flucht aus Frankfurt an der Oder zufällig nach Wetzlar verschlagen worden und im Altersheim untergekommen war, in die alte Heimat bei Darmstadt fahren. Die beiden müssen sich in Lindenfels im Odenwald viel erzählt haben, ohne auf die kräftige Sonneneinstrahlung zu achten; es waren Omas erste und letzte selbstständige Ferien. Von dem Schlaganfall hatte sie sich nicht mehr erholt. Sie starb nach wenigen Wochen im Pflegeheim Meerholz und wurde in Wetzlar im Grab des früh verstorbenen Heinrich Mickel, meines Großvaters, beigesetzt.

In dem gemeinsam bewohnten Zimmer mochte ich nicht mehr schlafen, und so erklärte sich Papa bereit, dass wir die gleich großen – eigentlich gleich kleinen – Zimmer tauschen. Das schaffte erst einmal etwas Ablenkung, und jetzt hatte ich ein Ostzimmer, das wenigstens morgens hell wurde, ich hatte Platz für einen Tisch, auf dem ich jetzt endlich meine Bücher und Referatarbeiten liegen lassen konnte, denn vorher musste ich den Esstisch benutzen, und das hieß, viermal am Tag abzuräumen. Ich hatte sogar einen kleinen Balkon, der nach Süden offen war, jetzt, an meinem 20. Geburtstag hatte ich zum ersten Mal ein eigenes Zimmer. Beheizt wurde es nicht, es war also ein eigenes Sommerzimmer. Im Stillen machte ich mir Vorwürfe, mich über das Zimmer zu freuen, verdankte ich es doch nur Omas Tod.

Papa war jetzt öfters zu Hause. Bei Tisch herrschte nach wie vor beklemmende Stille, bis Mutti die Chancen witterte, dass wir nun mehr verreisen könnten. Ja, sie sagte »wir«, sie war offenbar froh, wenn ich dabei war. Wollte sie mit Papa nicht allein sein – vielleicht aus Furcht, dass er die vielen Beleidigungen, die sie in der Zeit seines Berufsverbots gegen ihn geschleudert hatte, zur Sprache bringen könnte? Nein, Papa sagte nichts darüber, er überbrückte die bedrohliche Stille allmählich mit Erzählungen über komische Situationen in der Schule oder in der Straßenbahn, die er im Winter benutzte, oder mit Beobachtungen im Ostpark, wenn er Vögel und Eichhörnchen gesehen hatte. Mutti brachte dann das Gespräch auf Reisen, mein Album zur Romreise mochte sie sich zwar nicht betrachten, aber Reiseprospekte und Merianhefte zu studieren, das machte ihr sichtlich Spaß. Darüber wurde dann viel gesprochen, die Zeit verging ohne Streit und ohne Schweigen. Es war gewissermaßen ein Neuanfang, so als wäre nichts gewesen .

Papa und ich dachten immer noch an unseren schönen Spiekeroog-Aufenthalt mit Onkel Walter, Tante Irene, Heidi und dem Bübchen und mit der evangelischen Jugendgruppe. Nach Spiekeroog wollte Mutti nicht, aber gern zur Nordsee.

Sie wollte schwimmen, da konnte sie Papa und mir etwas vormachen, Papa und ich wollten wegen unseres Hustenreizes Nordseeluft atmen und im Watt wandern. Da war Horumersiel am Eingang zur Jadebucht ideal, wir hatten dort eine nette Lehrersfamilie gefunden, die uns zwei Zimmer vermietete, und wir kannten bald den ganzen Ort und die Einheimischen, wir fuhren nach Jever zum Kaffeetrinken und nach Wilhelmshaven zu Schlussverkäufen und zum Senckenberg-Meeresaquarium. Es war immer eine schöne Zeit, und abends ging es noch zum Klönen ins Gasthaus »Rose«. Wir haben viele nette Leute kennen gelernt, mit denen Mutti noch jahrzehntelang Urlaubs- und Weihnachtsgrüße austauschte. In der zweiklassigen Schule machte ich einmal auch mein vierwöchiges Praktikum, das ich unter anderem zur Vorlage beim Wissenschaftlichen Prüfungsamt brauchte.

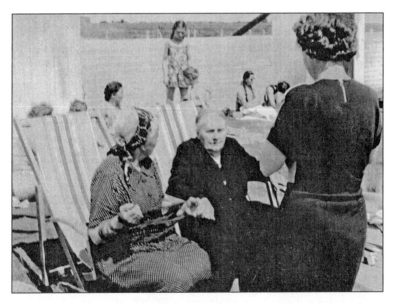

Mit meinen Eltern in den Sommerferien in Horumersiel an der Nordsee; Oma Gilbert und Oma Mickel auf einem Bild, mit dem Rücken zu sehen: Mutti

Die Schröders, unsere Wirtsfamilie, waren so nette Menschen. Herr Schröder war dort Schulleiter und Kurdirektor in einer Person und ein Ansprechpartner, wenn es um Vogelbeobachtungen und Pflanzenbestimmungen ging. In Horumersiel hätte für mich die Zeit stehen bleiben können. Wir fuhren viele Jahre lang hin, bis Mutti eines Tages meinte, dass wir jetzt unbedingt zur Adria fahren müssten oder nach Mallorca oder nach Teneriffa fliegen oder wenigstens zur Costa Brava mit dem Bus, da führen jetzt doch alle hin, das müssten wir auch sehen. Sie habe auch schon genug Urlaubskarten aus Horumersiel und von Wangerooge, auch vom Ausflug nach Helgoland, an alle Bekannten geschickt, das mache jetzt keinen Eindruck mehr.

Papa und Mutti beim Mittagsschlaf am Horumersieler Grasstrand, von mir unbemerkt aufgenommen (beide Fotos vom Sommer 1953)

Das Reisen war Muttis große Leidenschaft geworden. Sie wollte es wohl auch ganz besonders ihrer Schwester Irene und ihrem Schwager Walter zeigen. Von denen kamen viele Urlaubskarten aus den Orten, wo Mutti jetzt hin wollte. Außengesteuert! Aber jetzt war sie wenigstens für Papa und mich genießbar. »Sparen«, sagte sie, »kann man woanders, zum Beispiel am Essen, aber Reisen, das kriegen alle Verwandten und Bekannten mit, daran sparen wir nicht mehr. Sie haben uns alle lange genug für Schlucker gehalten!« Von Tante Anneliese, Onkel Hans-Georg, Nati und Ulli kamen oft Urlaubskarten vom Gardasee mit Texten wie: »Unser Segelboot haben wir unversehrt vorgefunden, jetzt segeln wir jeden Tag auf dem herrlichen See bei schönstem Wetter usw.«; das wollte Mutti aber nun doch nicht kopieren – genauso wenig wie die vielen Karten, die Schiaufenthalte in Lech oder Zürs anzeigten.

Nur die Wohnung war ja doch dunkel, unbequem und im Winter kalt. Von der Aktienbaugesellschaft für Kleine Wohnungen kamen sogar Angebote für bessere Wohnungen, solche mit Zentralheizung und selbstverständlich fließend warmem Wasser in Küche und Bad, während die Wohnung im Riederwald nur kaltes Wasser in Bad und Küche hatte, nur mit Gasherd und Gasbadeofen ausgestattet war. Mutti lehnte alle Angebote ab und Papa setzte sich nicht durch. Sie begründete es damit: »Dann können wir nicht mehr so viel verreisen.«

Während meiner ganzen Studienzeit wohnte ich zu Hause, im Sommer hatte ich mein eigenes Zimmer mit einem benutzbaren Arbeitsplatz; im Herbst, Winter und auch noch im Frühjahr musste ich meine Vorbereitungen und Referatausarbeitungen am Esstisch erledigen und alle Bücher und Arbeitsmaterialien vor jeder Mahlzeit abräumen. Wenigstens durfte ich auf einem der beiden Sessel zum Lesen Platz nehmen, aber bequem war es da nicht. Später hatte ich ein kleines Tischchen für die Schreibmaschine, leider unbequem für den Rücken. In Germanistik und während des Geschichtsstudiums war viel zu lesen und auch viel schriftlich auszuarbeiten. Auch wenn Mutti wieder mit ihrer Masche kam: »Mein Vati ist so früh gestorben, da konnte ich nicht studieren«, und wenn sie dann noch draufsetzte: »Wehe, du bestehst das Examen nicht!«, ließ ich mir wenigstens nicht mehr anmerken, dass sie mich verunsicherte, sondern las, was zu lesen war, die vielen Texte zwischen Otfried und Kafka, zwischen Tacitus und Bismarck, schrieb an meinem Dissertationsthema über Jean Paul und beackerte Kant, und dann meldete ich mich zum Ersten Staatsexamen, weil ich nur noch von zu Hause rauskommen und selbstständig werden wollte.

Die Promotion hätte noch länger gedauert, das Taschengeld von Papa war zu klein zum Leben und zu groß zum Sterben; das Leben lag vor mir und Muttis Gejammere »Was soll nur werden?« und die wieder aufgenommene Drohung »Dann springst du eben in den Main« – nein, das war auf die Dauer unerträglich, und Papa hatte nichts mehr zu sagen. Mutti hatte das Heft in der Hand.

Dann bestand ich auf Anhieb das Erste Staatsexamen und mit Anlauf das Zweite nach der Referendarzeit. Aber da hatte ich schon meinen Mann kennen gelernt und ziemlich schnell geheiratet.

Jetzt leben wir schon seit über vierzig Jahren zusammen und haben uns ein eigenes Haus mit Garten und mit Platz für viele Bücher, Schallplatten und Bilder geschaffen. Mein Mann hatte übrigens sogar bei meiner Mutter Gnade gefunden. Erst bemängelte sie, dass er schon vierzig sei, dann war sie darüber froh, weil sie merkte, dass wir von zu Hause kein Geld haben wollen; als sie dann noch erfuhr, dass er aus Königsberg stammte, Muttis Geburtsstadt 1907, war er ihr sympathisch. Ich zog dann zu ihm, Frank, in seine kleine

Wohnung im Frankfurter Nordend in die Schopenhauerstraße. Es war so eng, eineinhalb Zimmer mit Kochnische und Bad auf 25 Quadratmetern in einem Hochhaus, es war eng, aber hell und warm, obwohl es wieder ein Oktober war, als ich umzog.

Meine Eltern wohnten weiterhin in der Wohnung am Erlenbruch und hatten jetzt nur zu zweit doch ausreichend Platz. Beim Umzug hatte ich nicht viel an Büchern und Kleidung mitnehmen können. Wir haben meine Eltern anfangs noch sonntags zum Mittagessen besucht, bis mein Mann wirklich sagte, was ich nie mehr zu sagen gewagt hätte, dass das Essen nicht gut schmecke und der Braten für seine Zähne zu hart sei. Mein Mann brachte mir dann das Kochen bei, und wir gingen seltener zu Besuch. Ich musste ja auch noch das Zweite Staatsexamen bestehen und brauchte Zeit für die Unterrichtsvorbereitungen und die vielen Lehrprobenentwürfe, auch viel Zeit für Lektüre, denn die Schullehrpläne waren schon viel moderner und vor allem auf das Zeitgenössische bezogen, auf zeitgenössische Literatur, über die ich seit dem Weggang von Herrn Professor Höllerer nach Berlin und seit der Beendigung meines Jobs auf der Redaktion nichts mehr – außer durch die FAZ natürlich – erfahren hatte und es also viel von Böll, Frisch und Dürrenmatt nachzulesen galt; und auf Zeitgeschichte, denn die Hauptvorlesung in der Neueren Geschichte ging, man hält es nachträglich nicht für möglich, nur bis 1911, aber der Geschichtsunterricht in den Schulen erfasste die ganze Zeit schwerpunktmäßig seit dem Ersten Weltkrieg über die Weimarer Republik, Nationalsozialismus, Zweiter Weltkrieg bis mindestens in die Ära Adenauer. Hätten meine Eltern nicht verstehen können, dass ich viel zu lernen und didaktisch und methodisch aufzubereiten hatte?
Telefonisch konnten wir erst besser Kontakt halten, als wir

in der Schopenhauerstraße einen Anschluss legen lassen konnten. Dann rief Papa auch jeden Abend an, ob noch alles in Ordnung sei; ich fand das goldig von ihm, der Papa war doch der Papa, auch wenn er zu Hause bevormundet wurde und sich das gefallen ließ. Er ging immer noch im Unterricht auf und hatte noch mehr Verantwortung übernommen, seit er 1960 noch einmal stellvertretender Schulleiter, Konrektor der Gerhart-Hauptmann-Schule (Realschule) im Frankfurter Ostend geworden war. Er bildete auch die Referendare für die Realschule aus. Für mich hätte er immer Zeit gehabt. Abends unterrichtete er noch an der Volkshochschule. Die Kollegen sagten, wenn ich an einem Kollegiumsabend seiner Schule teilnahm, er sei der lustigste Lehrer im ganzen Kollegium. Auf die Idee wäre ich nie gekommen, wenn ich ihn zu Hause an dem Tisch sitzen sah oder in seinem ungeheizten Arbeitszimmer in Hut und Mantel.

Ob sich Mutti zu Hause gelangweilt hat? Einmal in der Woche traf sie sich mit Ruth, erst im »Café der Tierfreunde«, dann nach dessen Schließung bei »Kranzler«, und sie waren Zaungäste in der von Mutti und Ruth so genannten »großen Welt«. Die gute Laune hielt eine halbe Woche an. Und dann muss sie eine unheimliche Putz- und Aufräumungswut bekommen haben. Sie sträubte sich gegen alle neuen technischen Haushaltsgeräte, alles Putzen, Waschen und Bügeln mit Lappen, Kessel und Eisengussbügeleisen dauerte ewig, und sie klagte immerzu, was sie alles zu arbeiten habe. Und das Heizen! Aber eine bequemere Wohnung? Nein.

Als ich im ersten Frühjahr nach meinem Umzug in die Schopenhauerstraße zu Mutti an den Erlenbruch fuhr, um meine Frühjahrsgarderobe zu holen, machte ich entsetzt die Entdeckung, dass alles fort war. Sie hatte meine gesamte Garderobe, die ich in die kleine Wohnung in der Schopenhauerstraße nicht mitnehmen konnte, einfach weggegeben, ans Rote Kreuz oder in irgendeinen der Container, wenn es die damals schon gab. Sie hatte mich noch nicht einmal gefragt. Alles hatte sie weggegeben, ausgeräumt, heute würde man lieblos sagen: entsorgt. Dabei hätte sie wissen können, dass ich nicht nur an den Kleidern hing, die Oma mir noch auf der Singermaschine genäht hatte, sondern auch meine eigenen Anfertigungen nach eigenen Entwürfen. Ich hatte mir solche Mühe gegeben, meine Mutter so zu akzeptieren, wie sie war, sie zu verstehen, manches als Kindheits- und Kriegstrauma zu entschuldigen, aber dieses Verhalten konnte ich nicht verzeihen. Wenn sie wenigstens noch gesagt hätte, sie hätte damit den spanischen Verwandten auf Teneriffa eine Freude gemacht. Ich hatte die Verwandten auch zweimal besucht, zusammen mit meinen Eltern, und es ging ihnen finanziell schon schlecht, seit Muttis Bruder Alfred, der 1933 nach Teneriffa ausgewandert, dort geheiratet und eine große Familie gegründet hatte, 1952 gestorben war. Meine Cousinen waren etwas älter und etwas jünger als ich, ihnen hätten die Kleider gepasst. Aber sie sagte noch nicht einmal, dass sie ihnen meine Sachen geschickt hätte. Nein, meine Mutter hatte mich so enttäuscht, dass ich jeden Besuch unterlassen hätte, wäre es nicht meine Mutter gewesen. Und ich wollte ja auch meinen Papa gern sehen und sprechen.

Als meine Großmutter in Wetzlar starb, kam es zu einem Erbstreit. Mutti bestand darauf, dass Papa ein Drittel des Wertes vom Haus im Laufdorferweg und ein Drittel des großen Apfelbaumgrundstücks, aus dem vier Bauplätze werden sollten, beanspruchen sollte. Tante Jo wollte das Haus schätzen lassen und verkaufen und auf dem großen Grundstück ein neues Einfamilienhaus bauen. Eines Tages legte mir Papa eine Schreibmaschinenseite vor, die Mutti getippt und die sie wohl zusammen entworfen hatten. Ich sollte gegen Tante Jos Plan Einspruch erheben. Ich kann mir heute noch nicht verzeihen, dass ich das gemacht habe, ich kann nur einräumen, dass ich mitten im Ersten Staatsexamen war und den Kopf voll hatte. Vielleicht haben meine Eltern diese Situation ausgenutzt. Die Einigung wurde dann vor Gericht erzielt, ich war nicht dabei, meine Eltern kassierten für ihren Erbteil zwanzigtausend Mark, und Papa sagte, das sei für meine Wohnungseinrichtung, falls ich heirate und eine größere Wohnung beziehe. Ich war inzwischen verheiratet, und eine größere Wohnung haben wir uns dann in der Offenbacher Landstraße, wieder in einem Hochhaus, aber so schön nahe am Stadtwald gelegen, genommen. Ich kam dann vorsichtig auf das Gespräch von damals, als es um die Erbschaft ging, zurück. Papa sagte nur noch »Oi, oi, oi«, Mutti sagte, ich hätte ja studieren dürfen, ich hätte auch ein paar Flugreisen mit ihnen unternommen, das Geld sei für Reisen gewesen. »Untersteh dich, noch einmal danach zu fragen! Papa starb am 3. Januar 1974. Ich musste Mutti bei allen formalen Angelegenheiten helfen. Ich habe es ja auch gern gemacht, als letzten Dienst für Papa. Ab und zu besuchte ich meine Mutter und versuchte zu vergessen, dass sie mich einmal oder zweimal und verbal mehrmals sehr enttäuscht hatte.

Nach Papas Tod nahm sie die Reisen wieder auf. Flugreisen nach Teneriffa. Sie wohnte in großen Hotels und schwamm bis zur Erschöpfung in den Pools, bestaunt und beglückwünscht von den anderen Hotelgästen. Ab und zu besuchte sie dort auch die Verwandten, die aber sozial wieder Fuß gefasst hatten. Einmal zeigte Mutti uns nach der Rückkehr von Teneriffa Fotos von vielen Verwandten, von einer pompös gefeierten Hochzeit und von einem wirklich sehr schönen und großen Haus, das die Braut als Mitgift bekommen hatte. Da rutschte mir heraus, dass sie uns, meinen Mann und mich, doch sehr kärglich beschenkt hätten, mit einem Kühlschrank und einem Schreibtisch, weshalb sie mir denn die Fotos zeige? Jetzt kam die Stille, die ich so sehr fürchtete, ich war schon über mich ärgerlich, dass mir diese

Bemerkung herausgerutscht war, aber auf das, was als Antwort kam, wäre ich nie gefasst gewesen: »Ja hätten wir denn wegen euch auf etwas verzichten sollen?«
Ich war nur einmal noch mehr entsetzt. Als ich sie wieder einmal besuchte, einmal in der Woche kam ich schon, um nach ihr zu sehen, auch wenn es im Unterricht noch so hoch herging, kam sie auf ihre Nachbarin zu sprechen, deren Mann, über 90, bettlägerig geworden war. »Stell dir vor, meine Nachbarin beneidet mich, weil mein Mann schon tot ist und sie noch einen Pflegefall zu versorgen hat.«
Ach, Mutti! Als ich es einmal erzählte, sagte ein Kollege: »Wenigstens war sie ehrlich.« Mutti genoss ihre Unabhängigkeit bis zum Tod. Sie starb 1984 einen Tag vor unserem zwanzigsten Hochzeitstag.
Ich hätte Mutti gern noch vieles gefragt, aber immer, wenn ich sie besucht habe, getraute ich mich nicht, die Fragen zu stellen, weil ich befürchtete, Reaktionen auszulösen, die unser Miteinanderauskommen wieder auf eine Probe gestellt hätten. Sie tat mir auch Leid, wie sie da klein und verhutzelt vor mir stand, und ich merkte ja auch, wie sie sich Mühe gegeben hatte, für mich etwas zu kochen. Sie zeigte schon, dass sie sich sogar freute, wenn ich kam. Sie reparierte für mich Wäsche, besserte Kleidungsstücke aus und war wieder auf das Stricken gekommen. Ihre kunstvoll gestrickten Pullover tragen mein Mann und ich heute noch, und immer sind sie für uns nicht einfach Kleidungsstücke, sondern Erinnerungsträger – bis heute. Ich war sehr froh, dass wir einen Weg gefunden hatten, ohne Streit und Schweigen miteinander auszukommen. Trotzdem hätte ich so gern gewusst, ob es wirklich im Ernst gesagt war, dass die Nachbarin sie um den Tod ihres Mannes beneide, und da muss ja auch ein Gespräch vorausgegangen sein, was der Nachbarin, Frau Kester, eine solche Äußerung nahegelegt hatte. Ich konnte aber beide nicht fragen, es war mir zu peinlich.

Ich hätte noch viele Fragen gehabt. Warum ging Papa nie zum Arzt? Warum drängte sie ihn nicht, aber ich muss auch entschuldigend sagen, dass Papa so stur geworden war, dass er sich nichts sagen ließ. Wir waren damals im Riederwald mit der Familie des Zahnarztes befreundet, es waren eigentlich die einzigen Freunde, die meine Eltern hatten, denn mit Tante Anneliese und Onkel Hans-Georg gab es nur ganz wenige Treffen im Jahr. Beide, Schwester und Schwager und das Zahnarztehepaar, hatten Papa auf sein Übergewicht und den schon sichtbaren Bluthochdruck aufmerksam gemacht, ganz vorsichtig, aber doch eindringlich, nein, er wollte keine Arzttermine, er wollte seine Ruhe haben, an Mathematikaufgaben tüfteln, er wollte auch nicht mehr spazieren gehen, sondern saß von Morgens bis Abends am Esstisch, ließ sich mittendrin eine Tasse Kaffee und später ein Glas Wein reichen, allenfalls fuhr er mit Taschen einmal in der Woche zum Kaufhof auf die Zeil und kam schwer bepackt mit Konserven und Flaschen zurück. Auch das ließ er sich nicht ausreden. Mutti winkte ihm immer hinter der zurückgeschobenen Gardine nach, und alle Hausbewohner dachten, dass der Herr Doktor doch recht vital und gesund sei. Sie hatten auch ein Opernabonnement – Orchester Reihe 1 – außer der Garderobenfrau kannte sie niemand, aber ihr war aufgefallen, dass Papa plötzlich das rechte Bein nachzog. Sie sagte auch ihre Beobachtung und empfahl Mutti, dass sie doch spätestens am nächsten Tag einen Arzt aufsuchen sollten. Papa sei darüber ungehalten gewesen, sagte Mutti dann zwei Tage später, als wir seinen 73. Geburtstag zusammen mit Schwester und Schwager und dem Zahnarztehepaar feierten. Papa saß eingeklemmt zwischen Tisch und Stuhl, er konnte wohl gar nicht mehr aufstehen und gehen, aber er überspielte das mit vorgetäuschter Bequemlichkeit. An Heiligabend konnte er nicht mehr aus dem Bett aufstehen, Mutti, das kleine Hutzelpersönchen, konnte ihn nicht heben. Schließlich fragte sie in ihrer Not bei der kräftigen Familie Dehmer, die in der Wohnung im ersten Stock über ihnen wohnten, um Hilfe, und so wurde Papa mit vereinten Kräften aus dem Bett zu seinem Stammplatz am Esstisch gezogen. Dehmers beredeten Mutti dazu, endlich den Notarzt zu rufen, das tat Mutti dann auch am dritten Feiertag. Er starb im Katharinenkrankenhaus am 3. Januar, die Diagnose war erst ein paar Tage nach dem Tod fertig: cerebrale Massenblutung nach Schlaganfall. Es muss für Mutti mindestens zuerst doch schlimm gewesen sein. Ich glaube, dass es gut war, nicht noch einmal zu fragen, ob da nicht doch eine Unterlassung vorgelegen hat. Hätte ich nicht sogar einen Notarzt verständigen müssen? Bin ich mit schuld?

Ach, Mutti! Ich hätte ja auch so gern gefragt, warum ihr mich damals nicht in der Lungenklinik Ruppertshain besucht habt. Hattet ihr Angst, so vielen hustenden und vielleicht sogar Blut spuckenden Patienten zu begegnen? Ach Mutti, hast du wieder an den sicher qualvollen und frühen Tod deines Vaters gedacht? Mein Röntgenbild war bei der damals für Lehrkräfte noch vorgeschriebenen zweijährigen Routinedurchleuchtung (Röntgenwagen) aufgefallen, es gab noch zwei Nachröntgenaufnahmen, aber der Befund blieb bei Verdacht auf Tbc; dieser Verdacht musste durch eine spezielle Diagnose mit Hilfe der Bronchoskopie abgeklärt werden. Für mich ging es um alles, es wäre das Ende meiner Berufsausübung gewesen. Mein Mann hat mich besucht und über ein Wochenende nach Hause geholt, meine Eltern kamen nicht. Es war keine Tbc, aber es war ein Morbus Boeck – Sarkoidose –, der dringend behandelt werden musste. Empfohlen wurde mir ein halbes Jahr stationär mit einer hohen Dosis Cortison. Ich schaltete noch einen zweiten Facharzt ein, und er erklärte sich bereit, mich ambulant zu behandeln, geschätzt auf eine Behandlungsdauer von drei Jahren mit einer geringeren Dosis Cortison bis maximal

20 mg bei Intervall-Anwendung. Ich bekam zur Vorlage bei meiner Dienstbehörde schriftlich, dass diese Form der Lungenerkrankung nicht ansteckend war. Ich war 36 Jahre alt, hatte keine Kinder und sollte wegen des Risikos auf Röhrenknochenmissbildung auch keine Kinder mehr bekommen. Auch da habt ihr nie gefragt. Ich dachte an die Szene an der Steinernen Brücke in Wetzlar. Mutti, hättest du nicht gern ein Enkelkind gehab? Auch Papa fragte nie. Aber ich wollte auch keine alten Verletzungen beschwören, und so fragte ich nicht, was ich so gern gefragt hätte.

Es sind noch viele Dinge, nach denen ich gern gefragt hätte, aber die Fragen unterließ ich aus den gleichen Motiven. Nur an keine alten Wunden rühren, nur keine unvorhersehbaren und heftigen Reaktionen auslösen. So blieb auch die Frage, ob der Erbstreit wegen Opas Apfelbaumgrundstück wirklich nötig war, ungestellt. Tante Anneliese war schon bald nach Papa im Alter von 66 Jahren gestorben, Tante Jo war schon gestorben, wozu war es jetzt noch wichtig zu wissen, warum damals an dem Erbstreit und Tante Jos Wunsch, das große Grundstück, auf das vier Einfamilienhäuser gepasst hätten, geschenkt zu erhalten, der Familienzusammenhalt zerbrochen war? Mutti hat später zaghaft die Verbindung wieder angeknüpft, sie stand mit Tante Jo wieder in losem Kontakt und erhielt sogar eine Ansichtskarte, als Tante Jo im Rahmen ihres Japanisch-Studiums – als Seniorenstudentin, würde man heute sagen – noch einmal Tokio und Yokohama, die Stätten ihrer Berufsausübung vor dem Krieg und wo sie ihren Mann, der immer noch als vermisst galt, kennen gelernt hatte, aufgesucht hatte. Tante Jo wurde auch nur 73 Jahre alt. In Muttis Nachlass, den ich bis heute noch nicht durchgeforstet habe, fand ich eine Einladung von Tante Jo an Frank und mich, ihr neues Haus zu besichtigen. Diese Einladung hatte Mutti aber nicht weitergegeben. Die Frage danach hatte ihr Tod gegenstandslos gemacht.

Ach, Mutti! Nach Papas Tod sind wir sogar einmal zusammen verreist und haben uns gut vertragen. Meine Lungenfunktion hatte sich so stabilisiert, dass mein Arzt mich zur Absetzung des Cortisons beglückwünschen konnte, aber eine Kneippkur für empfehlenswert hielt, zur Abhärtung oder was weiß ich. Ich war in Oy im Allgäu, Mutti hatte genug Zeit, sie entkam ja doch gern der dunklen Wohnung, obwohl sie das in Worten nie zugegeben hätte. Wir waren viel mit dem Auto unterwegs, und auf ihren Wunsch hin besuchten wir auch Füssen und Reutte in Tirol. Dort war Papa in einem der letzten Winter im Krieg, es muss wohl 1942 oder spätestens 1943 gewesen sein, mit Schülern der Lehrerbildungsanstalt zum Schilaufen. Konnte Papa überhaupt Schilaufen? Den Eingang zum Tannheimer Tal haben wir dann auch noch gefunden und ich meine, ich hätte die rote Felswand – in der Abendbeleuchtung – gesehen, Papa sprach immer von der Roten Fluh, die er als Aquarell festgehalten hat. Er hatte allerdings keine echten Aquarellfarben, sondern musste mit Tusche lavieren, er hatte ja auch nur Zeichenkarton zur Verfügung. Das Bild war nicht fertig geworden, Mutti hatte es damals nicht gefallen, sie konnte überhaupt nichts mit Malerei anfangen, und als ich Muttis Wohnung auflösen musste, fand ich das Bild tatsächlich wieder – die Rückseite hatte sie als Wandverkleidung in ihrem Kleiderschrank, mit Reißzwecken befestigt, verwendet. Dass Mutti diese Gegend sehen wollte, hat mich damals sehr überrascht. Aber da sie sonst von sich aus nichts sagte, unterließ ich auch, weiter zu fragen. Das Bild ist jetzt bei mir, ich betrachte es oft.
Beinahe hätte ich damals gefragt, warum sie nicht zusammen dorthin gefahren wären. Ich fragte lieber doch nicht – wie so oft. Ich fragte auch nicht, warum sie nie wieder in der Römerstadt und in Idstein gewesen wären. Von sich aus erzählte sie nie etwas über die Jahre zwischen 1932 und 1945 und auch nicht über die Jahre in Wetzlar, als wir in

den Dachkämmerchen und in dem einen Parterrezimmer im Haus von Rektor Albert im Bannviertel wohnten. Nach Wetzlar fuhr sie aber noch einmal im Jahr, um nach dem Grab des früh verstorbenen Vaters, in dem jetzt auch Oma Mickel beigesetzt war, zu sehen und die Rechnung für die Dauergrabpflege zu bezahlen.
Ach, Mutti, sie muss sich aber doch Sorgen um meine Gesundheit gemacht haben, auch wenn sie es nicht aussprechen konnte. Sie war froh, dass wir so gern nach Sylt fuhren oder nach Travemünde an die Ostsee, dort konnten wir dann auch die Schwiegermutter leichter in Lübeck besuchen. Die Sommer am Meer, ich genoss sie immer sehr und schickte Mutti Karten. In den letzten beiden Jahren war sie schwächer geworden, sie konnte nicht mehr verreisen, wir telefonierten sogar oft zwischen Sylt und Frankfurt. Dann hat sie noch einmal eine Flugreise nach Teneriffa unternommen, Tante Kaethe, eine Arbeitskollegin aus der Düsseldorfer Zeit bis 1932, die auch Witwe geworden war, hat sie begleitet. Mutti muss wieder so ausgiebig geschwommen haben, dass sie nur noch mit blauen Lippen herausgezogen werden konnte und in Puerto de la Cruz in die Intensivstation eines Krankenhauses eingeliefert werden musste. Ein Rückflug nur unter Vorbehalt. Sofort sollte sie in Frankfurt in ein Krankenhaus. Diesmal war sie noch davongekommen, aber ihre Krankenhausaufenthalte mehrten sich. Ich weiß gar nicht, wie sie es schaffte, immer noch einmal entlassen zu werden. Ich besuchte sie dort öfters, eigentlich jeden Tag nach der Schule. Vielleicht erlebten wir so kurz vor ihrem Tod eine – sagen wir – normale Mutter-Tochter-Beziehung. Zusammen spielten wir dem Arzt ein Schnippchen, es war ein junger Italiener, der Papas schwarze Locken hatte (als Papa jung war natürlich) und den Mutti geradezu vergötterte. Mutti lag in der normalen Station und wir tranken heimlich ein Fläschchen Sekt. Sie war so lustig wie lange

nicht. Und dann sagte sie, was ich bis heute nicht vergessen habe und was mich auch beglückte: »Ich bin so froh, dass du so oft kommen kannst. Ich habe doch nur dich.« Das hatte sie noch nie gesagt.

Endlich renovierte die Aktienbaugesellschaft auch die Wohnungen am Riederwald. Sie waren wie alle Wohnungsbauten aus der May-Ära im Zeichen des »Neuen Frankfurt« (zwischen 1926 und 1930) denkmalgeschützt und konnten nur behutsam modernen Erfordernissen angepasst werden. Die kleinen waagerecht liegenden Fenster mit Sprossen zwischen den Teilscheiben mussten bleiben, aber es wurde Zentralheizung gelegt und selbstverständlich fließendes warmes Wasser für Küche und Bad. Auch die Holzböden wurden zum Teil ersetzt. Das war alles mit viel Drecksarbeit verbunden, die Mutti nicht mehr bewältigen konnte, sie wollte aber die vielen Sachen auch nicht unbeaufsichtigt lassen. Ich sah nach, so oft es ging; Frau Dehmer aus dem Haus hat ihr geholfen, hat auch für sie mit gekocht. Gerade wäre aus der Wohnung endlich eine Wohnung mit normalem modernem Standard geworden, da starb sie. Gerade hatten wir zueinander gefunden.

Die Möbel meiner Eltern stehen nun bei uns, und ich pflege sie, ihre geliebten Wurzelnussbaumholzfurnieraufkirsch-Möbel, habe ihre Mokkatassen wieder in die Vitrine gestellt, die vielen Nippestierfiguren aus Porzellan übernommen, das Hutschenreuther-Service in ständigem Gebrauch, und wir essen von Muttis und Papas Bestecken auf ihren Tellern, in der Erinnerung sind meine Eltern immer gegenwärtig. Und Papas Bücherschränke mit den vielen naturwissenschaftlichen Büchern und seine Mikroskope und die vielen Ordner mit mathematischen Berechnungen über Winkeldreiteilung und die Kurve der Wellhornschnecke und viele andere seltsame Themen haben bei uns Platz gefunden, und der Tischbein-Goethe hängt auch wieder, allerdings diesmal gegenüber vom Büffet. Und alle Möbel stehen besser als in der dunklen Wohnung im Frankfurter Riederwald.

Zu zweit in Gettenbach

Seit 1977 wohnen wir zu zweit, mein Mann und ich, in Gettenbach in einem Haus, das viel Platz für Bücher, Bilder und Schallplatten und die entsprechenden Möbel und Geräte bietet. Erst sind wir noch jahrelang zum Unterrichten nach Hanau gefahren, mein Mann bis 1986, ich bis 1997. Die Fächer, die wir studiert und unterrichtet haben, kamen unseren Fragestellungen entgegen: Literaturwissenschaft (Germanistik) und Geschichte. Deshalb ging uns auch nie der Gesprächsstoff aus. Mein Mann ist Heimatvertriebener aus Königsberg und beschafft sich bis heute zeitgeschichtliche Neuerscheinungen zu Flucht und Vertreibung aus den deutsch besiedelten Ostgebieten, besonders aus Ostpreußen. Daher stammte seine Familie, für ihn bedeutet die Beschäftigung mit diesem Thema der deutschen Zeitgeschichte zugleich eine Beschäftigung mit der eigenen Familiengeschichte und immer mehr mit den eigenen Erinnerungen. Nach der politischen Wende in Europa sind wir zu zweit in Königsberg, an der Samlandküste, auf der Kurischen Nehrung und in Memel, dem heutigen Klaipeda, gewesen, und nun überlagern sich bei ihm zwei Bilder: die Bilder der Erinnerung, die sich in alten Bildbänden bestätigt sehen, und die in den neunziger Jahren wahrgenommenen und selbst fotografierten, die den Zustand der in sowjetischer Zeit wieder aufgebauten Stadt Kaliningrad, die einmal Königsberg war, zeigen. Ich muss ihn dann trösten, damit trösten, dass Frankfurt, meine Geburtsstadt, sich auch doch so sehr verändert hat, dass die heutige Bebauung mit Hochhäusern, die den Namen Mainhattan nahegelegt haben, wenig mit den überlieferten Fotos, die noch vor den Märzangriffen 1944 sogar in Farbe aufgenommen worden sind, gemeinsam hat. Die Zerstörung der Altstadt zwischen Schöne Aussicht, Römer und Römerberg, Dom, Paulskirche, Katharinenkirche, Zeil und Neue Kräme, die Zerstörung des Goethehauses an Goethes Todestag am 22. März: die Trümmer, die dieses Flächenbombardement hinterlassen hat, wären mit den damaligen Mitteln – nach 1945 – genauso wenig in der alten Bebauung wieder herstellbar gewesen wie das zwischen dem 28. und 29. August (!) durch die Royal Air Force kaputt gebombte Königsberg. Ich kann meinen Mann mit etwas Mühe auch damit trösten, dass er zum Zeitpunkt des Flächenangriffs nicht in Königsberg war wie sein Vater, der zum Volkssturm einberufen war, aber auch das Geschäft (Fracht, Reisen, Fahrkarten, Personentransporte auch in den Westen) nicht verlassen durfte, mein Mann war zum Wehrersatzdienst in Kärnten, sicher weitgehend vor Bomben, aber nicht vor den Tito-Partisanen.

Zu zweit in Gettenbach – so habe ich dieses Kapitel überschrieben. Ich hätte es noch lieber »Zu Hause in Gettenbach« betitelt, aber das ging nicht, das hätte mein Computer nicht geschafft, beziehungsweise ich nicht mit ihm, denn unter diesem Titel ist noch ein Aufsatz und eine Variante dazu gespeichert, die vor ein paar Jahren in »Grindaha, Veröffentlichungen des Geschichtsvereins Gründau e.V./ Nr. 12« und in der »Dokumentation 750 Jahre Gettenbach« abgedruckt wurden. Wir sind also in Gettenbach zu Hause, freuen uns am Haus, am waldähnlichen Garten und an unseren beiden roten Katern, dem Gastkater Bobby und dem Riesenkater Hugo, die uns beide mit ihren warmen Katzenblicken anschauen und die uns mit ihrem Schnurren ihr Wohlfühlen kundtun. Wir kommen auch gut mit den Nachbarn aus, was

eigentlich unverzichtbar ist, wenn man sich wie zu Hause fühlen will. Hier haben wir sogar Freunde gefunden, mit denen wir schon manche Geburtstage bei einem kleinen Umtrunk gefeiert haben. Das ist nicht selbstverständlich. Was ist schon selbstverständlich?
Ich bin heute noch jeden Morgen nach dem Aufwachen dankbar, dass ich noch lebe und dass mein Mann noch lebt. Auch die gesundheitlichen Risiken sind hier in der Waldluft, die in unser Haus einströmt, geringer geworden. Der ewige Reizhusten hat sich gebessert und die Lungenerkrankung ist nicht wieder aufgeflammt. Wir konnten beide unsere Berufe – als Oberstudienräte – bis zur regulären Pensionierung ausüben. Solange wir noch jeden Morgen zum Unterricht fuhren und nachmittags und abends voll mit Vorbereitungen und Korrekturen ausgelastet waren, hatten wir noch nicht einmal Alpträume, außer denen, zu spät zu kommen, mit den Korrekturen nicht rechtzeitig fertig zu werden, etwas zu vergessen oder eine Terminänderung zu übersehen. Und dann: Sechzig Jahre später holen uns doch noch die Alpträume ein. Meinen Mann der Alptraum, seine Eltern durch die Flucht verloren zu haben, aber er fand sie nach Jahren über den Suchdienst in Lübeck wieder, und seine Vaterstadt und alle Freunde, die er hatte, nicht mehr wieder sehen zu können. Für mich war der Bombenkrieg, die Angst vor der Verschüttung im Luftschutzkeller, zum wiederkehrenden Alptraum geworden. Und zu diesem Alptraum gesellte sich das Bild meiner Mutter, die – selbst noch vom Ersten Weltkrieg und dem frühen Verlust des Vaters traumatisiert, so erkläre ich mir erst jetzt ihr Verhalten entschuldigend – meine Kindheit und Jugend zur Hölle machte.
Schon durch unsere Fächerwahl, mein Mann hat in Hamburg bei Fritz Fischer, ich habe in Frankfurt bei Otto Vossler Neuere Geschichte studiert, haben wir bewusst auf Fragen an die neuere deutsche Geschichte angesetzt. Mein Mann

erzählt immer davon, dass in seinem Elternhaus viel über Politik gesprochen wurde, die Eltern und viele Bekannte hätten sich immer über die Tagespolitik ausgetauscht. Seine Eltern hatten 1923 geheiratet, sein Vater war Kaufmann in St. Petersburg und floh vor der Russischen Revolution nach Tilsit und wohnte dann in Königsberg; die Mutter stammte aus Memel und unterrichtete als Lehrerin in Königsberg; ihre Eltern, Franks Großeltern, verloren ihren Besitz im Memelland nach dem Ersten Weltkrieg, als Litauen das Memelland besetzte. Die Zeitgeschichte bestimmte die Familiengeschichte, aber darüber wurde gesprochen, auch noch Jahre später; über die Inflation 1923, beziehungsweise die Inflationsbereinigung durch eine extrem hohe Abwertung, über die Spätphase der Weimarer Republik, über die Folgen der Weltwirtschaftskrise, über den Aufmarsch der Braunen, über die so genannte Machtergreifung, über den aufkommenden und sich durch Verordnungen durchsetzenden Nationalsozialismus, über die Gesellschafts- und Judenvernichtungspolitik: Über alles sei gesprochen worden und immer habe es Bekannte als Geschäftspartner und Freunde gegeben, die Informationen mitgeteilt hätten, die so in der gleichgeschalteten Presse und im Rundfunk nicht zu bekommen waren und über die man auch offen diskutiert habe. Ich habe meinen Schwiegervater nicht mehr kennen gelernt, aber meine Schwiegermutter konnte ausgiebig von der Flucht per Zug und Pferdewagen durch Pommern bis nach Holstein zum Sammellager erzählen. Ich hatte Defizite. Meine Eltern haben nie über Politik gesprochen, da gab es nur Schweigen, Auszischen oder Pst-Rufe; auch über die zeitgeschichtliche Entwicklung nach dem Krieg wurde nicht gesprochen. Die ersten Wahlen in Hessen, die Aufbauleistung unter Oberbürgermeister Kolb in Frankfurt, der Weg vom Parlamentarischen Rat bis zu Gründung der Bundesrepublik, das Bonner Grundgesetz, Montanunion und Wiederbewaffnung, noch nicht einmal die 68-er Bewegung, nichts, aber auch gar nichts war Gegenstand häuslichen Erörterns. Über den vergangenen Krieg mit den für uns bedrohlichen Bombennächten: Nichts, gar nichts wurde darüber im Rückblick gesprochen.

Und weil alles, das Erlebte und das Ungesagte und die Alpträume, geradezu eine Bewältigung forderten, habe ich mich daran gesetzt, dies in einem Buch aufzuschreiben. Erst beim Schreiben habe ich gemerkt, dass mir selbst die Niederschrift bei der Klärung hilft. Ich glaube aber, dass ich mit dieser Schreibabsicht nicht allein stehe. Darüber soll noch mein Nachwort handeln.

Zu zweit in Gettenbach: Wir leben hier glücklich im Gespräch mit uns und indem wir auch unsere beiden Kater verwöhnen, aber wir leben nicht losgelöst von unseren traumatischen Erinnerungen.

Mein Mann und ich mit Kater Bobby bei uns zu Hause in Gettenbach (2001, aufgenommen von unserem Freund Wolfdieter Kroll)

Nachwort

Die historisch-wissenschaftliche Literatur zum Nationalsozialismus, zum Ausbruch des Zweiten Weltkriegs, zum Verlauf und Ende 1945 ist inzwischen so umfangreich geworden, dass es ungerecht wäre, einzelne Historiker und Buchtitel herauszuheben. Auch die Themen »Flucht und Vertreibung« nehmen in der Forschung inzwischen breiten Raum ein. Wie steht es aber um die Themen »Bombenkrieg« und »Nachkriegsdeutschland«?

Seit einiger Zeit beobachte ich, dass auch diese Themen in den Blickpunkt der Betrachtung gerückt werden, und zwar in einer neuen Form der Vermittlung, im Fernsehen als Kombination von historischem Bildmaterial aus deutschen und internationalen Archiven mit Informationen zum zeithistorischen Hintergrund durch den Autor/Kommentator des Films und mit der Befragung von Zeitzeugen, die ihre Erinnerungen dazu ausbreiten; parallel dazu erscheinen auf dem Buchmarkt Erinnerungsbücher – jetzt, sechzig Jahre nach Kriegsende.

Warum konnte der vor kurzem angelaufene und mit internationaler Beachtung ausgezeichnete Film »Der Untergang« von Bernd Eichinger – basierend auf dem Buch von Joachim Fest mit dem gleichen Titel, erschienen im Alexander-Fest-Verlag 2002, und auf den Erinnerungen von Traudl Junge, Hitlers persönlicher Sekretärin, unter dem Titel »Bis zur letzten Stunde – Hitlers Sekretärin erzählt ihr Leben«, 2002 im Claassen-Verlag aus der Ullstein-Gruppe erschienen,

– ein Millionenpublikum in die Kinos ziehen? Wegen Bruno Ganz als Hitler? Wegen eines neuen Interesses nach sechzig Jahren? Ich möchte hierzu Frank Schirrmacher, einen der Herausgeber der »Frankfurter Allgemeinen Zeitung«, aus seiner Besprechung des Films im Feuilleton vom 15. September 2004 zitieren: »Sein (Bernd Eichingers und Oliver Hirschbiegels) Film »Der Untergang« macht das sichtbar, was uns bis heute verfolgt.« Und an anderer Stelle, bezogen auf die Szene, als Magda Goebbels den sechs Kindern die Giftampullen einflößt: »Keinem das Weiterleben zu gönnen, wenn man selbst tot ist – diese Hitlersche Finalthese durch den Mund einer Mutter ausgesprochen zu sehen, die im Begriff ist, ihre Kinder zu ermorden, das bringt den nachgeborenen Zuschauer an den Rand eingeübter Verstehensrituale ... Wenn das dazu führt, dass Menschen sich den Büchern von Joachim Fest, Jan Kershaw oder Sebastian Haffner zuwenden, ist viel erreicht.« Noch ein letztes Zitat: »Da Eichinger in der Tat der erste Künstler ist, der sich von Hitler nichts mehr vorschreiben lässt, ist es ein Akt von Normalisierung. Und damit ist ›Der Untergang‹ nicht nur ein großes Kunstwerk, sondern ein wichtiges Datum unserer Verarbeitungsgeschichte. Aber man glaube nicht, dass jetzt irgendetwas leichter geworden ist. Es ist unheimlicher geworden um uns herum. Nähergerückt ist es auch.«
Unsere Verarbeitungsgeschichte zum Ende des Dritten Reichs: authentisch geworden auch durch die Erinnerungen einer Zeitzeugin, fast sechzig Jahre später erst niedergeschrieben. Zur Erinnerungskultur hat auch im Oktober 2004 eine Tagung am Hamburger Institut für Sozialforschung stattgefunden. Der Beobachter der FAZ, Michael Jeismann, schreibt dazu am 16. Oktober 2004: »Gerade tritt aus dem jüngsten Sekundenschlaf ein neues Bild: das Kriegs- und Bombenkind, sonst auch als Achtundsechziger bekannt und drum herum ein Hof neuer Erinnerungslitera-

tur – häufig als Familienroman verfasst –, in der Schicksal und Leid der deutschen Bevölkerung im Krieg erinnert werden.« Die vier eingeladenen Professoren diskutieren sicher kontrovers über das Thema »Erinnerungskultur«, die größte Schwierigkeit ergibt sich aus dem Vorbehalt, ob die Erinnerung an deutsche Leiden nicht die Leiden von Auschwitz, um bei diesem Symbol für alle Verbrechen aus Rassismus zu bleiben, relativiere. Michael Jeismann fasst Gemeinsamkeiten typischer neuer Buchtitel zu dieser neuen Erinnerungskultur – stellvertretend seien Jörg Friedrichs »Der Brand« (bei Propyläen 2002) und »Meines Vaters Land« von Wibke Bruhns genannt – so zusammen: »Das Gemeinsame scheinen der genealogische Ansatz und die Individualisierung zu sein. Das Bild der Judenverfolgung und -ermordung, das in vielen Variationen seit über zwei Jahrzehnten den Weg der Republik säumt ... hat der neuen Staatsraison der Bundesrepublik und den neuen Lehren aus der Geschichte des Nationalsozialismus, Auslandseinsätze der Bundeswehr eingeschlossen, moralischen Halt gegeben. Dieses Bild ist nicht verschwunden, es scheint aber eine neue Etappe erreicht, bei der zu diesen Erinnerungen andere hinzutreten und in den Vordergrund rücken.« Heinz Bude von der Universität Kassel bringt dieses neue Erinnerungsbedürfnis mit »jener Generation, die den Flakhelfern folgte, also den jungen Kriegskindern« in Verbindung. Alexander von Plato von der Fernuniversität Hagen konzediert, dass zwar wohl privat über die Erinnerungen an den Krieg gesprochen worden sei, dass aber dieses Thema weder in öffentlichen Reden noch in den Schulbüchern genügend präsent gewesen sei, »weil sie (diese Erinnerungen an den Krieg) nicht zu den politischen Erfordernissen der Bundesrepublik gepasst hätten«; Jeismann fügt hinzu: »... Weil sie häufig als Bestandteil einer revisionistischen Ostpolitik wahrgenommen werden mussten. Wer am Status quo nichts ändern wollte, durfte dieser Erinnerung keinen gemeinpolitischen Rang zumessen.« Jetzt, im Jahr 2005, jährt sich das Kriegsende und damit das Ende der Bombennächte zum 60. Mal. Vielleicht hat die breiter gefächerte Erinnerungskultur dazu beigetragen, das Thema »Bombenkrieg« zu enttabuisieren. Eine frühe Ausnahme war sicher das Buch von Armin Schmid, 1965 im Frankfurter Sozietätsverlag unter dem Titel »Frankfurt im Feuersturm, Die Geschichte der Stadt im Zweiten Weltkrieg« erschienen. Im Econ-Verlag ist auch 1977 als Taschenbuch von Franz Kurowski »Der Luftkrieg über Deutschland« herausgekommen. Von Olaf Groehler erschien der umfangreiche Großformatband »Bombenkrieg gegen Deutschland« 1990 im Akademieverlag Berlin. Im Wartberg-Verlag erschien in Zusammenarbeit mit dem »Institut für Stadtgeschichte« im März 2004 der großformatige Bild- und Textband »Frankfurt am Main im Bombenkrieg«, und im gleichen Verlag erscheinen oder sind auch schon erschienen gleich ausgestattete Bände zu Darmstadt, Kassel und Hanau. In diesem Monat, Februar 2005, hat die FAZ Bilddokumentationen zu den Angriffen auf Dresden, Darmstadt und Frankfurt gebracht, das Fernsehen übertrug die eindrucksvolle Feier zur 60. Wiederkehr der Bombardierung und Auslöschung Dresdens, mit internationalen Gästen, ein Zeichen, dass diese Erinnerungen nicht mehr in die »rechte Ecke« gestellt werden können – auch wenn der NPD-Eklat im Sächsischen Landtag und der Aufmarsch Rechtsradikaler beinahe einen Rückschritt in der Sowohl-als-Auch-Aufarbeitung gebracht hätten (haben?).

Vor einem Jahr habe ich in Frankfurt an einem zweitägigen Seminar der »Hessischen Landeszentrale für politische Bildung« zu dem Thema »Der Bombenkrieg und seine Opfer« teilgenommen. Es waren viele Lehrkräfte da, viele Ärzte, viele ältere Leute, also Überlebende der Bombennächte,

Zeitzeugen mithin. Die Dokumentation der Referate liegt seit ein paar Tagen vor und ist unter dem Titel Polis 39 über die Hessische Landeszentrale/Wiesbaden zu beziehen. Alle Referate waren sehr beeindruckend, besonders das des früheren Darmstädter Oberbürgermeisters oder das des früheren Frankfurter Archivdirektors. Am meisten beeindruckt hat die Teilnehmer das Referat eines britischen Bombernavigators. Er war damals neunzehn und hatte genauso wenig eine Wahl wie ein Angehöriger der Deutschen Luftwaffe. Natürlich kamen die deutschen Angriffe auf London und Coventry zur Sprache, es kam aber zu keinem so genannten Aufrechnen mit den Angriffen der Royal Air Force, später kombiniert mit der 8. US-Air Force. Mr. Nash war immer noch genauso betroffen wie ältere deutsche Teilnehmer des Seminars, die im Krieg an der Front waren. Ich zeigte ihm den Bombensplitter, den ich noch immer auf meinem Schreibtisch aufbewahre. Er sagte, ich sollte ihn aufheben und wie er jeden Tag froh sein, dass diese Art von Katastrophe in Europa wohl für immer der Vergangenheit angehören müsse.

Damals hatte ich meine Erzählung »Papas Weihnachtsbaum, Heiligabend 1946« schon fertig, aber über die Vorträge an diesen Tagen sind meine Erinnerungen so intensiviert worden, dass ich weiter zu schreiben beschloss. Ich kaufte mir noch während der Tagung den oben genannten Bildband aus dem Wartberg-Verlag. Ich wunderte mich, wie viel ich noch wusste; beim Schreiben kamen immer mehr Einzelheiten zurück ins Gedächtnis, nicht nur zu den Nächten im Luftschutzkeller, auch zu den Personen, zu meiner Mutter, zu Papa in den Jahren vor dem Krieg, zu meiner Oma, die nach der Ausbombung in Köln auf Dauer zu uns gezogen war. Ich habe also, als ich gewissermaßen eine in der Mitte zu platzierende Erzählung schon fertig hatte, zurück in die Vorkriegszeit und frühe Schulzeit in meinem Gedächtnis

recherchiert. Einmal angetippt, flossen die Erinnerungen zurück und vom »Weihnachtsbaum« aus gesehen nach vorne. Ich hatte bis auf zwei Texte alles geschrieben, bis mir in der Frankfurter Allgemeinen Zeitung vom 23. Januar 2005 die Besprechung von Sascha Lehnartz zu neuen Büchern zur Erinnerungskultur, besonders zu dem Buch von Sabine Bode unter dem Titel »Die vergessene Generation – Die Kriegskinder brechen ihr Schweigen«, erschienen bei Klett-Cotta in der 5. Auflage 2004, geschrieben unter dem Titel »Auf der Suche nach der verdrängten Zeit«, in die Hände fiel. Ich bestellte, kaufte und las das Buch, das aus vierzehn Fallstudien besteht, sofort – und ich bekam Schüssel in die Hand, um das Verhalten meiner Eltern und mein eigenes zu verstehen: Schlüssel zu traumatischen Vorgängen, zu Angstattacken, zu Verdrängungen, zu Fremdheitsgefühlen zwischen Eltern- und Kindgeneration, zur Unfähigkeit zur Liebe und zur Unfähigkeit zum Trauern. Ich fand hier auch den Schlüssel, warum erst jetzt, sechzig Jahre später, das Sprechen über den Krieg als Normalität empfunden werden kann: Es ist eine andere Generation, die jetzt danach fragt, woher eigene Verhaltensdefizite kommen – als Schweigen oder als Revolution wie bei den Achtundsechzigern.
Es fällt mir nicht leicht zu sagen, dass ich trotzdem das erreicht habe, was ich erreichen wollte. Als Kind wollte ich schon immer Lehrerin werden, ich bin es geworden. Malerin wollte ich auch werden, ich mache es nicht beruflich, aber in der Freizeit und stelle auch aus. Biologin bin ich nicht geworden, denn bei der Vivisektion lief ich fort; das war eine der Enttäuschungen, die ich meinem Papa bereitete, worüber er auch nicht sprechen konnte, wenn er seine naturwissenschaftliche Bibliothek und seine Mikroskope betrachtete; aber jetzt betreibe ich Botanik gewissermaßen in meinem eigenen Garten, der schon fast ein Botanischer Garten ist. Die Liebe zu den Tieren: Unsere beiden Kater

habe ich schon erwähnt. Einen zuverlässigen Partner für Gespräche habe ich auch. Am liebsten war ich schon immer in der Natur, in den herrlichen Wäldern bei Idstein und bei Wetzlar, die finde ich hier in Gettenbach. Meinen Traum, ein eigenes Buch zu schreiben, verwirkliche ich jetzt. Ich glaube, dass viele Leser, und die würde ich gern finden, darin sich selbst gespiegelt sehen, wenn sie zu meiner Generation gehören, zu den zwischen 1930 und 1945 geborenen Kriegskindern, um die Epochalisierung von Sabine Bode zu übernehmen, und wenn sie jünger sind, verstehen sie vielleicht die Belastungen, die Eltern oder sogar schon die Großeltern ausgestanden haben, vielleicht verstehen sie auch, warum über vieles geschwiegen wird.

Ich könnte jetzt vielleicht missverstanden werden, dass ich nur vom Trauma des Bombenkriegs in meinem Nachwort gesprochen hätte. Sicher war dieser Luftkrieg, die Angst vor einem überraschenden Alarm und kein Keller oder Bunker in der Nähe oder so rechtzeitig betretbar, ehe die Eisentüren geschlossen waren, ein einschneidendes Erlebnis mit nachhaltiger Prägung, und an dieser Stelle gebe ich zu, dass ich jahrzehntelang eine derart panische Angst vor Feuer hatte, dass ich kein Streichholz anzünden konnte, auch das Anstreichen auf der Phosphorleiste, dieses schnarrende Geräusch, versetzte mich schon in Panik, bis es mir beim ersten Weihnachtsfest zusammen mit meinem Mann gelang, die Christbaumkerzen anzuzünden. Das nahm ich dann auch für ein gutes Zeichen. Bis heute kann ich auch dem Silvesterfeuerwerk nicht ohne eine gewisse Beklemmung zusehen. Worum es aber geht: Der Luftkrieg ist die Wirkung, die Ursache liegt im Nationalsozialismus und dessen Politik.

Ich möchte jetzt auch nicht missverstanden werden, dass ich etwa den Nationalsozialismus verharmlose, wenn ich nur ins Gedächtnis rufe, dass die letzte freie Wahl, und zwar die zum 7. Reichstag am 6.11.1932, für die NSDAP 33,1%

der Stimmen brachte; bei den letzten Wahlen vor 1945 überhaupt, also bei den Wahlen zum 8. Reichstag am 5.3.1933 – nach dem Verbot der Kommunistischen Partei – kam die NSDAP auf 43,9% der abgegebenen Stimmen. Mit der Reichstagsbrandverordnung, mit dem Ermächtigungsgesetz, mit dem Gesetz zur Wiederherstellung des Berufsbeamtentums, mit dem Verbot von Parteien und Gewerkschaften, mit der Zusammenlegung von Präsidentenamt nach dem Tod Hindenburgs am 2. August 1934 mit Kanzleramt zum in der Weimarer Verfassung nicht vorgesehenen Führertum und mit den Nürnberger Gesetzen war die nationalsozialistische Diktatur geschaffen, Politik ging also nicht mehr vom Wähler aus, sondern von der einen Partei, die alle Institutionen der Regierung und des öffentlichen Lebens bis hin zur unteren Ebene zum Beispiel der Vereine beherrschte und gleichschaltete. Ich will hier nicht belehren, das ist Thema des Geschichts- und Sozialkundeunterrichts spätestens in den Abschlussklassen, aber ich habe diesen Zusammenhang in Kurzfassung hergestellt, um Verständnis für die Möglichkeiten unserer Eltern- und Großelterngeneration, mit dem Nationalsozialismus umzugehen, zu erwecken: Auswandern, wenn man vom Arierparagraphen betroffen war und im Ausland Verwandte hatte, die aufzunehmen bereit und fähig waren, das Risiko des Exils eingehen, wie es viele Schriftsteller wie Thomas und Heinrich Mann, Carl Zuckmayer, Bertolt Brecht, Stefan Zweig und viele andere für sich entschieden haben, Widerstand leisten – mit der Gewissheit, zum Tod verurteilt zu werden (das mutige Widerstandsverhalten der Geschwister Scholl ist jetzt verfilmt worden, der Film schon mit Auszeichnungen versehen, besonders Julia Jentsch für die Rolle der Sophie) – und eben Anpassung. Anpassung an das System, entweder durch politische Unauffälligkeit und Rückzug in die private Nische, wenn der Beruf und das Auskommen es erlaubten, wie es bei den

Eltern meines Mannes und bei ihm selbst der Fall war, oder ein Anpassen durch Eintritt in die für den gewählten Beruf vorgesehenen Institutionen, wie es meine Eltern gemacht haben: durch Parteimitgliedschaft meines Vaters und Mitarbeit im NSV-Frauenverband, wozu sich meine Mutter bereit gefunden hatte. In der FAZ war vor kurzem eine Diskussion über die Freiheit oder den Zwang zum Parteieintritt bei den hier gebliebenen Studenten und Professoren der Germanistik, ich nenne die Germanistik nur als Beispiel für andere Studiengänge, wo es ähnlich gewesen sein dürfte. Das Marbacher Literaturarchiv hatte eine Zusammenstellung von Germanistenbiografien während des Dritten Reichs erarbeitet und festgestellt, dass führende Persönlichkeiten der Nachkriegsliteratur und -germanistik wie Walter Jens oder Walter Höllerer Parteimitglieder gewesen seien. Es sind die Geburtsjahrgänge, die Helmut Schelsky zur »skeptischen Generation« zählt, die noch zum Krieg eingezogen worden waren und nach Gefangenschaft erst heimkehren und spät studieren konnten. Aussage stand gegen Aussage, sofern der Betreffende überhaupt noch zu den Lebenden gehörte: Hatten sie sich persönlich um Aufnahme in die NSDAP bemüht oder waren sie als Gruppe geschlossen überführt worden? Die Diskussion hält noch an, und auch von meinem Vater konnte ich nie erfahren, wie er in die NSDAP eingetreten ist. Auch dieses Tabu-Thema müsste doch noch nach mehr als sechzig Jahren angesprochen werden können; abgesehen davon fand 1945/46 eine Entnazifizierung statt, die Hauptverantwortlichen mussten sich den Nürnberger Prozessen stellen. Aber ist dieses Kapitel nicht auch mit Verschweigen belastet?

Ich habe oft den Begriff der »Anpassung« bemüht, um das Verhalten meiner Eltern einzuordnen. Der Begriff stammt aus der Totalitarismus-Diskussion vom Ende der Fünfziger – und Anfang der Sechziger Jahre, ausgelöst von Hannah

Arendts Buch »Elemente und Ursprünge totaler Herrschaft« (1951 in den USA, 1958 in deutscher Übersetzung erschienen). Welche Verhaltensweisen sind unter Anpassung zu subsumieren? Ist Anpassung nur mehr ein passives Verhalten, indem man sich duckt und möglichst unauffällig bleibt, sich also auch in eine Partei als Mitglied überführen lässt? Oder kann Anpassung auch durchaus ein aktives Verhalten sein, indem man sich um Mitgliedschaft bemüht? Dann hat man keine Nachteile zu befürchten, sondern im Gegenteil die Chance zur Karriere. Es ist nicht auszuschließen, dass pure Angst viele Anpasser zu diesem Verhalten getrieben hat, Angst vor beruflichen, persönlichen und familiären Nachteilen bis hin zur Todesangst, es ist aber auch nicht von der Hand zu weisen, dass aktive Anpassung bis hin zu dem Verhalten, das Daniel Jonah Goldhagen in seinem 1996 erschienen Buch »Hitlers willige Vollstrecker« angeprangert hat, stattgefunden hat. Goldhagen schreibt im Untertitel »Ganz gewöhnliche Deutsche und der Holocaust« und er hat damit kurzzeitig eine äußerst heftige Diskussion ausgelöst, indem er im Grunde den Anpassern, die unter Selbstaufgabe zur absoluten Identifikation mit dem NS-Führerstaat auch zur Ausübung zu Verbrechen im Namen der rassischen Vorstellungen bereit waren, die Schuld für ein zwölfjähriges Bestehen des NS-Systems gab. Ohne diese aktiven Anpasser, aus denen »Vollstrecker« geworden seien, habe das Führersystem überhaupt nicht bestehen können, so Goldhagen in seinem umfangreichen Buch (Siedler-Verlag).

Als ich an meinen Geschichten schrieb, habe ich mich immer wieder gefragt, wo meine Eltern standen. Es gibt sicher viele Übergänge zwischen passiver und aktiver Anpassung. Papa war in gewisser Weise ein freidenkerischer Phantast, als Biologe sicher auch dem Darwinismus nahestehend, der ja immerhin eine plausible Antwort auf die Entwicklung der Arten und ihre Durchsetzungsfähigkeit in der Natur gab.

Meine Mutter, im Kaiserreich noch national und mit den Vorstellungen eines Bildungsbürgertums erzogen, war im Grunde nur noch pragmatisch orientiert, danach, was praktisch, nützlich und wichtig ist, das anerzogene Bildungsbürgertum verkam mehr und mehr zur Hülse, der Dünkel blieb. Ein Rätsel bleibt mir heute noch, weshalb Erinnerungen an den Tod des Vaters und Todesdrohungen gegen mich in ihrem Leben solchen Raum gewinnen konnten, weshalb sie auch meinem Papa den Tod gewünscht haben dürfte. Manchmal denke ich, dass der lange Schatten des früh verstorbenen Vaters mit Hitlers langem Schatten verschmolz. War auch Hitler für meine Muter eine Vaterfigur? Seine Schlussparole »Sieg oder Untergang« ist vielleicht auch der Denkansatz meiner Mutter: der arbeits- und karrierelose Mann war nichts mehr wert; solange ich noch nicht alle Prüfungen hatte und Risiken bestanden – an denen sie selbst mit Schuld hatte –, solange drohte sie mir mit dem Tod. Als Papa wieder seinen Beruf ausüben durfte, stieg sein Wert. Als ich alle Prüfungen hatte, dazu Mann, Auto und Haus, war ich etwas wert, wurde sogar von ihr – in Grenzen – bewundert. Dann ging für alle das Leben weiter, als sei nie etwas gewesen ...

Mit meinen Erzählungen, die zusammen eine Familiengeschichte über drei Generationen ergeben, möchte ich zugleich ein schwieriges Kapitel deutscher Geschichte thematisieren. Ich wünsche mir viele aktive und nachdenkliche Leser, die auch manchmal zwischen den Zeilen lesen wollen.

Ebenfalls im TRIGA\VERLAG erschienen

Hannelore Emmerich
Mädchenjahre
Eine Jugend im Dritten Reich
Mit zahlreichen Fotos.

Sehr authentisch und anschaulich erzählt Hannelore Emmerich – aus der Perspektive des damals zehnjährigen Mädchens – von ihrer Kindheit und Jugend im Dritten Reich. Ihr persönliches familiäres Umfeld in einer Stadt im Ruhrgebiet, das tägliche Leben während der verheerenden Bombardierungen im Zweiten Weltkrieg, die Judenverfolgung, die sie hautnah miterlebt, all das schildert die Autorin in ergreifender Weise.

Ein bewegendes Buch, das Geschichte miterlebbar und verstehbar macht.

19,80 €. 34,90 SFr. 430 Seiten. Pb. ISBN 3-89774-189-X

Klaus Walch
Frankfurt zwischen Krieg und Neubeginn
Jugenderinnerungen an die ersten Jahre nach der Befreiung
Mit zahlreichen Fotos.

Das Buch beschreibt Jugenderinnerungen an die letzten Wochen des Zweiten Weltkrieges, an das Kriegsende, die Befreiung und die Jahre der Nachkriegszeit in Frankfurt am Main, einer Stadt in Trümmern.

Jeder Mensch erlebt die Ereignisse aus einer für ihn ganz einzigartigen Perspektive. Erst die Vielheit der Perspektiven lassen die historisch Interessierten ahnen, wie es einmal war.

9,50 €. 17,50 SFr. 162 Seiten. Pb. ISBN 3-89774-402-3

TRIGA\VERLAG
Herzbachweg 2 · 63571 Gelnhausen · Tel.: 06051/53000 · Fax: 06051/53037
e-mail: triga@trigaverlag.de · www.trigaverlag.de